비진도는 한산섬의
남쪽에 있어
푸른 물결 파도치며
물새 나는 곳
우리들은 장하도다
비진 아동들
비진교 빛나도다
빛이 납니다.

〈지금은 폐교된 비진국민학교의 교가 1절〉

박
정
석 朴正石 Park, Jeong Seok

경남 통영에서 태어나 경북대학교 고고인류학과 및 같은 대학교 대학원 고고인류학과(석사)에서 수학하고 인도 하이데라바드 대학교(University of Hyderabad)에서 인류학 박사학위를 받았다. 이후 경북대학교 보건대학원에서 보건학 석사학위를 취득하였다. 국립민속박물관 학예연구사 및 전남대학교 호남문화연구소 연구교수를 거쳐 현재 목포대학교 고고문화인류학과 교수로 재직하고 있다. 저역서로는 『카스트를 넘어서』, 『네팔, 힌두왕국에서 인민의 나라로』, 『식민 이주 어촌의 흔적과 기억』, 『파리아의 미소』(역서), 『귀환의 신화』(공저), 『전쟁과 사람들』(공저), 『홍어』(공저), 『한국의 꽃게 통발어업과 협동관리』(공저) 등이 있다.

민속원 아르케북스 214 | minsokwon archebooks

섬마을, 공동체와 공유재산
비진도 내항 마을 민족지

| 박정석 |

민속원

머리말

　이 책은 경상남도 통영시 한산면 비진리 내항 마을의 민족지ethnography이다. 마을 민족지의 기술 시점은 1990년 1월이다. 따라서 이 책에서 다루고 있는 내용은 1990년 이후의 상황과는 다를 수 있다. 비진도에서 현지 조사는 1990년 1월부터 3월 초까지 어촌계의 활동을 위주로 마을의 일상사를 심층 조사하였으며, 같은 해 7월 10일부터 16일까지 1주일 동안 친족집단과 관련된 자료를 수집하였다. 그리고 1999년 12월 24일~25일 이틀 동안 세시풍속을 중심으로 조사를 하였다. 이후에도 여러 통로를 통해 자료와 정보를 수집하였다. 1999년의 조사는 국립민속박물관의 〈경남어촌민속조사〉의 일환으로 이루어졌다. 당시 민속조사에는 정연학 박사와 이경미 박사가 함께 참여하였다. 함께 조사했던 내용 중 일부는 제3장에 담겨 있다.
　조사지인 비진도는 고향 마을과 멀지 않은 섬이며, 개인적으로는 외가 동네이기도 하다. 그래서 비진도는 익숙한 장소이면서 동시에 익숙하지 않은 공간이다. 익숙하다는 의미는 어릴 때부터 자주 들렸으며, 외숙 내외와 또래의 외사촌들이 있었기에 그렇다. 익숙하지 않은 공간이라는 말은 비진도가 고향 한산도와 떨어져 있는 섬이며, 외부와 차단된 곳으로 행동반경이 제한된다는 점에서 그렇다. 비진도에서 생산되는 물산은 고향 마을과 차이가 있다. 섬이라는 유사성에도 불구하고 안도인 고향 마을에는 논이 있어 벼농사와 함께 갯벌에서 파래, 바지락, 굴 등이 생산되지만, 외도인 비진도는 논이 없고 갯바위에서 미역, 톳, 우뭇가사리, 전복, 해삼 등을 채취하고 있다.
　어업 위주의 비진도는 지선어장과 어촌계가 활발하게 운영되고 있었으며, 나잠 어업을 하는 선주들이 여럿 있어 마을 안에는 해녀들이 많았다. 오래전 이곳에 들어와 마을 청년과 혼인하여 조사 당시 할머니가 된 사람이 있었을 정도로 해녀는 마을 경제의 한 축을 이루고 있었다. 어업을 위주로 하는 섬마을의 특성상 어선이 많았다. 아이들은 어른들이 배를 부리고, 그물과 어구를 수리하는 일을 보고 자란다. 마을에서 일어나는 잡다한 일을 주민들 모두가 알고 있을 정도이며, 면대면 사회의 특성상 어떤 일이 일어나더라도 쉽게 감추거나 숨기지 못한다. 잠시 숨기더라도 곧바로 마을 전체가 알게 된다. 소문에서 멀어지면 따돌림을 받지 않았나 염려할 정도로 마을 안팎에서 일어나는 사건들을 마을 사람 모두가 속속들이 파악하고 있다.

태풍과 같은 큰바람과 해일이 일면 마을에 남아 있는 남정네는 물론 여인들까지 해변으로 몰려나와서는 누가 말하지 않더라도 자연스레 어선을 피항시키는 작업을 돕는다. 섬마을에서는 남의 일이 곧 내 일이 된다. 사람 살 곳이 못 된다고 푸념하면서도 피항가는 어선을 향해 무사 귀환을 기원한다. 안개가 짙게 깔려 조업을 나갔던 어선들이 제대로 귀환하지 못할 때는 모두가 바닷가에서 귀를 기울인다. 누군가 선박의 엔진 소리를 듣고 누구네 배가 들어온다고 소리를 치면 모여 있던 사람들은 내 일처럼 환호성을 지른다. 어선의 엔진 소리만 듣고서도 누구네 어선인지 아는 사람들이다. 이처럼 마을 사람들은 단순한 이웃이나 동료 관계를 넘어 '우리'라는 공동체 성원으로 서로 밀접하게 연결되어 있다.

아이들은 국민학교를 졸업한 다음 대부분 한산도 진두에 있는 중학교로 진학하였다. 진두는 지역사회의 행정 중심지이다. 이곳에는 면사무소, 파출소, 농협, 우체국 등이 있다. 마을에서 중학교가 있는 진두까지는 통학선을 이용하였다. 간혹 늦잠을 자거나 게으름을 피워 통학선을 타지 못하면, 제시간에 학교에 도달할 수 있는 다른 교통수단이 없다. 통학선을 놓치면 여객선을 타고 학교로 가야 했다. 여객선은 여러 섬마을을 들러야 하기에 진두에는 1교시가 시작된 다음에야 도착한다. 따라서 여객선을 이용한다는 것은 지각을 의미했다. 1980년 이전까지 비진도 내항을 비롯하여 인근 마을 학생들은 개인이 운영하는 통학선을 이용하여 중학교에 다녔다. 통학선 선장 겸 선주는 내항 사람이었다.

　마을에 있는 국민학교는 늦잠을 자다가도 혹은 게으름을 피우더라도 한달음에 달려 갈 수 있었지만, 중학교는 국민학교와는 사뭇 달랐다. 아침 일찍 일어나 졸린 눈을 비비면서 밥을 먹는 둥 마는 둥 하고는 몸에 잘 맞지도 않는 교복을 차려입고서 통학선을 타야 하는 일은 고역 중의 고역이었다. 어느 늦은 봄날 학교 가기가 싫었던 아이 두 명이 꾀를 내었다. 통학선이 뜨지 못하게 하여 학교에 가지 말자고 의기투합한 이들은 늦은 밤 몰래 선창 안으로 가서는 통학선과 연결된 밧줄을 한껏 당겨 매어 놓았다. 섬에서 수시로 출항해야 하는 선박은 밧줄을 느슨하게 풀어 선박이 항상 수면 위에 떠 있도록 한다. 그래야 언제라도 출항할 수 있다. 다음 날 이른 아침 통학선을 운항하기 위해 선창에 나왔던 선장은 배가 육지에 갇혀 있는 모습을 보고는 아연실색하였다. 전날 저녁 분명히 밧줄을 넉넉하게 풀어 두었던 통학선이 갯벌에 얹혀 있었던 것이었다.

　지난밤 아이들이 밧줄을 당겨 놓았던 탓에 썰물이 되자 통학선이 갯벌에 갇혀 출항할 수 없게 되었다. 문제는 다음부터였다. 내항 학생들뿐만 아니라 이웃 마을 학생들도 학교에 가지 못하게 되면서 일이 커져 버렸다. 수소문 끝에 문제를 일으킨 장본인을 찾았지만, 이미 통학선을 띄우기에는 늦은 시간이었다. 마을 어른들은 '얼마나 학교 가기 싫었으면' 하고 웃음을 터트리며 짐짓 나무라는 듯했지만, 정작 속이 타는 사람은 따로 있었다. 통학선 선주와 학교 선생님들이었다. 통학선이 뜨지 못해 무려 100여 명의 학생이 결석하게 되자 선주의 얼굴은 붉으락푸르락하였다. 또한 영문도 모른 채 아침 일찍부터 교문에 서서 학생들이 등교하기를 마냥 기다리다가 뒤늦게 사실을 알게 된 선생님들은 노발대발하였다. 다음 날 교무실로 불려 간 주동자 두 명은 된통 혼이 났다. 이후 통학선 밧줄 사건은 마을에서 오랫동안 웃음거리가 되었다.

　이처럼 아이들로 넘쳐 났던 마을은 1990년 이후 점차 쇠퇴하였다. 중학교를 졸업하면 직장을 찾아 혹은 고등학교 진학을 위해 도시로 나갔다. 2012년 학령인구 감소로 초등학교가 폐교되었다. 학교 폐쇄는 단순히 학교 하나가 사라진 것이 아니라 지역사회에서 문화 전승의 맥이 끊어졌음을 의미한다. 아이들은 마을공동체를 구성하는 핵심 요소이다. 아이들이 있어야 공동체의 미래가 있다. 학교는 아이들을 가르치고 기르는 터전이다. 학교가 폐교되면서 공동체를 이어나갈 다음 세대가 완전히 단절되었다. 이대로 가면 머잖아 마을에는 몇몇 노인 가구만 남고, 마을 공간은 그야말로 무인지경처럼 될 것이다. 현재 초등학교 건물은 방치된 상태이며 운동장에는 잡풀만 가득하다.

이와 달리 옛 선창 주변 공간에는 천문학적 재원을 투입하여 방파제와 물양장이 건설되었다. 물양장과 방파제는 어구의 수리와 하적 작업 등을 편리하게 하고 태풍과 해일로부터 어선을 안전하게 보호하려는 시설이다. 하지만 어업 종사자의 수가 급격하게 줄어들고 있는 상황과는 어딘가 어울리지 않는 모습이다. 최근에는 외지에서 찾아온 낚시꾼들이 방파제를 메우고 있다. 마을을 떠나 뭍으로 간 젊은이들은 좀체 돌아오지 않고, 남아 있는 사람들은 시나브로 늙어가고, 나이 많은 노인들이 하나둘 세상을 떠나면서 인구는 급격하게 줄어들었다.

어장 환경도 인구 못지않게 많은 변화가 일어났다. 바다가 황폐화되면서 해조류를 비롯한 어패류 생산량이 급속도로 감소하고, 어패류의 가격마저 하락하면서 수입은 점점 줄어들었다. 인구의 고령화와 어장 환경 변화가 겹치면서 공유어장은 비극적인 상황에 이르고 있다. 공유어장의 황폐화는 마을공동체의 경제적 기반이 무너지고 있음을 뜻한다. 어업으로 얻을 수 있는 수입이 줄어들면서 어업 종사자가 감소하는 악순환이 반복되고 있다. 공유어장과 어선어업으로 번창했던 마을은 점차 단순 낚시어업과 텃밭 농사로 생계를 꾸려가고 있다. 간간이 찾아오는 낚시꾼과 관광객이 주요 수입원이 된 지 이미 오래다. 오래된 빈집들이 철거되고 그 자리에 펜션이 들어서고 있다. 마을 주민들이 살았던 옛집은 시나브로 사라지고 손님을 위한 건물만 늘어나고 있는 셈이다.

조사지에서 저자는 외부인이면서 내부인이었다. 마을 주민이 아니었기에 '외부인'이었지만, 마을이 외가 동네로 이곳에 외척이 여럿 살고 있어 완전히 외부인이라 규정하기도 어려운 상황이었다. 현지 조사를 떠나기 전에 이장님에게 연락을 취해 조사 허락을 구했지만, 이장님의 응답은 한참 뒤에 왔다. 나중에 들은 이야기이지만, 이장님은 마을 동회에 조사 허용 여부를 안건으로 상정했다고 한다. 회의 결과 조사자인 내가 외지인이 아닌 마을의 '외손'이기에 조사를 허용해도 무방하다는 의견이 중론이었다고 하였다. 마을 '외손'이라는 이유로 외부인에게는 좀체 열람이 허용되지 않는 동회 회의록을 비롯하여 어촌계 문서 등을 두루 살펴볼 수 있었다. 조사 기간 내내 거의 '내부인'처럼 지냈다. 이런 감정은 본서를 집필하는 동안에도 이어져, 연구자로서 객관적 시각을 유지하기가 쉽지 않았다. 과연 이런 이야기를 '외부인'에게 알려도 무방할까 혹은 저런 이야기는 꼭 기록으로 남겨 두어야 하지 않을까 하는 고민이 뒤따랐다.

1990년 조사 당시 많은 정보를 제공해주었던 마을 어르신들 대부분은 이제 고인이 되었다. 마을 어르신들, 특히 공봉영님, 공석장님, 공성권님, 김태용님, 박종관님, 박종대님, 천병순님, 추형옥님에게 고마움을 전한다. 당시 이장이었던 공명곤님, 어촌계장 공복권님, 새마을지도자(남) 겸 어촌계간사 천성기님, 새마을지도자(여) 겸 부녀회장 조현엽님의 도움이 없었더라면 조사가 순조롭게 이루어지지 않았을 것이다. 이분들이 있었기에 이 책을 쓸 수 있었다. 많이 늦었지만, 조사 당시를 회상하면서 마을의 역사를 기록한다는 생각으로 본서를 기술하였다.

처음 조사 이후 언젠가 다시 기회가 오면 재조사를 해야겠다고 생각하였다. 하지만 30년이 지난 지금 코로나라는 예기치 않은 전염병 확산으로 재조사는 어렵게 되었다. 그래서 그동안 묵혀 두었던 자료들을 다시 끄집어내어 하나의 민족지로 엮었다. 기존 논문에서는 익명으로 처리했던 사람들을 책에서는 모두 실명으로 기술하였다. 대부분 고인이 되셨지만, 실명을 사용해도 크게 누가 되지 않으리라 생각한다. 오히려 마을의 '역사'책이라 여기시며 흔쾌히 승낙하실 것이라 믿는다.

본문의 제5장, 제7장, 제8장 및 제9장은 기존에 발표했던 논문을 확대 개편하였다. 기존 논문의 제목 및 출처는 다음과 같다.

1. 「섬마을의 공동체 제의: 1960년대 비진도 내항의 동제와 별신제」, 『남도민속연구』 43, 2021.
2. 「어촌 마을의 공유재산과 어촌계」, 『농촌사회』 11(2), 2001.
3. 「어업과 사회변화: 비진도의 사례연구」, 『호남문화연구』 29, 2001.

   30여 년 전에 조사했던 내용을 다시금 들추어 하나의 책자로 작성하기까지는 많은 어려움이 있었다. 여기저기에 흩어져 있던 자료를 찾아 하나의 얼개로 일목요연하게 기술하기가 쉽지 않았다. 무엇보다 조사 노트에 기록된 내용을 보고 당시의 상황을 떠올리느라 힘이 들었다. 단편적인 기록에서 과거의 기억을 더듬어가면서 하나의 책으로 엮었다. 미진한 부분이 많지만, 한 동네의 역사를 담은 마을지誌를 작성했다는 점에 의의를 두고자 한다.

   이 책을 펴내는 과정에서 여러분의 도움을 받았다. 바쁜 와중에도 정성을 다해 도와주었던 모든 분에게 감사드린다. 끝으로 지도 작성 및 그림 편집을 도와준 목포대 박사과정 민경택군과 비진도의 옛 사진들을 수집해 준 외사촌 공무식에게 고마움을 전한다.

2021년 2월 영면하신 어머님께,
이 책을 바칩니다.
박정석

차례

머리말 • 4

1장 서론
016

2장 마을 현황
027

1. 지리적 위치 ·· 27
2. 유래와 역사 ·· 32
3. 마을의 인구 ·· 42
4. 농업과 어업 ·· 50
5. 공식적 조직 ·· 54

3장 자연환경과 세시풍속
057

1. 자연과 인간 ·· 57
2. 자연환경 ·· 60
3. 세시풍속 ·· 67

4장 친족집단과 계 조직
——— 080

1. 사회구조 ·· 80
2. 친족집단 ·· 82
3. 계 조직 ·· 94
4. 마을 내혼 ·· 98

5장 동제와 별신제
——— 103

1. 마을 제의 ·· 103
2. 동제 ·· 104
3. 별신제 ·· 115

6장 학교와 선창
——— 131

1. 문화 전승과 어업활동 ·· 131
2. 학교 ·· 133
3. 선창 ·· 146

7장 지선어장과 어촌계
156

1. 공유재산과 마을공동체 ··· 156
2. 어촌계 설립과 지선분쟁 ··· 158
3. 어촌계 직영화와 공동규제 ····································· 172

8장 어선어업과 양식어업
186

1. 경쟁과 공생 ·· 186
2. 어선어업 ·· 188
3. 양식어업 ·· 203

9장 마을 정치와 사회관계
215

1. 지배 세력과 이장 ·· 215
2. 1960년 이전 ·· 217
3. 1960~1980년 ··· 223
4. 1980년대 ·· 233

10장 마을과 국가
242

1. 마을, 국가의 하부조직 ·· 242
2. 면리面里제와 이장 ·· 244
3. 어촌계와 어촌계장 ·· 249
4. 새마을운동과 새마을지도자 ·· 253

참고문헌   258
찾아보기   265

섬마을,
공동체와 공유재산
비진도 내항 마을 민족지

제1장

서론

1.

섬은 육지로부터 고립되어 있으며, 대부분은 경작지가 매우 협소하다. 이와 같은 생태적인 조건 속에서 사람이 살아가기 위해서는 육지와는 다른 적응전략이 필요하다. 섬사람들은 제한된 생태계 속에서 한정된 자원을 이용하고 적응하면서 삶을 영위하는 가운데 가용자원을 효율적으로 이용할 수 있는 사회제도와 문화를 발전시켜왔다(이기욱 1993: 409~410). 또한 고립된 환경에서 비롯되는 위험과 재난을 방지하기 위해 다양한 사회·문화적 장치를 운용하고 있다. 제한된 자원을 효율적으로 이용하기 위해 한편으로는 인구 증가를 억제하는 입호제도立戶制度를 운용하고 있으며, 다른 한편으로는 개인의 이익보다 마을 전체의 이익을 우선하는 공동체적 규범을 채택해 오고 있다.

섬이라는 제한된 환경과 생존조건 속에서 재난은 개인적 차원의 문제가 아니라 집단 전체의 생존에 영향을 미치는 중대한 사안이다. 이런 사회에서는 사회적 연대와 유지가 필수적이며, 사회적 규범과 의무를 소홀히 하거나 무시하는 자는 마을공동체로부터 물리적 제재를 당하거나 심리적으로 심한 압박을 받게 된다. 사회적 규범의 존재와 효율적인 운용은 '사회적 자본'의 형태를 구성할 뿐만 아니라 구성원들에게 특정한 행동을 유발하게끔 하고 다른 방식의 행위를 제한하는 기능을 한다(Coleman 1988: S105). 이처럼 개인의 이윤 동기보다는 집단 전체의 생존이 우선되는 환경 속에서 "인간은 자신의 사회적 입장, 사회적 요구, 사회적 자산을 보호하기 위해 행동한다"(칼 폴라니 1995: 65).

마을이라는 사회적 단위체는 그 속에서 삶을 영위하고 있는 구성원들이 내부적인 생계 조건과 외부적인 환경 변화에 적응해 온 결과가 누적된 하나의 공동체이다. 여기에서 '마을'은 특정한 지역을 기반으로 생성된 공동체이며, 구성원들은 '우리 마을' 혹은 '우리 동네'라는 공통의 유대감과 정체성을 갖는다. 마을공동체의 구성원들은 서로 인격적 및 대면적 관계에 있고, 공유된 신념과 가치관, 그리고 '우리'라는 유대감 속에서 삶을 영위한다. 공동체로서의 마을은 지리적 근접성과 역사성, 그리고 비자발적 유대라는 특성을 함유하고 있다(최협 외 2001: 18).

마을은 그곳을 삶의 터전으로 삼아 살아가고 있는 사람들의 일상생활 공간이자 그들이 삶을 계획하고 실현하는 기본적인 단위체이다. 마을공동체는 특정한 지역 혹은 지역성을 바탕으로 하고 있지만, 지역성 못지않게 중요한 요인은 주민들 간의 상호작용과 유대감이라고 할 수 있다. 공동체 성원으로서의 개인은 마을의 관습과 규범에 따라 행동을 해야 하고 구성원들 간의 경쟁과 협조 역시 사회적 규범의 틀 안에서 이루어진다. 전통적으로 마을은 대동회, 동계, 동제 등을 통해 저마다의 정체성과 문화를 구현하고 실천하였다. 또한 자체적으로 규약을 제정하여 권선징악, 상부상조, 덕업상권 등과 같은 유교적 이념 체계를 통해 공동체 내부의 규범적 강제 혹은 순응을 강화하였다.

도서 지역의 마을공동체는 공유재산과 마을 제의祭儀를 바탕으로 존속 혹은 유지되어왔다. 공유재산이라는 경제적 제도와 공동체 제의라는 의례적 질서는 공동체 안에서 병렬적으로 존재하면서도 서로에게 귀속되어 있다. 즉 공유재산 제도가 공동체를 지속할 수 있는 경제적 기반을 제공한다면, 마을 제의는 주민들에게 집단 정체성을 부여하는 의례적 장치라고 할 수 있다. 이런 맥락 속에서 공동체 구성원으로서의 마을 주민들의 사회경제적 행위는 공동체 전체의 이해관계와 상충되지 않는 범위로 제한된다(박정석 2008: 200). 마을은 구성원 간의 상호부조와 연대로 이루어지는 삶의 공간이며, 다원화된 혹은 분권화된 자치의 공간이기도 하다. 그리고 공유재산을 공동으로 운영하고 관리하는 경제적 단위체이기도 하다(나종석 2013).

일반적으로 '공동체'라는 용어가 가리키는 대상은 대개 애매모호하며, 연구자 혹은 상황에 따라 그 범위와 대상이 달라지기도 한다. 종교조직체나 소수집단, 동일직종의 구성원들을 가리키기도 하고, 구체적인 집단이 아닌 심성적 혹은 정신적인 현상을 의미하기도 한다. 또한 마을이나 읍, 도시, 거대 도시 등 사회적 혹은 지역적 단위체를 가리키기도 한다. 본문에서 사용하고 있는 '마을공동체'는 지역적 단위체로서의 공동체를 말한다. 지역적 단위체로서의 공동체는 "사람들이 가정을 꾸려 나가고 생계를 유지하며 아이들을 키우고 대부분의 생활과 활동을 해나가는 장소"를 일컫는다(포플린 1985: 26). 여기에서 공동체는 지리적 영역, 사회적 상호작용 및 공동의 유대 혹은 연대를 특징으로 하고 있다.

마을공동체는 지리적 공간과 환경에 의존한다. 따라서 마을은 하나의 지연공동체라고 할 수 있다. 지연공동체서의 마을은 자족적인 생활권인 동시에 독립적이고 통일된 조직체를 형성하고 있는 '지역집단'이다(최재석 1987: 175). 즉, 지리적 단위체로서의 마을공동체는 특정한 지리적 영역 내에 거주하는 사람들의 모임이라고 할 수 있다. 공동체의 지역적 요인들은 공동체의 위치, 보편성, 지속성을 결정한다. 공동체의 구성원들은 자신들이 거주하고 있는 지역적 환경을 지속적으로 변화 혹은 변형시켜 나간다. 지리적 조건에 따라 정주 환경이 달라지며, 공동체의 경계가 획정된다. 공동체적 규범과 규제를 통해 인구 유입을 제한하면서 한정된 자원을 효율적으로 이용하려 한다. 공동체 구성원과 자연환경, 사회문화적 제도들, 그리고 다른 성원들과의 관계는 공간적 특성과 제약에 따라 결정된다. 한마디로 마을공동체의 근간은 이웃과 '집'이라고 할 수 있다.

마을공동체는 하나의 사회집단 혹은 사회 체계로 인식된다. 사회집단으로서의 마을공동체는 그곳에 거주하고 있는 구성원들의 결집체라고 할 수 있다. 여기에는 구성원이 되기 위한 자격 요건을 비롯하여 구성원 간의 역할과 의무, 그리고 일련의 공동체적 규범들이 포함된다. 즉, 마을공동체는 마을 주민들의 결집체라고 할 수 있다. 마을 구성원으로서 지위를 인정받고 누리기 위해서는 일정한 자격이 요구된다. 주민들은 저마다의 역할들을 수행해야 하며, 성원으로서 기대되는 의무를 따라야 한다. 주민들의 역할과 의무는 다양한 규제와 규범 속에 중첩되어 있다. 하나의 마을공동체는 지역을 기반으로, 사람들이 가정을 꾸리고 생계를 유지하며 아이들을 기르는 등의 활동을 한다. 공동체 내부에는 여러 가지 기능을 수행하는 하부 단체와 기구들이 있다. 즉, 마을공동체는 여러 개의 작은 하위 체계들로 구성된 복합적 체계이다. 하위 체계들은 지역사회에 적합한 사회통제, 사회적 참여, 상부상조, 생산, 분배 등의 기능을 한다.

　마을공동체는 주민들이 다른 사람들을 염두에 두고 행동을 하게끔 암묵적 혹은 명시적으로 지시한다. 대면적인 만남 속에서 이루어지는 상호작용은 개인들 간에는 물론 공동체 내부의 다양한 집단들과 제도들 사이에서도 발생한다. 공동체는 하위 체계들의 연결망으로 구성되며, 흔히 수직적 축과 수평적 축으로 나타난다. 상호작용의 수평적 축은 마을공동체 내부에서 개인과 개인의 관계 혹은 집단과 집단 사이의 관계를 포함한다. 반면 수직적 축은 개인과 지역적 이해집단과의 관계 혹은 지역적 이해집단과 국가적 조직체의 관계로 표상된다. 따라서 주민들의 사회적 관계 및 상호작용은 마을공동체 내부로 한정되는 것이 아니라 보다 큰 단위체 혹은 국가의 지배를 받는다. 마을공동체는 읍면 사무소를 비롯하여 농협, 수협, 경찰서, 학교 등 지역사회의 다양한 기관 및 단체와 연결되어 있으며, 주민들은 국가 하부조직의 행정에 협조하면서 기본적인 사회적 규범에 동조한다. 반면 공동체 내부에서는 협동이 촉진되고 갈등과 경쟁은 제한되거나 완화된다. 마을공동체가 존속하는 것은 사실상 각각의 성원들이 서로 협동하기 때문이다. 본질적으로 갈등과 경쟁은 협동으로 나아가는 과정의 한 부분이며, 공동체를 파괴하는 형태로 발전되지는 않는다.

　일반적으로 공동체 성원들 사이에는 공동의 유대나 연대가 존재한다. 마을 사람들은 한편으로는 마을과 자신을 동일시하면서 일종을 안정감을 얻고, 다른 한편으로 공동체 성원으로서 공동의 가치와 규범 및 목표를 공유함으로써 일체감을 형성하기도 한다. 주민들은 공유자산을 함께 이용할 뿐만 아니라, 생활 방식을 공유하면서 공동체적 정서를 견지堅持한다. 공동체적 정서는 공동의 가치와 신념, 그리고 목표를 공유함을 의미한다. 이와 같은 정서는 다양한 원천에서 비롯되지만, 특히 공동체의 역사적 환경에서 기인한다. 그 외에도 주변 자연환경에 대한 인지, 초자연적 존재나 세시풍속, 공동체 성원들의 활동 양상, 다른 사람들과의 관계 등도 공동체적 정서에 영향을 미친다. 구성원들 간에는 공유된 행동에 대한 기대가 있으며, 이런 기대는 사회적 규범으로 나타난다. '우리'로 표상되는 공동체 성원은 다른 사람들과 구별되며, 다른 사람들은 '우리'가 아닌 '그들'로 범주화된다.

2.

섬마을에서 공동체의 근간은 공유재산 제도이다. 공유재산은 다른 재산과 마찬가지로 하나의 사회적 제도이다(McCay & Acheson 1987: 16). 여기에서 제도적 장치는 한 공동체가 소유하고 있는 공유재산에 누가 접근할 것인가, 사용권이 부여된 단체의 크기를 어떻게 조정할 것인가, 어느 시기에 이용할 것인가, 누가 감독하며 누가 통제할 것인가 하는 일련의 사회적 혹은 관습적 규제를 말한다(Ostrom 1987: 250).

공유재산 관리의 성공과 실패는 잠재적 이용자들을 배제하는 배타성과 공동사용자들의 이용을 통제하는 사회적 제도의 기능과 역할에 달려 있다. 이런 제도적 장치에 내재되어 있는 역사적, 문화적 요인들은 공유재산을 공동으로 관리하는 데 매우 중요한 기능을 한다. 공유재산의 배타적 성격은 사유화를 어렵게 하는 요인이 된다. 어떤 경우에는 공유재산을 분할하여 개인들의 재산으로 만드는 것이 생산성을 높일 수도 있지만, 항상 그런 것은 아니다. 공유재산을 사유화하고자 할 때는 자원의 성격, 기술수준, 재산권 형태, 제도적 장치 등이 종합적으로 고려되어야 한다. 간혹 재산권에 대한 정부의 법적인 장치가 필요한 경우가 발생하기도 한다.

공유재산은 공유재산에 대한 접근을 일부에게는 허용하지만 다른 사람들은 배제한다는 점에서 계층화된 사회의 특징이라 할 수 있다(Berkes et al. 1989; Feeny et al. 1990;

Ostrom 1988). 개인의 이익과 집단 전체의 이익 간에 갈등이 야기된다는 점에서 공유재산에 대한 통제는 조직화 된 사회에서만 발생하는 현상이다(Durrenberger & Palsson 1987). 일상의 영역에서 자원, 기술, 그리고 자본과 더불어 제도가 미치는 영향은 상당하다. 전통적 사회에서 제도는 공적영역은 물론 사적영역까지 관리하는 기본적인 규제를 만들어 자원이용, 이익배분, 자원개발 방식에 영향을 미치고 있다(Acheson 1989).

마을 수준에서 공동체 성원을 규제하는 장치는 공동체의 신앙과 의례, 규범과 제재의 형태로 나타난다. 과거 비진도 내항 마을에서는 별신제와 동제를 통하여 공동체 성원들의 결속을 다지고, 덕석몰이와 동회호출을 통하여 일탈자들을 제재해왔다. 오랫동안 마을은 국가체계에 속해 있으면서도 자체의 규제장치를 가지고 성원들을 통제해 왔다. 이처럼 한정된 경계 내에서 정치적 권력의 배타적 사용과 통제는 외부의 정치체계와는 별도로 자신들만의 규제장치에 의해 작동된다. 이런 현상을 일컬어 일각에서는 '피포성被包性 체계encapsulated system'라 부른다(Bailey 1969: 144~47).

공유재산에 대한 국가의 개입 또는 사유화가 자원의 남용을 막고 자원을 효과적으로 이용할 수 있는 효율적인 방안이라 주장하는 것은 제도적 맥락을 무시하고 공동체의 협동보다 개인주의, 시장경제 체제에서 경쟁의 우위를 추론의 근거로 들고 있다. 하지만 국가나 시장이 공유자원의 남획을 막는 유일한 대안은 아니다(오스트롬 2010: 22). 어떤 경우에는 사유화로 인하여 과잉생산, 자원 감소, 과잉 자본투입, 기존 어민들의 주변화, 사회적 계층화, 수익의 불평등분배 등과 같은 매우 부정적인 현상 혹은 사회정치적인 문제가 야기될 수 있다. 공유재산은 누구에게나 접근이 개방되어있는 재산이 아니라 특정한 집단의 사람들, 즉 마을에 입호되어 성원권을 부여받은 사람들에게만 배타적으로 접근이 허용된다. 입호제도를 통해 공유재산에 대한 타인들의 접근을 제한하는 제도적 장치는 한편으로는 공유재산을 특정 집단의 사람들에게 공평한 접근을 허용하고 사용권을 균등하게 분배한다는 점에서 평등성을 내포하고 있지만, 다른 한편으로는 특정 집단 이외의 다른 사람들의 접근을 차단하고 배제한다는 점에서 배타성을 드러내고 있다.

공유재산의 사유화 또는 국가의 통제가 공유자원을 효율적으로 사용할 수 있는 절대적 대안은 아니다. 사유화와 국가통제 사이의 중간 방식, 즉 공동체 수준에서의 제도와 규제가 있다. 공유자원에 대한 접근을 통제하는 제도와 규제는 많은 사회에서 담보하고 있다. 공유재산은 '모든 사람의 재산'이 아니라, 특정 집단의 사람들만이 사용할 수 있는 사용권으로 집단 외부의 사람들 혹은 다른 사람들의 접근과 사용을 배제한다. 따라서 공유재산은 사용권에 대한 특정한 제도라고 할 수 있다. 사용권의 특정화는 공유자원에 대한 일정한 수준의 법적 또는 관습적인 동의와 사회적 이해관계 및 갈등을 포함한다. 공유재산 제도는 공식적 그리고 비공식적으로 공유재산 이용과 사용을 제한하고 벌금이나 제재를 부과하는 등 다양한 장치를 포괄하고 있다.

공동자원 이용자들은 고립된 상태에 있지도 않을 뿐 아니라 자원을 이용하는 방식 역시 다층적이다. 오늘날 인간사회의 모든 단위체는 상위의 사회정치적 체계 속에 포함되어 있거나 통합되어 있다. 공유재산은 개인, 공동체 및 국가가 접근, 사용 및 경영권을 주장하는 자원이다. 따라서 다양한 형태의 권리가 복합적으로 존재한다. 이 권리는 사실상의 권리 또는 법률상의 권리일 수 있다. 이들 권리는 서로 겹치거나 충돌하지만 복합적이다. 그러나 누구나 접근 가능한 무주공산은 아니다. 특정 집단의 공유재산은 그 사회의 역사적, 사회적, 그리고 문화적 맥락과 결부되어 있다. 따라서 공유재산을 제대로 파악하기 위해서는 사회적 규범과 가치, 협동과 갈등 관계, 그리고 제도적 장치를 제약하거나 적응케 하는 요인들을 함께 고려해야 한다(Acheson 1987: 37; Ginkel 1996: 238~239).

문화적 장치로서의 사회제도의 중요성은 오랜 시간 수차례에 걸친 시도와 좌절 끝에 형성된 산물이라는 데서 그 특성을 찾을 수 있다. 개인들의 행위와 그 결과를 쉽게 파악할 수 있는 상황, 손쉽게 관찰하고 통제할 수 있는 공유재산, 그리고 공유재산 사용에 대한 규제의 결과를 참여자 모두가 이해할 수 있을 때 비로소 공동체 구성원들은 공유재산에 대한 규제에 순응하게 된다.

그동안 공유재산은 사유재산에 비해 경영방식이 비조직적이며 단기적이고 불명확하다고 간주되어 왔다. 이런 입장은 공유재산의 정치적 또는 법적 사유화 주장에 힘을 실어 주었다(McCay & Acheson 1987: 22). 공유재산의 사유화 주장과 달리 소규모 공동체에서는 공유재산을 정부의 개입이나 사유화가 아닌 공동경영을 통하여 기존의 제도를 약화시키거나 해체하지 않고 성공적으로 운영하고 있다. 인간은 경제적 및 물리적 환경조건에 따라 동원 가능한 여러 가지 대안 중에서 가장 이로운 방안을 선택하거나 새로운 방안을 개발한다.

상대적으로 고립되고 외부의 개입과 변화가 더딘 도서 지역에 거주하는 사람들은 그들의 상황과 환경에 적합한 제도적 장치를 만들어 나간다. 즉, 환경조건과 경제활동이 제도적 장치를 결정한다고 할 수 있다. 한정된 자원을 지속적이고도 효과적으로 이용하기 위해서는 자원의 보존과 이용 간에 적절한 균형이 이루어져야 한다. 공유재산 제도는 자원이 고갈되지 않는 상태, 즉 '지속 가능한' 수준에서 자원의 이용과 개발이 '발전'으로 이루어질 수 있는 하나의 사례가 될 수 있을 것이다. 공유재산의 이용방식은 물론 공유재산과 이용자들 간의 관계는 고립되고 고정되어있는 것이 아니라, 상위의 사회정치 체계에 포섭되어 있으며 다양한 상황과 맥락에 따라 그 의미와 가치가 변화한다. 따라서 공유재산을 제대로 이해하기 위해서는 그 사회가 처해 있는 사회적, 역사적, 경제적, 그리고 문화적 측면을 총체적으로 바라보아야 한다.

3.

공동체로서의 마을 내부에서 구성원들 간의 경쟁과 협조는 상호 배타적인 것이 아니다. 경쟁은 어떤 사람들과 해야 하며, 누가 경쟁자이며, 그리고 어떤 전략이 용인되는지는 공동체 구성원들 간의 암묵적인 동의에 따라 결정된다. 서로 간의 협조는 다른 사람들과의 경쟁을 통해서 이루어지기도 한다. 공동체 성원들이 사회적 규범과 가치를 공유하고 준수하는 것은 단지 공동체의 제재를 두려워해서가 아니라 성원들이 혈연, 지연, 학연 등으로 관계가 서로 중첩되어 있을 뿐 아니라, 도덕적으로 상호 연계되어 있기 때문이다. 마을은 단순히 개인들의 이해관계로 이루어진 집합체가 아니라 호혜성과 사회적 조정이 우선시되는 정서적 연대를 바탕으로 형성된 공동체이다.

여기에서 공동체는 단순히 지리적인 마을을 의미하는 것이 아니라 '상징적'으로 구축된 '우리 마을'을 의미한다. 마을 사람들 간의 "정서적 연대는 이익으로 맺어진 연대에서 찾기 어려운, 시간과 공간을 뛰어넘어 존속하는 믿음을 만들어 낸다"(Petrzelka & Bell 2000: 345).

마을공동체의 정체성은 누적된 경험을 공유하는 과정에서 형성된다. 따라서 지역정체성은 고정 불변하는 것이 아니다. 집단 정체성으로서의 지역정체성은 집단 내부의 변동, 다른 지역과의 소통과 접촉, 그리고 중앙정부와의 교호작용 속에서 끊임없이 변화한다. 공동체 의식은 공동체 구성원들이 서로에 대해 인식하고 있는 유사성의 정도에 따라 그 범위와 심도가 달라진다. 공동체 의식은 다른 구성원과의 상호의존성을 인식하는 것이다. 도서 지역처럼 지리적으로 제한된 환경 속에서 삶을 영위하기 위해서는 상호의존성 유지가 필수적이다. 주민들 간의 상호의존성을 유지하기 위해 공동체 내부에는 여러 형태의 문화적 장치가 마련되어 있다.

마을이라는 관습적 혹은 행정적 단위체는 공유재산 간의 경계를 나타내며, 대규모 공유재산에서 소규모 공유재산을 분리하는 근거가 된다. 공유재산은 '지역성'에 의해 분리된다. 여기에서 지역성은 다른 집단의 공유재산과 경계가 설정되는 기준이 된다. 지역성은 공유재산의 분배, 사용, 이전에 관한 규제 및 통제와 같은 제한적인 공유재산 제도로 발전하는 토대가 되기도 한다. 하지만 국가의 하부 단위로서의 마을은 직간접적으로 국가의 통제와 지배를 받는다.

조사지는 1962년 수산업협동조합법 제정으로 어촌계가 설립되고, 1970년대부터 시작된 새마을운동으로 중앙정부의 간섭과 통제가 가중되었다. 마을이 중앙정부의 하부 조직으로 급격하게 흡수되면서 기존의 자율성을 보장받지 못하게 되었다. 마을은 주민들의 일상생활 공간이면서 동시에 국가가 지역을 지배하는 기초적인 단위체이기도 하다(김창민 2008: 8). 구성원들의 상호작용은 마을을 중심으로 외부세계로 확대되며, 문화적 전통 역시 대개는 마을을 단위로 전승된다. 즉, 마을은 국가 조직의 최하위 단위체인 동시에 고유한 전통과 문화의 주체이기도 하다.

현대사회에서 국가는 공동체의 지속 혹은 변화를 이끄는 단순한 변수가 아니라 상수로 작동하고 있다. 국가 수준에서 작동되는 경제적, 정치적, 사회적 및 문화적 활동은 지역 수준 특히 마을 차원에서 균질적으로 나타나지 않는다. 이들 변수 혹은 요인 간의 인과관계 역시 불분명하다. 지역 차원에서 정치적, 문화적, 경제적 변화와 이들 변화 간의 관계는 국가 차원의 그것과 다를 수도 있다. 그렇다고 국가 혹은 국가의 하부 기관과 무관하게 지역 차원에서 사회경제적 변이가 나타나거나 작동되지도 않는다. 따라서 지역 차원의 사회경제적 현상을 이해하기 위해서는 국가가 하부 지역에 어떤 영향을 미치고 있는지를 자세히 살펴보아야 한다. 구체적으로 시공간적인 맥락 속에서 사회적 관계가 구성되는 방식, 그리고 지역사회와 공간에 대한 애착 혹은 표현의 정도를 파악해야 한다.

전근대 사회에서는 자연환경과 문화전통이 지역성을 결정했다면, 근대 이후의 사회에서는 자본주의 경제와 국가의 정치제도가 결정한다. 자본주의와 국가는 제도적으로 전근대의 지역성을 해체하고 재구성한다. 지역성은 근대화가 창출한 새로운 시간성과 동시성에 의해 소진되고 변화한다(천정환 2008: 164). 지역성은 고유한 문화로 표현된다. 다시 말하면 문화가 지역성의 주요 표상이라고 할 수 있다. 하지만 특정 지역사회가 담지하고 있었던 전통적 체제는 국가 중심의 '새로운' 체제로 통합되고, 고유의 문화적 관행들은 미신으로 치부되어 타파의 대상이 되었다. 고립을 탈피하기 위해 구축했던 교통체계와 통신망은 시공간을 압축시키면서, 지역을 도시 중심의 거대 체계로 편입시켰다. 통신의 발달은 '지역'이라는 경계를 허물고, 교통망의 확대는 지역 간의 차별성을 희석시켰다. 특히 근대식 교육기관은 지역성의 울타리를 허물고 중앙으로의 통합을 가속화시키는 중심 매개체가 되었다.

여느 마을과 마찬가지로 비진도 내항 마을 역시 중앙중심의 행정조직과 근대식 교육기관이 설립 작동되면서 점차 지역성이 약화되고 문화적으로 중앙정부에 포섭되어 갔다. 섬이라는 지리적 조건 때문에 문화적으로 주변부가 된 것이 아니라 도시화와 근대화로 인해 '주변부'가 된 것이다. 특히 어촌계가 도입되면서 공동체로서의 마을은 국가 권력의 하부조직으로의 편입이 가시화되었다. 마을공동체의 물적 기반인 공동어장의 사용권 및 점유권을 법인체인 어촌계가 담당하면서 마을공동체와 어촌계가 형식상으로 분리되었다(김준 2010: 29). 공유재산의 중요성은 점차 축소되고, 반대급부로 공적인 영역과 사적인 영역이 크게 확장되었다. 사적영역의 확장은 공동체의 구성원으로서의 상호의존성 약화를 불러왔으며, 공적영역의 확대는 공동체의 자율성 붕괴로 이어졌다. 내부적으로는 마을공동체 내부의 호혜적인 관계가 무시되거나 무너지고, 외부적으로는 자본주의 시장경제의 경쟁체계로 흡수되었다.

  산업화·도시화가 가속될수록 젊은 층의 이출이 늘고 인구가 고령화되면서 공동체로서의 마을은 머잖아 사라질 위기에 처해 있다. 주민들의 삶도 예전과는 많이 달라졌다. 동제와 별신제 같은 제의는 대폭 축소되거나 아예 중단되었으며, 마을의 문화적 자산이자 자부심이었던 학교는 폐교되었다. 섬마을 사람들의 중요한 삶의 원천이자 공동체의 근간이었던 공유재산, 즉 지선어장의 경제적 가치는 점차 줄어들고 있다. 바다 환경의 변화와 해산물의 가치 하락은 다른 차원에서 '공유재산의 비극'을 불러왔다. 한편으로는 남획과 환경변화로 지선어장의 중요성이 점점 축소되고, 다른 한편으로는 생산물의 경제적 가치가 하락하면서 공유재산만으로는 더 이상 삶을 지탱할 수 없게 되었다. 공유재산의 가치 하락으로 마을의 전통적 기능과 역할이 위축되면서 공동체로서의 마을은 단순한 거주 공간으로 전락할 지경에 이르렀다.

제2장

마을 현황

1. 지리적 위치

비진리 내항內項은 경남 통영시 한산면의 서단에 있는 섬마을이다. 비진도는 밧섬(바깥섬)과 안섬으로 불리는 두 개의 섬이 장구杖鼓 모양으로 연결되어 있다. 두 개의 섬이 연결되는 부분에 백사장이 형성되어 있다. 백사장은 여름철 해수욕장으로 활기가 넘치는 곳이다.[1] 과거에는 바닷물이 빠지는 썰물 시간에만 두 섬 사이를 건너다닐 수 있었지만, 현재는 길목을 높여 상시 이동할 수 있다.

비진리의 내항과 외항은 모두 안섬에 취락이 형성되어 있다. 1975년까지 밧섬에도 두 곳에 주거지가 있었다. 밧섬의 서쪽 해안 '물개'에 7~8호가, 동쪽 사면의 '파정개' 혹은 '파진개'에 1호가 살았었다.[2] 하지만 1975년 독립가옥 이주 정책에 따라 모두 외항으로 이주하였다. 비진도에서 내항을 일컬을 때는 '안섬' 혹은 '안비진'이라 하고, 외항은 '뱃믹(밧목)' 혹은 '바깥비진'이라 부른다.

---

[1] 비진도 해수욕장은 1977년 7월 25일 처음으로 개장되었다. 해수욕장의 길이는 약 550m, 폭 40m, 총면적 22,000㎡이다(한산면지 편찬위원회 2012: 1011).
[2] 물개는 한자로 '水浦'라 표기하고, 파정개는 '波亭浦' 혹은 '破丁浦'로 쓰고 있다.

비진도의 연평균 기온은 여름 30℃ 겨울 3℃이다. 한겨울에도 기온이 영하로 내려가는 경우가 드문 온난한 곳이다. 하지만 여름철에는 태풍의 피해가 심각하다. 연평균 강우량은 1,385㎜이다. 비진도는 지리적으로는 동경 128° 27', 북위 34° 43'에 위치한다. 지역의 행정 및 상업의 중심지인 충무(통영시)로부터 해상으로 13㎞ 이상 떨어져 있다.[3] 면 소재지 진두에는 중학교, 우체국, 단위농협, 보건소, 파출소 등 관공서가 있으며, 비진도와는 해상으로 약 6㎞ 거리에 있다.

충무(통영시)에 시장을 보러 가거나 부산이나 마산 등지로 나가려면 여객선을 이용하여 충무로 나가야 한다. 1990년 당시 비진도에서 충무를 오가는 여객선이 아침과 저녁 하루 두 차례 운항하고 있었다. 아침에는 충무-비진 외항-비진 내항-용초-호두-죽도-봉암-진두-야소-의암-하포-장작지-충무로 이어지는 노선으로 운항하고, 저녁에는 충무-장작지-하포-의암-야소-진두-봉암-죽도-호두-용초-내항-외항-충무 순으로 운항하였다. 내항에서 충무로 가는 '아침 배'는 약 3시간, '저녁 배'는 1시간이 소요되었다. 저녁 배는 충무에서 밤을 보내고 다음 날 새벽에 출항한다. 1990년 기준으로 내항에서 시장을 보러 충무에 나갔다가 저녁에 되돌아오면 배를 타는 시간만 6시간이 넘게 걸렸다.

비진도 내항에서 면사무소가 있는 한산도 본섬이나 용초, 호두, 죽도 등 인근 섬마을에 갈 때는 여객선이나 어선(사선)을 타고 나간다. 마을의 중학생들은 통학선 혹은 개인이 운영하는 선박을 이용하여 학교에 다닌다. 주민들이 면사무소나 농협에 긴급한 용무가 있을 때는 중학교의 통학선이나 부정기적으로 다니는 농협 운반선을 이용한다. 일상적인 잡무는 대개 마을 이장이 대신 처리하기도 한다. 마을에서 외부로 나가는 통로는 선착장이 유일하며, 외항과는 육로로 약 2㎞ 떨어져 있다. 주민들과 학생들은 이 길을 이용하여 두 마을을 오간다.

여름철 외항마을에 해수욕장이 개장되면 유람선이 하루에도 수십 차례 통영과 비진도를 왕복한다. 그러나 겨울철과 여름철에는 폭풍과 태풍으로 정기여객선의 결항이

---

[3] 1995년 1월 1일 기존의 충무시와 통영군이 통합되어 도농 복합형태의 통영시로 개편되었다.

〈사진 1〉 내항 전경

〈사진 2〉 외항 전경

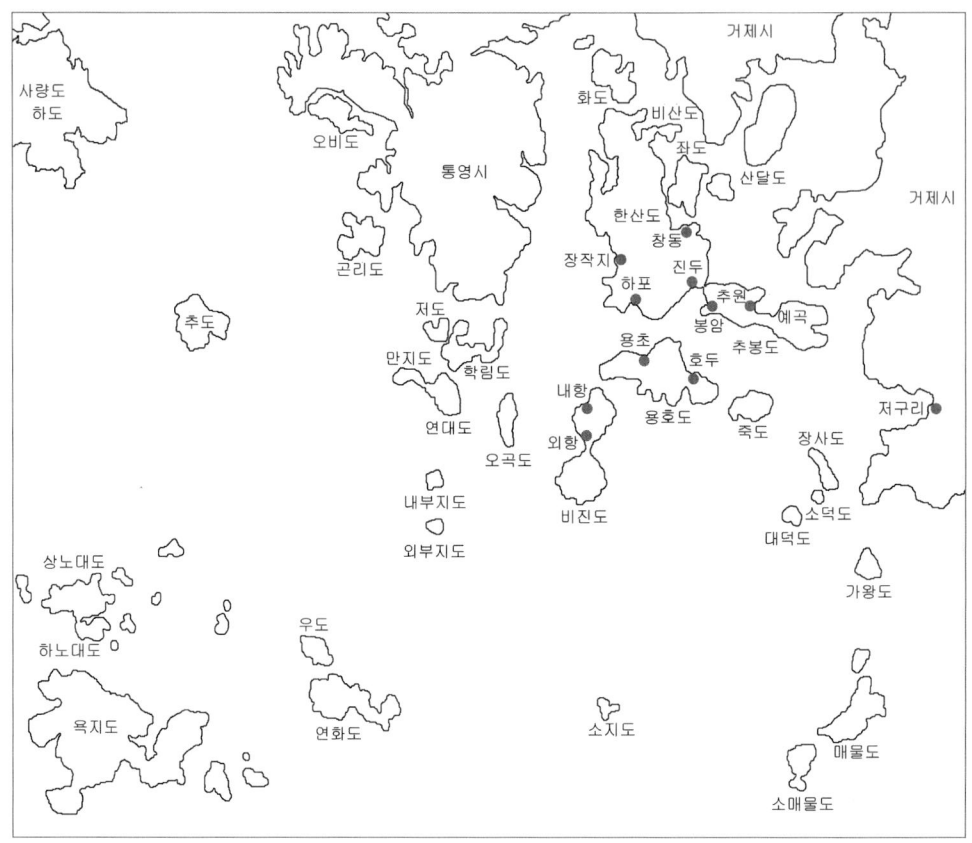

〈지도 1〉 비진도와 인근 지역

잦을 뿐 아니라, 심지어 한동안 교통편이 단절되기도 한다. 태풍이나 심한 너울성 파도가 닥친다는 일기예보가 발령되면 선주들은 자신 소유의 어선을 타고 피항을 한다. 피항지는 대개 한산도 본섬 안쪽에 자리한 마을이다. 하지만 초대형 태풍이 몰아치면 미처 피할 사이도 없이 가옥과 어선이 파손되고 선착장과 방파제가 흔적도 없이 유실되기도 한다. 특히 1959년에 불어닥친 태풍 사라호는 비진도를 비롯한 남해안 인근 도서 지역에 인명 피해와 함께 엄청난 재산 손실을 발생시켰다. 이 지역에서 '사라호'는 태풍의 대명사처럼 회자되고 있을 정도이다.

〈지도 1〉에서 보듯이 비진도 인근에는 크고 작은 섬들이 즐비하다. 비진도의 북쪽에는 한산도, 남쪽에는 소지도가 있다. 동쪽에는 용호도(용초도),[4] 죽도, 추봉도가 있고, 서쪽에는 산양읍 오곡도(오실), 연대도, 학림도(새섬), 저도(닭섬), 연대도가 있다. 남동쪽에는 장사도, 소덕도, 대덕도, 가왕도, 매물도, 소매물도가 있고, 멀리 남서쪽에는 욕지도, 우도, 연화도, 노대도 등이 있다. 비진도와 인접한 용호도는 한국전쟁 당시 포로수용소가 설치되었던 곳이다. 용호도에 포로수용소가 설치되면서 '소개민疏開民'이 된 용초 주민들은 내항과 외항에서 피난민처럼 머물기도 하였다. 외항에는 용초 주민을 위한 임시 수용소가 가설되기도 하였다.

내항 마을에는 공동우물이 다섯 군데나 있었을 정도로 음용수가 풍부했다. 몇몇 가정집에는 따로 우물이 있었다. 한때 막걸리를 빚어 팔던 '도가집'이 있었다. 내항의 풍부한 우물물은 다른 지역 어민과 어선 등에 공급하기도 하였으며, 해조류의 건조작업에도 요긴하게 사용되었다. 우뭇가사리와 같은 해조류는 민물로 세척하고 건조하는 작업을 반복해야 하기에 작업장에는 물이 풍부해야 한다.

마을에 있는 공공기관으로는 국민학교,[5] 해안초소, 무선전화국이 있었다. 해안초소는 1959년 4월 해안 경계를 위해 설치되었으며, 경찰관이 상주하고 있다. 한반도 남해안은 북한 공작선의 주요 침투 루트였다.[6] 1960년대부터 남해안 일대에 출몰했던 간첩선 출입을 방지를 위해 조업에 나서는 모든 선박은 입출항시에 승선 인원과 인적사항을 의무적으로 신고해야 했다. 1981년 7월 정부는 북한 간첩선의 야간 침투 방지를 목적으로 선박안전조업규칙을 제정하였다. 이에 따라 경상남도의 경우 겨울철에는

---

4 2018년 2월 9일 국토지리정보원 제1차 지명위원회에서 용초도를 용호도로 명칭변경을 확정하였다(경남도민일보 2018.02.13.).
5 1995년 '국민학교'에서 '초등학교'로 명칭이 변경되었다. 이하 본문에서는 1990년 이전의 명명법을 따라 '국민학교'로 사용한다.
6 북한은 간첩 남파를 위해 해상으로 무장 간첩선을 침투시켰다. 1958년 10톤급(8~15노트) 무장선박을 접경 해역을 중심으로 침투시켰다가 1960년대 중반부터 40~50톤급(25노트 이상)의 무장 선박을 한반도 남해안까지 침투시켰다. 1967년 당포함 피격사건을 비롯하여 10여 차례 도발이 있었으며, 1968년 1·21 사태, 푸에블로호 피랍사건, 울진 삼척 무장공비 침투사건, 1969년 미 정찰기 격추, 대한항공기 납북사건 등이 일어났다.

〈사진 3〉 무선전화국 안테나

하오 6시부터 다음날 오전 4시까지, 여름철에는 하오 8시부터 다음날 오전 4시까지 어로행위와 선박의 항해를 금지하고 있었다. 해안초소의 건물은 건평 25평이며 마을회관과 나란히 있다.[7] 무선전신전화국은 1970년에 건립되었다. 무선으로 전화가 오면 먼저 방송으로 전화 받을 사람을 호출한 다음 잠시 기다렸다가 전화를 다시 연결하는 방식으로 통화하였다. 1985년 교환방식에서 자동전화로 바뀌었다. 전기는 1977년도에 처음으로 가설되었다. 1977년 이전에는 마을 공동사업으로 풍력발전기를 설치하였다가 이후 동력 엔진을 이용하여 자가 발전시설을 사용하였다.

2. 유래와 역사

마을 주민들은 '비진도比珍道'라는 이름을 보배에 견줄만한 섬이라는 의미로 해석한다. 비진도를 위에서 내려다보면 두 개의 섬이 연결된 모양이 마치 한자의 '왕王'자 모양을 하고 있으며, 두 섬의 서쪽에는 충복섬(充福島 혹은 春福島)이 있고 동쪽에는 까

---

7   현재 해안초소는 철수하고 그 자리에 간이매점이 들어서 있다.

치여鵲島가 있어 어느 쪽에서 바라보아도 섬의 형상이 한자인 '玉'자로 읽힌다고 하여 보배 섬이라 불렀다고 한다.[8] 옥玉은 보배 중에서도 보배이기에 보배에 견줄만한 섬이라는 뜻으로 '비진도'라고 했다는 설명이다. 한자의 구슬 '옥玉'자를 보배 '진珍'으로 대체하면서 비진도라는 이름이 생겼다고 한다(한산면지 편찬위원회 1992: 812). 다른 설명으로는 비진도의 경치가 수려하고 산세도 아름답고 식수도 풍부하며, 해산물이 풍부하여 보배와 같기에 지형과 환경에 따라 비진도라 이름하였다고 한다. 하지만 이와 같은 설명은 '비진比珍'이라는 한자어에 경도된 해석이거나 사후에 덧붙여진 자의적 풀이에 가깝다.

현재 사용하고 있는 '비진比珍'이라는 한자 명칭은 비교적 후대에 고정되었다. 비진도 추계 추씨秋溪 秋氏 대동보에는 17세손과 18세손의 묘지가 '開山 飛珍'으로 표기되어 있다. 18세손 도봉道琫은 기해己亥(1719)생이며, 경자庚子(1780)년에 사망하였다. 하지만 20세손부터 표기를 '比珍'으로 바꾸었다. 20세손 용택龍澤은 기축己丑(1769)생이며, 용백龍伯은 계묘癸卯(1783)생이다. 참고로 영양 천씨穎陽 千氏 대동보에는 11세손 정명正命의 묘가 한산면 '非珍里'로 표기되어 있다. 정명은 을미乙未(1835)생으로 정유丁酉(1897)년에 사망하였다.

한편, 조선왕조실록의 세조실록 6권 세조 3년(1457) 1월 16일 자에는 '非進島'로, 성종실록 197권 성종 17년(1486) 11월 22일 자에는 '非眞島'로 기재되어 있다. 영조 40년(1764)에 작성된 〈전객사일기典客司日記〉에는 '非珍島'로 표기되어 있다. 1906년 비진리를 비롯하여 한산면 6개 마을 동임이 대한제국 경리원에 제출했던 청원서에는 '比珍'으로 기록하고 있다. 1916년 6월 1일자 〈조선총독부관보〉 및 1922년에 발행된 잡지 〈개벽〉 26호에도 '比珍島'로 표기되어 있다.[9]

위의 자료를 살펴보면, 조선 시대 비진도의 한자 표기는 '非進島', '非眞島', '非珍

---

[8] 지도상으로 까치여(작도)는 비진도 본 섬과 많이 떨어져 있어 '玉'자의 아래 점으로 보기에는 무리가 있다.
[9] 창랑거사(滄浪居士), 「南海遊記」, 『개벽』 26, 1922.

島', '飛珍島' 등이 혼용되었다. 1700년대 후반부터 앞의 표기들과 함께 '比珍島'라는 명칭을 쓰기 시작하다가, 1900년대 초에 비로소 '比珍島'로 표기법이 고정되었다고 추정된다.

일설에는 옛날 비진도가 거제부에 소속되어 있었을 당시, 거제도에서 한산도를 바라보면 추봉도, 죽도, 용호도 등은 동서 방향으로 나란히 혹은 병렬 형태로 위치하지만, 비진도는 다른 섬들과 달리 방향이 어긋난 섬이라고 하여 '비-진 섬'이라 부르면서 현재의 이름이 유래되었다고 설명한다. 지형적으로 비진도는 두 섬이 거의 남북 방향으로 비스듬하게 뻗어 있으며, 거제도 저구리에서 한산도로 이어지는 긴 수로에서 벗어나 있다.[10]

비진도 내항의 역사를 간략하게 살펴보면 다음과 같다. 비진도는 1828년 이전에는 거제부 둔덕면에 속했다가 1876년 거제부 한산면으로 변경되었다. 1900년(광무4)에 진남군 한산면에 편입되었다가 1914년 통영군 한산면 비진리가 되었다(김정대 1997). 1943년 행정구역이 개편되면서 비진리가 내항과 외항으로 분동分洞되면서 지금까지 독립된 행정마을을 이루고 있다.

비진도 내항에 처음으로 사람이 거주하기 시작한 시기는 대략 17세기 중반부터라고 할 수 있다. 기록상으로는 1670년경 입도한 추계 추씨가 입도조로 알려져 있다. 하지만 1992년 철거했던 한 고가의 상량문에 '숭정崇禎 2년 5월'이라는 글귀가 있어,[11] 1629년(인조 7) 이전에 이미 사람이 살고 있었던 것으로 추정된다(한산면지 편찬위원회 1992: 825). 1700년경에 곡부 공씨와 밀양 박(1)씨가 들어왔으며, 1800년경에는 밀양 박(2)씨와 영양 천씨가 들어왔다고 한다. 박(1)은 감헌공酣軒公파이며, 박(2)은 청재공淸齋公파로 같은 밀양 박씨이지만 파가 다르다.

초기 정착민은 간단한 어로 도구로 미역과 같은 해조류와 멸치를 비롯하여 전복 등

---

10 추봉도와 한산도의 남쪽, 그리고 죽도와 용호도 북쪽 사이의 물길은 '장강수도(長江水道)'로 불린다(강금석 2000: 12). 물길의 동쪽 끝은 거제도 저구리이며, 서쪽 끝에 비진도가 있다. 비진도부터 수로는 넓은 바다로 이어진다.
11 '숭정'은 명나라 마지막 황제인 숭정제의 연호(1628~1644)이다.

의 어패류를 어획하였다고 한다.[12] 해산물이 풍부했었지만 단순 채취에 그치고, 인근 야산에 경작지를 일구는 데 몰두하였다. 점차 어구와 어법이 발달하면서 다양한 해산물을 채취할 수 있게 되었다.[13] 마을에서는 1900년대부터 비로소 체계적인 어업이 시작되었다고 한다.[14] 분기초망焚寄抄網이라 불리는 챗배와 들망으로 멸치잡이를 하였다. 초기에는 솔가지(관솔)에 불을 붙여 멸치 떼를 유인한 다음 그물을 둘러 어획하였다고 한다. 일제강점기에는 카바이드를 이용하여 불을 밝혔다. 솔가지를 이용하여 멸치를 잡았던 시절 비진도에는 3척의 풍선이 있었다고 한다. 한 척은 돛대(짐대)가 세 개여서 삼대선이라 불렀다. 삼대선으로 일본 대마도까지 수시로 왕래하면서 장사를 했다고 한다. 다른 두 척은 돛대가 두 개여서 이대선이라 불렀다. 이대선으로 하룻밤에 매물도를 세 차례나 왕복하면서 멸치를 잡아 비진도 뒷등에 있는 센널의 반석 위에 멸치를 말렸다고 한다. 이렇게 생멸치를 그냥 말린 것을 일컬어 '육산치'라 한다. 겨울철부터 이듬해 봄까지는 통구멩이와 떼배를 이용하여 낚시를 하고, 해조류나 어패류를 채취하였다. 감성돔 낚시터는 경매를 통해 자리를 산 사람만이 한 철 동안 낚시를 했다고 한다. 닻줄은 칡덩굴을 꼬아서 만든 줄을 사용하였다. 여름철에는 동백나무로 만든 갈구리로 갈치를 낚았다고 한다.

1930년대 행정구역 개편 이전까지 비진도에서 소매물도와 소지도를 관리하였다고 한다. 당시 비진도, 용호도 및 죽도의 바깥 작은 섬들에는 사람이 살지 않았거나 살고 있었더라도 아주 소수여서 독자적인 행정 리동으로 기능할 수 없었다. 그래서 비진, 용초, 호두, 죽도, 봉암, 추원 6개 마을이 이들 섬에 대한 관리를 위임받아 지선어장

---

12 1757~1765년 사이에 편찬된 『여지도서(輿地圖書)』에 따르면, 비진도를 비롯한 추원도(추봉도), 매매도(매물도), 한산도 등지에는 문어, 전복, 홍어, 청어, 미역, 대구, 준치, 조기, 숭어, 농어, 낙지 등이 주요 어종이라고 기록하고 있다.
13 1894년 통제영이 폐지되기 전까지 통제영 관할 지역 어민들은 대구, 청어, 전복, 미역 등을 매년 두 차례씩 왕실에 바쳤다. 한산도 바깥의 4개 섬마을, 즉 용초, 봉암, 호두, 비진에서는 전복을 통제영에 진상하였다고 한다(통영수협 2004: 119~120).
14 1908년~1909년 기준 '비진동(比珍洞)'의 총호수는 67호였으며, 주요 어업은 외줄낚시, 해조류 채취였다. 주요 어종은 멸치, 갈치, 참조기, 해조류였다(통영수협 2004: 139). 참고로 통영수협 자료에는 멸치가 아닌 정어리로 표기하고 있다. 일본식 한자 '온(鰮)'을 멸치가 아닌 정어리로 읽은 탓이다.

〈사진 4〉 떼배와 통구멩이(사진출처: 온양민속박물관)

에 대한 행사권을 보유했다고 한다. 비진은 소매물도, 굴비섬(구을비도)과 소지도, 용초는 대매물도, 호두는 대덕도와 소덕도, 추원은 가왕도, 그리고 봉암과 죽도는 장사도를 반분하여 관리하였다. 거의 무인도서나 마찬가지였던 섬들의 해산물 채취권을 행사하는 대신 6개 마을에서는 이들 도서에 거주하는 소수의 주민에게 일상 용품을 지원하고 행정적인 업무를 대행하였다(한산면지 편찬위원회 1992: 746~747).

1960년 이전의 마을 역사는 주민들의 기억에 의존할 수밖에 없다. 1959년 사라호 태풍으로 마을의 문서와 장부가 모두 유실되었기 때문이다. 마을 사람들의 구술과 기억에 따르면, 사라호 태풍으로 유실된 문서 중에는 통제영에 해산물이 흉작이니 조세를 감해달라는 진정서가 있었다고 한다. 주민들은 이들 문서가 아마도 진상품과 관련된 문건이었다고 추정하였다.

마을 사람들의 구술과 관련된 내용은 광무 10년(1906) 비진, 용초, 호두, 죽도, 봉암, 추원 동임이 공동명의로 경리원經理院[15]에 제출했던 청원서에서 확인된다. 비진 동임 박문삼朴文三을 대표 청원인으로 용초 동임 최성렬崔性烈, 호두 동임 박화순朴化順, 죽도 동임 정원오鄭元五, 봉암 동임 김응필金應必, 추원 동임 이내원李乃元이 공동으로 청원서를 제출하였다. 청원서의 주요 내용은 여섯 동리의 모곽세毛藿稅를 경리원에 직접 납부하게 해 달라는 요청과 파견 관원의 토색질을 차단하려는 방안으로 본도 출신 파원을 임명해 달라는 주문이었다. 1906년 8월에 제출했던 청원서 내용은 다음과 같다.

청 원 서

경상남도 진남군 한산도 6동민인 청원인 박문삼 등.

삼가 저희들의 가련한 정세는 이미 이전의 소장에 모두 실려 있으니, 삼가 사실을 통촉해 주시길 바랍니다. 저희들이 거주하는 지역에서 모곽세를 신축년부터 바치면서 백성들이 감당하기 어려워 대부분 떠돌아다니는 지경에 이르렀습니다. 다행스럽게 작년에 성상의 은혜가 내려 모곽세를 폐지한다는 칙명이 본군에 이르고 잡다한 세금도 아울러 없어진다고 하여 저희들이 안도하였습니다. 그러나 뜻밖에 올해 본원으로부터 또 관원을 파견하셔서 이미 폐지한 모곽세는 예외로 하고, 수도 없이 습격하여 토색질하니 저희들이 원통함을 호소할 곳이 없어 본원에 청원하게 되었습니다. 제지題旨에 "파견 관원이 지나치게 토색질하는 것은 금한다."라 하셨고, 본군 파견 관원에게 확실히 다짐하셨습니다. 그러나 항목이 없는 돈의 토색질

---

15 경리원은 1905년 3월에 설치되었다가 1907년에 폐지되었다. 일제가 황실재산을 침탈하기 위해 내장원을 내장사와 경리원으로 분리·독립시킬 때 설치되었으며, 황실 재산의 관리를 총괄하였다. 관리는 경(卿, 칙임) 1인, 감독(칙임) 1인, 과장(주임) 5인, 주사(판임) 15인 이하, 기사(주임) 3인, 기수(판임) 7인, 기수보(판임)·감수(監守, 판임) 등을 두었다. 1907년 12월 경리원이 폐지되면서 소관 부동산은 제실재산정리국으로 이관되어 1908년 국유화되었고, 동산(각종 잡세) 중 삼세(蔘稅)·광세(礦稅) 등 20여 종의 세는 탁지부·농상공부로 이관되어 국고 수입으로 들어가고 염세(鹽稅)·수산세 등 7종의 세와 식리전(殖利錢)은 폐지되었다. 이에 따라 황실 재산은 대부분 일제에게 빼앗겼다(출처: 한국민족문화대백과).

의 여부는 파견 관원의 권한에 달려 있는데, 파견 관원에게 지나치게 토색질하지 말라고만 하시니, 이 어찌 사나운 호랑이에게 큰 돼지를 지키라고 하는 것이 아니겠습니까? 억울하고 원통함을 견디지 못하여 황송함을 무릅쓰고 다시 어질고 밝은 경리원경經理院卿께 비오니, 통촉하셔서 저희들의 불쌍한 사정을 돌보아 생각해 주십시오. 올해 모곽세 오백 냥은 본원에 납부할 것이니 수량에 의거하여 수납하시고, 올해 이후로는 매년 3월 안에 본도의 책임자에게 본원으로 바로 납부토록 영구히 법식으로 정하여 본군에 훈령을 발송하셔서, 이 보잘것없는 백성들이 예전처럼 살 수 있게 해 주시기를 천번 만번 기원하고 기원합니다.

광무 10년 8월

청원인 비진동임 박문삼, 용초동임 최성열,

호두동임 박화순, 죽도동임 정원오, 봉암동임 김응필, 추원동임 이내원 등.

경리원경 각하

광무10년 8월 28일

진남군민 등

저희들이 사는 곳의 모곽세 오백 냥을 본동 책임자가 곧바로 본원에 납부하도록 법규를 정하여 훈령을 발송하는 일.

〈지령〉

해당 세액은 이미 파견 관원을 보내 징수하니 마땅히 해당 파견 관원에게 납부하는 것이 타당하며, 원래 정해져 상납할 세액 외에 지나치게 토색하는 폐단은 이미 엄금할 것을 신칙하였으니 번거롭게 하지 말 일.[16]

---

16 '청원서'의 원본은 서울대학교 규장각 한국학연구원에 소장되어 있다. 청원서 사본은 목포대 고고문화인류학과의 오창현 교수가 제공해주었으며, 번역은 경상국립대학교 민혜영 박사의 도움을 받았다.

請願書

慶尚南道鎮南郡閑山島六洞民人

請願人 朴文三 等
年

伏以矣等之可憐情勢는已悉於前訴이오니伏
想問燭事實이신바矣等之所居等地에昕謂毛
藿稅가自辛丑爲始倒納호외民難支保而至於擧皆
流離之境이얹더니何幸昨年分에雨露가均霑호샤
外毛藿稅革罷之타신訓飭이到付本郡호와
無名雜稅之一幷革罷호외定等이廢墜安堵호
얹더니不意今年에自本院으로又爲派送派員호사
外已罷호毛藿稅를倒外無數侵討기로矣等이
呼天無處호와業已請願于本院이얹더니題旨
內開에派員之濫討는禁斷之빠고 只本郡
員之權限이오니使其派員으로旦勿復濫討가
민無名錢討不討는在於護派
員之範限이온시
豈非使猛虎大豚者무엇가不勝抑鬱호외玆以冒
昧于
仁明之下호오니

洞燭호신海則彰癉矣等之如刺刻情景호시고今
年毛藿稅條五百兩을納于本 院호고已納호三百五兩以後三
年所納운自今年以後로三年爲度至永定爲
權納호고自今自納手本 院호고壹壹廣至永定爲裵
訓手本郡所有以 俾些殘方之流民依舊安接列
窒恙平萬萬泰禱事

光武十年八月 日

請願人朴文三 等

竹島洞任鄭元五
龍東洞任崔性列
扈頭洞任朴他順
蜂崖洞任金鷹如
秋原洞任李乃玄

經理院卿 閤下

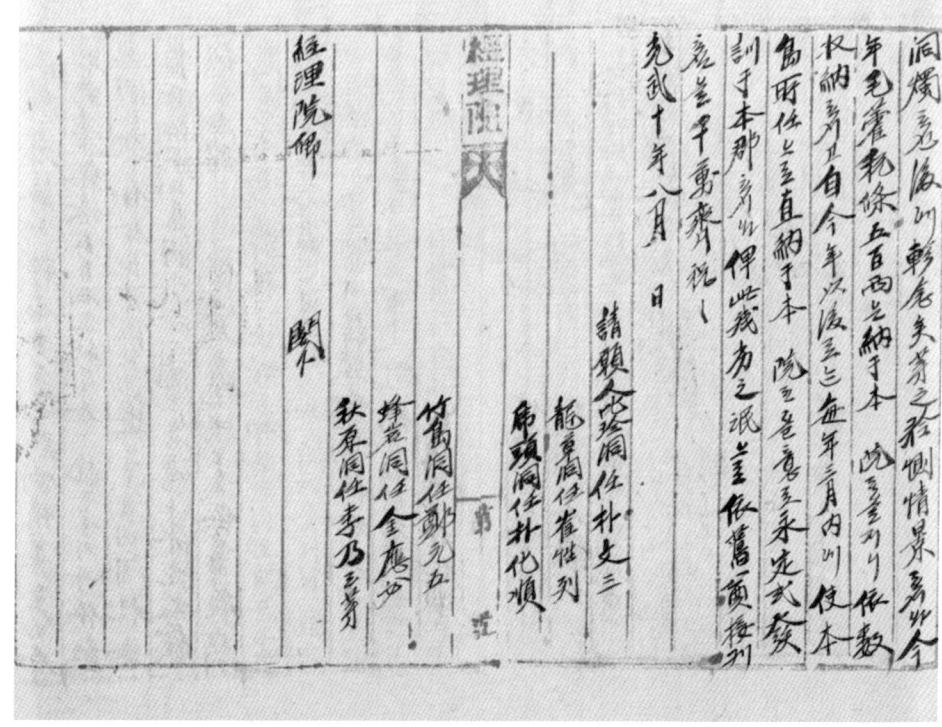

上.〈사진 5〉광무 10년 8월 청원서 첫장
下.〈사진 6〉광무 10년 8월 청원서 종장

청원서는 1906년 6월과 8월 두 차례 제출하였다. '청원서'라는 제목 바로 뒤에 '경상남도 진남군 한산도 거민 등장'(광무 10년 6월 청원서) 또는 '경상남도 진남군 한산도 6동민인 청원인 박문삼 등'(광무 10년 8월 청원서)으로 기재되어 있다.[17] 청원서의 말미에는 비진 동임의 이름을 먼저 기재하고 차례로 다섯 마을 동임의 이름이 기재되어 있다. 비진 동임 뒤에 용초 동임의 이름이 기재되고, 맨 마지막에 추원 동임이 적혀있다(〈사진 5〉 및 〈사진 6〉 참조). 비진 동임이 대표자로 청원서를 발의 혹은 작성했기에 비진에서 가까운 마을부터 동임의 이름이 기재되었을 것으로 짐작된다.

한산도 6개 마을 동민을 대표하여 제출한 청원서에 대한 경리원의 반응은 한마디로 기존의 방식을 따르라는 것이었다. 경리원의 답변은 해당 세액을 파견 관원에게 납부하고, 파견 관원의 토색 폐단을 엄금하겠다는 원론적인 내용이었다. 두 청원서의 내용은 대동소이하다. 청원서의 내용을 살펴보면, 대한제국 말기 비진도를 비롯한 도서 지역에서 납부해야 할 모곽세의 규모보다 파견 관원의 토색질이 민원의 대상이었음을 알 수 있다. 1906년 청원서에 따르면 6개 마을에 배정된 모곽세 5백 냥을 공동으로 납부하였다. 1930년 이후 비진도를 비롯하여 6개 마을에서 관리했던 외곽 섬들에 점차 주민이 늘어나면서 이들 섬은 '관리이동'에서 해제되었다. 1930년 대매물도를 시작으로 1939년까지 모든 관리권이 해당 섬마을로 이양되었다(한산면지 편찬위원회 1992: 747).

조선 후기 통제영 폐지 이후 모곽세를 비롯한 해세는 관할 관청이 자주 바뀌었을 뿐 아니라 징수하는 기관이 중복되었다. 통제영 어장은 일반 어민들이 소유할 수 없는 국유였다. 하지만 대한제국기에 이르면 국유 어장 일부가 어민들에게 공매되거나 관리와 협약을 맺고 임차 또는 매매되었다. 이런 과정에서 정부에서 파견된 어기 파원들이 민간 소유의 어장을 갈취하거나 문서를 위조하여 빼앗기도 하였다(통영수협 2014: 128~129). 조선 후기에는 국가가 거두어들이는 부세의 총량을 먼저 군현 단위로

---

17 장정(牒呈)과 서목(書目)은 마을 인구의 변동사항이나 마을에서 발생한 문제를 보고할 때 사용하였고, 등장(等狀)은 주로 마을에서 겪고 있는 문제를 해결해줄 것을 청원할 때 사용하였다. 완문(完文)이나 절목(節目)은 역을 면제해주거나 납세하는 액수나 납부 방식이 변경될 때 관으로부터 발급받았다(전민영 2016: 137).

배정하고, 군현에서 다시 면리에 재배정하였다. 마을 단위로 부과된 부세는 마을 거주민이 공동으로 납부하는 공동납제가 시행되었다. 특히 중앙에서 파견하는 관원의 남징濫徵과 첩징疊徵, 그리고 토색질이 민원의 주요 대상이었다.

참고로 경상남도 거제군 다대의 경우, 염세는 호위청扈衛廳에서 징수하였고 어기세는 신설된 고성지방대固城地方隊에 부속시켰다. 고성지방대 설치 이전에는 통제영에서 어기세를 관할하였다. 다대에서는 1895년부터 1900년까지 매년 100냥씩 염세를 호위청에 납부하였다. 1895년부터 1898년까지는 관찰부에서 파원을 보내 징수하였고, 1899년에는 거제군에서 관찰부 서기청에 수납輸納하였다(양상현 1999: 16). 경남 웅천의 진상 어기는 궁내부의 관리 대상이었다. 궁내부에서 파원을 보내 어기세漁基稅를 징수하였지만, 내장원에서도 해세 파원을 파견하여 이곳에서 생산되는 대구를 대상으로 별도로 어세를 거두었다(양상현 1999: 29). 거제 구조라에서는 전세나 군역, 호전 등은 면리를 단위로 공동납을 하였지만, 진상이나 요역 등은 인근 마을과 묶어서 부과되었다. 진상 물목이 인근 마을과 함께 공동으로 부과되었기 때문에 각 마을이 부담하는 액수나 방식 등은 마을 간에 자체적으로 조정해야 했다. 인근 마을이 함께 액수와 방식을 합의하고, 합의한 내용을 문서로 작성할 때는 각 마을의 대표자로서 리임이 직책과 이름을 서명하였다(전민영 2016: 47).

대한제국기에도 해세를 징수하기 위해 군단위에 파원이나 세감稅監을 파견하였다. 내장원에서는 해세 징수를 위해 해세위원을 파견하였다. 해세위원이 파원이나 세감을 임명하거나 파견하였지만, 내장원에서 직접 파원을 임명하여 파견하기도 하였다(양상현 1999: 36). 파원이 세금을 부과하고 동시에 징수도 하면서 부정이 발생하기도 하였다. 해세액을 선납 받고 파원에게 특정 지역의 징수권을 위임하면서 남봉濫捧할 수 있는 여지가 많았던 것이다. 파원뿐만 아니라 중간에서 관리와 양반 권세가까지 해세를 침탈하면서 주민들이 납부해야 할 세금은 눈덩이처럼 커졌다.

중앙정부에서 구 통제영 관할지역에 별도로 파원을 파견하여 관리했던 것은 막대한 세금 징수 때문이었다. 통제영 소관 어장은 거제와 고성을 합하여 400여 곳에 이르렀으며, 그 중 왕실의 명례궁에서 직접 관리했던 어장만 150곳이었다(통영수협 2004: 130).

중앙에서 파견된 관리들은 과도한 징수는 물론 심지어 어장 관리권을 침탈하거나 개인 소유의 어장을 강탈하기도 하였다. 지역주민들은 관리들의 과도한 남징과 첩징, 민간어장의 탈취에 청원이나 소송으로 대응하였다. 지역주민들의 청원과 소송에 중앙정부는 표면적으로는 위반자를 엄중하게 처벌하겠다고 했지만 실제로는 기존 방식과 체제를 고수하였다. 단지 문제를 일으킨 파원 몇몇을 교체하였을 뿐이었다. 비진도를 비롯한 한산면 6개 동임이 두 차례에 걸쳐 제출했던 청원서는 당시의 상황을 반영하고 있는 문서라고 할 수 있다.

3. 마을의 인구

1990년 현지조사 당시 마을 가구 수는 총 68호였다. 이들 중 토박이 주민이 62호, 다른 지역 출신 주민이 6호였다. 토박이 주민은 공씨 19호, 박씨(1) 12호, 천씨 7호, 추씨 6호, 박(2) 2호, 기타 성씨가 16호였다. 기타 성씨에 속하는 주민들 대부분은 공씨 및 박씨와 인척 관계이거나 해녀업을 하기 위해 마을에 들어 왔다가 정착한 사람들이었다. 가옥 배치에서 성씨별 구분은 나타나지 않았다. 마을에 거주하고 있는 외부인은 총 12명이었다. 이들의 직업은 국민학교 교사(교장, 교감, 담임 6명, 유치원 교사 등 총 9명), 무선국 직원(1명), 초소 근무 경찰관(1명) 및 교회 전도사(1명)였다. 외부인은 마을 공동작업 혹은 어촌계와 무관하게 생활하고 있었다. 이들 외부인은 임시 거주인 신분이었지만, 마을 잔치나 행사에는 초청되었다.

마을과 가옥의 위치를 약도로 표시하면 〈지도 2〉와 같다. 마을 중앙을 관통하는 두 개의 실개천을 따라 크게 두 개의 골목길이 나 있고, 골목길 좌우에 가옥들이 들어서 있다. 여타 어촌지역과 마찬가지로 해안에서 가까운 공간을 거주지역으로 선호하지만, 해안선과 바로 맞닿아 있는 바닷가 집은 그다지 선호하지 않는다. 해안을 마주하고 있는 가옥들은 해안선보다 높이 축대를 쌓고 튼튼한 돌담을 둘러 바람과 파도를 막고 있다. 마을은 중앙이 약간 낮고 좌우는 가파른 사면으로 이어진다. 특히 동쪽 사

〈지도 2〉 마을 약도

1. 황옥남	13. 박종대	25. 박기봉	37. 공성택	49. 공석대	61. 부영희
2. 이진영	14. 공종영	26. 추형옥	38. 공태권	50. 백진희	62. 공석장
3. 박평진	15. 공봉영	27. 박승수	39. (빈 집)	51. 양영주	63. 양영남
4. 공복식	16. (빈 집)	28. 공복권	40. 정영구	52. 공구영	64. 지연근
5. 천경순	17. 공경조	29. 공병호	41. 박일남	53. 공명곤	65. 공성래
6. 박문순	18. 박종두	30. 추봉조	42. 박길연	54. 박태호	66. 김갑도
7. 박근익	19. (별 장)	31. 추양호	43. (빈 집)	55. 추형윤	67. 천용기
8. 박종민	20. 강승호	32. (빈 집)	44. (빈 집)	56. 공기영	68. 김태용
9. 박태연	21. 박문하	33. 박훈연	45. 김점수	57. 전인철	69. 천양순
10. 강영선	22. 박주연	34. 공성권	46. 공인용	58. 박신열	70. 천경순
11. 천영순	23. 공준권	35. 박장욱	47. (빈 집)	59. (빈 집)	71. (빈 집)
12. 추형열	24. (약 국)	36. 양찬실	48. 추형제	60. 공정택	72. 천성기

〈사진 7〉 비진도 교회

면은 급경사여서 통행이 어려울 정도이다. 마을 뒤쪽은 상대적으로 경사가 완만하다. 경사도가 높은 좌우 비탈에 있는 가옥은 폐가로 남아 있거나 헐어버린 집터를 밭으로 사용하고 있다. 마을 안쪽 지대가 낮은 곳은 홍수와 해일이 겹치면 물난리를 겪기도 하였다. 학교가 들어선 곳은 마을 위쪽이다. 평지가 부족한 지형적 특성으로 운동장을 만들기 위해 축대를 높이 쌓아 부지를 확보하였다. 해안가에는 마을회관과 초소, 그리고 미역 배양장이 있다. 배양장은 1990년 당시에는 사용하지 않고 폐건물로 남아 있었다. 마을 서쪽 외곽에 교회와 무선전화국 건물이 있다. 조사 당시에도 빈집과 집터가 여러 곳이었을 정도로 인구가 감소하고 있었다.

1990년 현재 마을의 인구는 213명(남 102/ 여 111)이었다.[18] 연령대별로는 50대와 10대의 비율이 높았다. 주민등록표상의 총인구는 실제 거주자와 차이가 있다. 마을 인구 중에서 외부거주자는 고등학생 18명(남 8명, 여 12명), 대학생 6명(남 5명, 여 1명), 군인 10명, 미혼 외부취업자 57명(남 30명, 여 27명)이었다. 총인구를 세대별로 표시하면 다음 〈표 1〉과 같다.

〈표 1〉 내항 마을의 인구구성(1990년 기준)

구 분	0-9세	10-19세	20-29세	30-39세	40-49세	50-59세	60-69세	70세이상	계
남(명)	13	25	6	10	9	21	12	6	102
여(명)	9	22	5	11	13	27	12	12	111
총 계	22	47	11	21	22	48	24	18	213

총인구 중 남자가 102명(47.9%), 여자가 111명(52.1%)이었다. 남성은 10대(25명)가 가장 많고 다음이 50대(21명)였다. 여성은 50대(27명)가 가장 많고 다음이 10대(22명)였다.

---

18 참고로 1999년 당시 마을의 총가구는 51호였으며, 어촌계원은 50호였다. 나머지 1가구는 준계원이었다. 1990년 당시에는 계원이 아니었던 준계원은 해녀 단독주 가구로 정계원의 30%의 배분을 받고 있었다. 1999년도 역시 1990년도와 동일한 방식으로 마을 공유재산을 관리·운영하고 있었다.

세대별 인구분포에서 50대가 48명(22.5%)으로 가장 많고, 20대가 11명(5.2%)으로 가장 적다. 20대 인구가 적다는 사실은 학업과 취업을 위해 타지로 떠난 인구가 많다는 것을 의미한다. 마을 인구에서 30대와 40대가 50대에 비해 적다는 것은 인구 재생산 가능 인구가 그만큼 감소하고 있다는 현실을 반영하고 있다. 또한 0~9세 사이의 인구(22명)가 10대 인구(47명)의 절반에도 못 미친다. 상대적으로 0~9세 사이의 인구가 급격하게 줄어들고 있다는 사실은 마을에서 인구감소가 급속도로 진행되고 있음을 보여주고 있다.

마을에서 가구는 대부분 핵가족 형태로 구성되어 있다. 이는 입호제도와 관련이 있다. 독립 가구별로 지선어장의 이용권이 부여되며 어촌계 수익 역시 독립 가구별로 배분된다. 다음 〈표 2〉는 토박이 주민 가구주의 연령대와 가구원 수를 표시한 것이다. 62호 중에서 2호는 결혼한 다음 본가와 떨어져 살고 있지만, 완전하게 분가가 이루어지지 않아 하나의 가구로 집계하였다. 여기에서 '완전한 분가'란 어촌계원권을 획득한, 즉 입호자격을 부여받은 상태를 의미한다. 총 60호 중에서 직계가족 형태를 유지하고 있는 가구는 14호였다. 이들 가구 대부분은 핵가족으로 단독세대였다.

〈표 2〉 가구주의 연령대별 가구원 수

구분	1명	2명	3명	4명	5명	6명	7명	계(%)
20대				1				1(1.7)
30대				2	1	2		5(8.3)
40대				2	4	1		7(11.7)
50대	2	10	4	1	4	1	1	23(38.3)
60대	4	10	1			1	1	17(28.3)
70대		2	1	1		1	1	6(10)
80대	1							1(1.7)
계(%)	7(11.7)	22(36.7)	6(10)	7(11.7)	9(15)	6(10)	3(5)	60

가구주의 연령은 50대가 23명(38.3%)으로 가장 많고, 다음이 60대로 17명(28.3%)이었다. 가구원 수는 2명이 22가구(36.7%)로 가장 많았고, 다음이 5명이 9가구(15%)였다. 단독가구가 7호로 11.7%에 이르렀다. 가구당 평균 인원은 3.3명이었다. 가구주의 평균 연령은 52세였다. 60호 중에서 세대주가 여성인 가구는 7호였다. 남성이 가구주인 53호를 대상으로 가구주의 학력을 살펴보면 〈표 3〉과 같다.

〈표 3〉 남성 가구주의 연령대별 학력

구분	한학/간이학교	국졸(중퇴)	중졸(중퇴)	고졸(중퇴)	대학 중퇴
20대			1		
30대		2	4	1	
40대		4	2		1
50대	2	7	6	5	
60대	4	6	1	1	
70대	5			1	
계(%)	11 (20.8)	19 (35.8)	14 (26.4)	8 (15.1)	1 (1.9)

가구주의 학력은 국졸(중퇴)이 19명(35.8%)으로 가장 많았고, 다음으로 중졸 14명(26.4%), 한학 및 간이학교 11명(20.8%), 고졸(중퇴) 8명(15.1%), 대학 중퇴 1명(1.9%)이었다. 가구주 기준으로 모두 문자 해독이 가능하였으며, 40대 이하 세대주는 모두 정규 학교 교육을 받았다. 특이한 사항은 고졸(중퇴) 8명 중에서 50대가 5명으로 가장 많았고, 중졸(중퇴) 14명 중에서도 50대가 6명으로 가장 많았다는 점이다. 마을에서는 50대는 1930년대에 출생한 사람들로 가장 학구열이 높았던 세대이기도 하다.

1990년을 기준으로 마을에 실제 거주하고 있는 토박이 가구주 부인들의 혼인 전 거주지를 살펴보면 〈표 4〉와 같다. 총계가 80건으로 원주민 가구 수보다 늘어난 것은 시어머니와 며느리를 각기 하나의 사례로 집계했기 때문이다. 재혼일 경우에는 초혼을 기준으로 분석하였다. 부인이 사망한 가구(1호)는 사망 당시의 나이가 아닌 현재의 나이로 환산하였다.

〈표 4〉 가구주 부인의 혼전 거주지

구분	마을내	외항	면내	군내·충무	군외	제주도	계(%)
20대						4	4(5)
30대			2	2		7	11(13.8)
40대	2	1	2	4	2	2	13(16.2)
50대	5	2	14	3	1		25(31.3)
60대	3		7		3	1	14(17.5)
70대		1	5	1		1	8((10)
80대			5				5(6.3)
계(%)	10 (12.5)	4 (5)	35 (43.8)	10 (12.5)	6 (7.5)	15 (18.7)	80

토박이 가구주 부인들의 혼인 전 거주지는 내항 마을이 10건(12.5%), 이웃 마을인 외항이 4건(5%), 한산면내가 35건(43.8%), 통영군내 및 충무시가 10건(12.5%)이었다. 혼인 연망의 범위가 제한되어있는 도서 지역의 특성상 마을 내혼(內婚)이 다수 발생하고 있으며, 61%가 넘는 혼인이 한산면 내부에서 이루어지고 있음을 알 수 있다. 부인들의 연령은 50대가 25명(31.3%)로 가장 많았고, 다음으로 60대 14명(17.5%), 40대 13명(16.2%), 30대 11명(13.8%), 70대 8명(10%), 80대 5명(6.3%), 20대 4명(5%) 순이었다.

혼인 연망에서 특이한 사항은 제주도 출신 해녀들과 혼인한 사례가 15건으로 전체 혼인 건수의 18.7%를 차지한다는 점이었다. 해녀 출신 부인들의 연령이 70대부터 20대까지 분포되어 있다는 점은 해방 이후 나잠어업이 성행하면서 해녀들이 지속적으로 출가해 왔다는 사실을 짐작케 한다. 특히 20대 기혼자 4명 모두가 제주도 출신이었으며, 30대는 11명 중 7명이 제주도 출신이었다. 이런 현상은 마을에서 청장년층 인구가 대거 이출하였으며, 마을에서 거주하고 있는 30대 이하의 가구는 해녀 부인이 생계의 큰 부분을 담당하고 있음을 반영한다.

다음 〈표 5〉는 한산면 총인구 및 주택 센서스에 기대된 내항의 인구이다. 여기에는 1980년부터 1982년의 인구 통계가 누락되어 있었다. 마을의 총 호수와 인구는 꾸준히 감소하고 있었다. 마을의 인구는 1976년 99호 549명으로 정점을 이루었다가 점차 인구가 감소하였다. 1989년에는 호수와 인구가 각각 72호와 257명으로 줄어들었다. 1976년 기준으로 호수는 99호에서 72호로 약 27% 감소하였으며, 총인구는 549명에서 257명으로 53% 넘게 줄어들었다. 즉 호수에 비해 인구의 감소 폭이 크다는 사실을 알 수 있다. 이런 현상은 가구별 인구가 줄어들면서 소규모화되고 있음을 반영한다.

〈표 5〉 내항의 인구 추이(1975~1989)

연도	호수	인구(남/여)	비고
1975	93	545(268/277)	
1976	99	549(270/279)	
1977	96	522(246/276)	
1978	90	539(261/278)	
1979	90	432(216/216)	
1983	77	391(202/189)	(80~82년 통계자료 누락)
1984	81	355(182/173)	
1985	83	315(152/163)	
1986	93	325(163/162)	
1987	79	292(147/145)	
1988	71	270(138/132)	
1989	72	257(128/129)	

자료출처: 한산면 총인구 및 주택 센서스

4. 농업과 어업

비진도는 도서 지역의 특성상 평지가 많지 않다. 좁은 평지에 취락이 형성되어 있어 경지면적은 매우 협소한 편이다. 마을 안쪽에 약간의 논이 있어 과거에는 2~3가구가 벼를 경작했지만, 생산량은 아주 미미하였다. 1962년 이후에 귤(밀감) 재배가 도입되면서 평지의 경작지 대부분이 귤 재배지로 바뀌었다. 하지만 잦은 한파와 관리부실로 귤 재배지는 점차 줄어들고 있다. 밭농사는 보리와 고구마가 주 작물이며 그 외 채소류를 자가 소비용으로 재배하고 있다.

〈한산면세일람〉에 따르면, 1990년 현재 비진도의 밭은 23.1ha이며 논은 없는 것으로 되어있다.[19] 농업은 마을에서 큰 비중을 차지하지 못한다. 쌀은 생산되지 않으며, 보리와 고구마는 농협을 통해 수매하거나 부산에 있는 위탁판매상을 통해 판매한다. 밭은 대개 비탈진 경사면에 형성되어 있어 경작이 어렵고 생산량도 아주 적다. 마을의 열악한 농업 환경을 벗어나기 위해 1962년 박종우가 욕지도에서 밀감나무 묘목을 들여와 밀감(귤)나무를 재배하였다. 밀감은 1967년 이후 본격적으로 출하되었다고 한다. 당시 신문에 소개된 내용이다.

> 통영군 한산면 비진도의 경우를 보면 약 25년 전 이곳 내항 부락 천형준(40세) 씨가 화초로 알고 심어 둔 밀감나무 한 그루에서 작년에도 쌀 한가마의 수입을 보게됨으로써 밀감재배에 매력을 느낀 이곳 주민들은 3·4년 전부터 밀감묘목을 구입, 현재 이 섬에는 6년생 밀감나무 25주를 비롯 금년도에는 1천여 주의 묘목을 구입, 섬 전체에 대대적인 재배를 시도하고 있는데 이 섬 역시 기후와 풍토가 알맞아 지금까지의 성장률이 호조를 보이고 있다는 것이다. 재배를 본격적으로 시도하겠다는 박종우(朴鍾祐, 57세) 씨 외 10여 명의 현존 업자들은 군 당국의 밀감재배에 따른 적극적인 뒷받침이 있기를 갈망하고 있다. (마산일보, 1966.5.4.)

---

19 한산면의 경지면적은 다음과 같다. 총면적, 2,926ha, 농경지 619ha(21%) 중에서 밭 513ha(18%), 논 106ha(3%)이다. 임야는 2,190ha(75%), 기타 117ha(4%)로 임야가 대부분이다.

1965년도 및 1966년도에 밀감나무 재배가 통영군의 특수사업으로 지정되면서 남해안 도서 지역에 재배 붐이 일어났다. 1966년 내항에서도 밀감나무 작목반이 조직되었다. 밀감나무 작목반은 거주지에 따라 5개 반으로 편성되었다. 작목반 구성은 동편반(17호), 양지반(18호), 음지반(16호), 중앙반(14호), 서편반(17호)으로 나누어져 있었다. 총 82호가 참여하였다. 한동안 밀감나무 재배는 새로운 소득작물로 마을 사람들의 각광을 받았다. 하지만 이상 한파로 밀감나무가 고사하고 여러 지역에서 밀감나무를 재배하면서 가격이 폭락하였다. 이상 한파와 가격 하락이 겹치면서 마을의 밀감나무 재배 면적은 현저히 줄어들었다.

1990년 조사 당시 소수의 가구에서만 밀감나무를 재배하고 있었다. 생산되는 밀감은 대부분 자가 소비용이었다. 당시에도 마을의 주 농작물은 보리와 고구마였으며, 그 외 시금치, 마늘, 배추 등을 소량으로 재배하고 있었다. 하지만 노동력 부족과 인구의 노령화가 겹치면서 비탈진 곳이나 접근이 어려운 곳은 농사를 짓지 않고 그대로 방치하고 있었다. 섬이라는 지리적 한계 때문에 농작물을 재배하더라도 판로가 막혀있어 대량생산이 곤란하다.

농업과 마찬가지로 어업 역시 단순 어업 또는 소규모 어선어업 위주로 운영되고 있었다. 1990년 당시 마을 지선어장과 양식어업 이외의 다른 어업은 크게 위축된 상태였다. 어선어업의 쇠퇴는 어자원 감소, 자금 부족, 노동력 부족 등이 주요 원인으로 거론된다. 젊은 세대의 이주와 어업 기피로 마을 내 어업 인구는 점점 노령화되고 있었다. 1978년 이후 제1종 공동어장이라 불리는 마을 공유어장은 어촌계가 직영으로 관리 운영하고 있다.

주민 대부분은 어업에 종사하거나 어업과 관련된 일을 하고 있지만, 어장 환경의 변화, 어자원 감소, 자금력 부족, 인구의 노쇠화 등으로 대규모 어선어업은 점점 쇠퇴하고 있었다. 마을 해안초소에 등록된 어선의 수는 총 26척이며, 그중에서 2톤 미만의 소형어선이 20척이었다. 어선 중 가장 규모가 큰 보성호(순번 1)의 실제 선주는 충무에 거주하고 있는 아들이며, 주로 서해안에서 꼬막잡이를 하고 있었다. 1990년 현재 마을 해안경비초소에 등록된 어선 현황은 다음 〈표 6〉과 같다.

〈표 6〉 마을 해안경비초소 등록 어선 현황(1990년 기준)

번호	선명	톤수	마력	업종	선주	기타
1	보성	15.88	360	연안연승	공정택	
2	진양	6.92	165	나잠	어촌계	
3	용화	6.24	30	나잠	박기봉	
4	욱진	4.66	185	채낚기	박길연	
5	연순	1.4	4	채낚기	지연근	
6	성득	1.0	7	채낚기	추형옥	
7	부산	1.0	4	채낚기	공구영	
8	일성	1.03	10	채낚기	김갑수	
9	문성	1.85	7	채낚기	박문도	
10	성진	1.92	7	채낚기	이진영	
11	신력	0.5	4	채낚기	김경모	
12	삼하	1.01	7	채낚기	공인용	
13	수영	2.47		양식	공봉영	
14	보천	1.78	24	양식	천경수	
15	협진	1.47			천병순	
16	대원	0.82		채낚기	공복권	
17	제2용화	1.09		채낚기	박평진	
18	동경	1.54			추형재	
19	대성	1.73		채낚기	추양호	통구멩이
20	태양	1.48		채낚기	추형열	통구멩이
21	양원	1.57		연안통발	천경순	
22	제2장진	0.7		채낚기	공정택	(처분)
23	찬성			채낚기	공명곤	
24	경양	2.0		채낚기	천용기	
25	해진	0.9		연안통발	공정택	
26	보흥	1.2		연안통발	추형윤	

〈사진 8〉 소형어선과 뎀마

　　마을 해안경비초소에 등록된 어선을 살펴보면, 어선의 소형화가 뚜렷하고 연안어업 위주의 어업이 성행하고 있음을 알 수 있다. 즉 대형 어선어업이 사라지면서 근해어업에서 연안어업으로 범위와 규모가 축소되고 있음을 알 수 있다. 마을 주민들은 대부분 소형어선을 이용하여 연안채낚기와 낚시업 같은 소규모 어선어업에 종사하고 있었다. 일부는 어선을 이용하여 낚시꾼을 갯바위나 낚시하기 좋은 포인트에 실어 나르거나 낚시를 보조하면서 수익을 창출하고 있었다.

5. 공식적 조직

마을의 최고 의결기구는 동회이다. 매년 동회를 통해 1년 동안 마을의 행정과 재정을 운영하고 관리할 이장과 임원을 선출 혹은 임명한다. 1990년 마을 임원은 이장, 새마을지도자 겸 어촌계 간사, 감사, 개발위원, 어촌계장으로 구성되어 있었다. 개발위원회는 당연직 5명(이장, 어촌계장, 감사 2명, 새마을지도자 겸 어촌계 간사 1명)과 대동회에서 추천하는 위원 5명으로 구성된다. 개발위원회는 대동회를 제외하고 마을의 최고의결기구이며, 대부분의 사안은 대동회를 거치지 않고 개발위원회에서 결정하고 집행한다. 일부 중요한 안건은 개발위원회에서 심의 결정하고 대동회에서 확정한다. 개발위원의 연령과 경력 등을 살펴보면 〈표 7〉과 같다.

〈표 7〉 1990년도 개발위원회 명단

성명	나이	직책	학력	경력	비고
공명곤	45	이장	중졸	한산중 육성회부회장	
공복권	54	어촌계장	중졸		
천성기	34	지도자/간사	고졸		천병순의 자
천병순	59	감사	중졸	지도자 및 어촌계장 역임	
공성택	57	감사	중졸	지도자 역임, 한산면 지도자 대표	
공석대	52	개발위원	중졸	이장 역임	
천경순	54	개발위원	중졸	전임 이장	
추형옥	51	개발위원	국졸	지도자 역임, 비진국교 육성회장	
김태용	79	개발위원	한학	이장 역임, 대한노인회 한산회장	
박종민	60	개발위원	국졸		

개발위원의 임기는 1년이지만, 연임이 가능하다. 이장과 어촌계장, 어촌계 간사는 유급이다. 현재 어촌계의 간사는 새마을지도자(남)를 겸하고 있다. 이장은 월 100,000

원을 받는다. 면사무소 및 농협에서 지급되는 보조금은 별도이다. 어촌계장의 보수는 연 100만 원이다. 새마을지도자 겸 어촌계 간사 역시 연 100만 원을 받는다. 다른 개발위원은 무보수이다.

1990년 현재 마을의 이장을 비롯한 행정적 조직과 거주지별로 4개의 반이 조직되어 있다. 반별 구성 및 인원은 다음과 같다.

제1반 반장: 천병순
  반원: 공복식, 박평진, 김경모, 이진영, 이동환, 박문도, 박근익, 박종민, 박태연,
      강영선(박장근 모), 박종대, 천영순, 공봉영, 공종영, 박문하, 황국남(해녀)
제2반 반장: 공성택
  반원: 추형렬, 공경조, 박종두, 공양철, 김세갑, 강승호, 박연이(공태권 모),
      양찬실(박재선의 남편), 정영규, 추양호, 박훈연, 공성권, 정명연(박장익 모),
      박일남, 박길연
제3반 반장: 공석대
  반원: 박귀연(천명철 모), 공명곤(이장), 백진휘, 김점수(천갑용 모), 양영주(모친 해녀),
      공인용, 공구영, 추형재, 공복권(어촌계장), 공병곤, 추봉조, 박승수, 추형옥,
      박주연, 박태호
제4반 반장: 공정래
  반원: 천양순, 천경순, 천성기(새마을지도자), 김태용, 김갑수, 지연근, 한순전(해녀),
      공석장, 공정택, 공중근, 박기봉, 박승열, 전인철(중화반점), 공기영, 추형윤,
      부영희(해녀), 남의조(무선국), 김덕조(교회전도사)

제3반 소속의 박태호는 매물도 사람으로 최근에 이주해 왔다. 김점수는 원래 외항 사람으로 천씨에게 재가해 왔다. 양영주는 어머니가 해녀이며, 아버지 때 내항으로 이주해 왔다. 제4반에 편성된 박기봉은 풍기 박씨이며, 그의 할아버지가 내항으로 이주해 왔다고 한다. 박기봉은 내항의 공씨와 혼인하였으며, 1990년 당시 나잠어업에

종사하고 있었다. 중화반점을 운영하고 전인철은 해녀인 부인을 따라 마을에 정착하였다.

개발위원회와 별도로 부인회가 구성되어 있다. 1990년 현재 총 40명이 가입되어 있었다. 20여 년 전 새마을운동이 활발하게 진행될 무렵에 처음 결성되었다고 한다. 결성 직후 '새마을 어머니 합창단'을 조직하여 군 대표로 도 대회에 두 번이나 참가했다. 부인회의 주요 활동은 마을 내 청소, 마을 행사 보조, 어버이날 행사 주관 등이 있다. 부인회 회원은 비진국교의 '어머니회'와 구성원이 거의 일치한다. 따라서 학교에서 주관하는 행사에도 부인회가 보조역할을 한다. 마을에서는 부인회와 어머니회를 구별 없이 호칭하고 있었다. 부인회의 주요 사업으로는 1985년도에 부인회 기금으로 떡가루 빻는 기계와 고춧가루 빻는 기계를 구입하였다. 현재 기계는 이장이 관리하고, 수입금은 부인회 기금으로 귀속하고 있다.

마을의 공유재산은 크게 바다 관련 재산과 육지 생활 관련 재산으로 나눌 수 있다. 육지 생활과 관련된 공유재산으로는 공동우물, 공동묘지, 마을 당산, 마을회관, 경로당, 구판장, 떡방아 기계(3대), 고춧가루 빻는 기계, 마을 소유의 각종 비품 등이 있다. 구판장은 2년마다 입찰을 통해 위탁방식으로 운영한다. 1990년 현재 240만 원에 구판장 운영권이 낙찰되었다. 주민들은 마을에 있는 학교와 선창도 마을 공동의 재산이라고 인식하고 있다. 마을 사람들이 학교에 남다른 애착을 가지는 것은 개교 이후 학교 건물이 3번이나 이전 및 신축되었다는 사실에서 잘 드러난다(제6장 참조). 한편, 바다와 관련된 마을 공유재산은 지선어장과 공동양식장, 어촌계 작업선(진양호, 7톤급), 어촌계 창고 등이 있다. 특히 지선어장과 공동양식장은 마을의 주요 수입원이다. 어촌계 작업선은 어촌계장의 감독 아래, 선장(사공) 1명과 해녀 15명이 어로 작업용으로 사용하고 있다.

제3장
자연환경과 세시풍속

1. 자연과 인간

　자연환경은 있는 그대로 인지되는 것이 아니라, 인간이 자연환경에 적응하고 또 경험하는 가운데 경험지식이 축적되면서 선별적으로 인지된다. 인간의 인지 공간은 단순히 객관적인 지형지물로 채워져 있는 물리적인 공간이 아니라 문화적으로 의미화된 공간과 사물이라고 할 수 있다. 해양 생태계에 대한 어촌 주민들의 인지구조 혹은 인지 체계는 환경에 적응한 경험이 산물이자 지식의 축적물이라고 할 수 있다. 특히 어로 활동과 관련된 인지 체계는 민간전승 및 세시풍속과 밀접하게 연계되어 있다.

　어촌은 바다를 매개로 형성된 마을이다. 어촌과 어업은 산업화 혹은 기술화에도 불구하고 많은 부분이 자연환경의 불확실성에 따라 좌우된다. 생활환경의 불안정성과 불확실성은 비과학적인 관념 체계를 생성하기도 하지만, 자연의 변화를 예측하고 이용할 수 있는 인지 체계를 구축하기도 한다. 자연환경에 대한 어민들의 인지 체계는 오랜 경험과 시행착오에서 얻어진 경험지식이라고 할 수 있다. 어민들의 전통어로 지식과 활동은 자연환경에 대한 인지 체계와 직결되어 있다. 자연환경에 대한 인지 체계는 어로 활동이 변화하면서 특정 부분이 추가되기도 하고 어떤 부분은 그 중요성이 약화되기도 한다. 따라서 어민들의 인지 체계는 환경과 인간이 마주하는 접점이면서 동시에 문화적 자본의 한 축이기도 하다.

어촌 주민들의 어로 지식과 자연관, 어로 활동에 동원되는 전략과 활동은 어로 기술 및 대상 어종에 따라 달라진다. 바다를 활동 공간으로 살아가는 어민은 해양에 서식하는 해양생물과 해양환경에 대한 독특한 지식과 관념, 그리고 인지 체계를 발전시켜 왔다. 이러한 인지 체계와 내용은 실질적인 체험과 지식의 축적 및 전수로 이루어지며, 지역마다 차이가 있다. 바다 환경에 대한 인지 체계는 공간인식, 시간 인식, 해양생물에 대한 인식, 해양에 대한 상징적인 사고 등으로 구성된다. 특히 물때에 대한 지식, 바람과 풍향에 대한 지식, 어패류의 생장에 관한 지식 등은 오랜 경험을 통해 축적된다.

어촌지역의 세시풍속은 어로 활동과 직간접적으로 연관되어 있다. 일반적으로 농경 활동의 주기성과 어로 활동의 주기성은 서로 다른 차원에서 작동된다. 즉 농업력과 어업력은 별도의 시간 체계로 이루어져 있다고 할 수 있다. 어로 주기성과 농경 주기성의 다름은 어로 활동의 대상물인 수산동식물과 농경 활동의 대상인 농작물의 차이에서 비롯된다. 수산동식물은 계절, 기온, 수온, 염도, 조류, 조수, 바람 등에 따라 서식지와 생장 여건이 달라지며, 인간이 개입하여 성장을 촉진하거나 인위적으로 재배하는 영역이 한정되어 있다. 어업력은 1년 단위로 반복된다는 점에서 농업력과 유사하다. 하지만 계절별 혹은 월별로 포획하는 어종이 달라지며 어법 또한 달라진다는 점에서 차이가 있다. 즉 농경 활동과 달리 어로 활동은 예측 가능성이 현저하게 감소된다.

세시풍속은 계절의 주기적 변화에 따라 일정하게 반복되는 문화적 현상이다. 세시풍속은 일회성으로 끝나는 개인적 의례 혹은 통과의례와 달리 계절에 따라 일정하게 반복 재생되는 계절적 의례라고 할 수 있다. 사계절의 변화가 뚜렷하게 바뀌는 시기 혹은 농경이나 어로 활동이 전환되는 시점에 반복·재현되는 세시풍속일수록 내용이 풍부하고 다양하다. 어촌의 세시풍속은 상대적으로 어업 활동과 관련된 내용이 풍부하다. 어촌에서는 농경의례 중에서도 밭농사와 관련된 내용이 주를 이루고 있다. 논

농사가 아예 없거나 드문 섬 지역일수록 이런 현상은 더욱 두드러지게 나타난다.

일반적으로 세시풍속은 '제액除厄'과 '초복招福'이라는 두 가지를 공통분모로 하고 있다. 여기에는 의례적인 행사와 더불어, 함께 음식을 먹고 노는 일도 포함된다. 세시풍속은 구성원들에게 금기, 기피, 기원, 주술 등과 같은 의례적 행위를 요구한다. 세시풍속은 고정 불변하는 현상이 아니라 시간과 장소에 따라 달라진다. 특히 주술적인 전근대적인 사회에서 합리성을 추구하는 근대적인 사회로 전환되면서 어촌사회의 세시풍속도 많이 달라지고 있다. 새로운 상황이 전개되면서 기존의 세시풍속은 기능을 잃기도 한다. 아직껏 잔존하고 있지만, 본래의 의미가 바뀐 것도 있다. 그리고 이전에 없었던 새로운 풍속이 세시풍속으로 등장하기도 한다. 즉, 생활 양식의 변화가 세시풍속의 변화로 이어지기도 한다.

명절과 세시풍속을 기준으로 일상생활이 결정되고, 개개인의 활동 주기가 가늠되었던 전통적인 사회와 달리 현대사회는 일주일을 단위로 일하는 날과 쉬는 날이 구분된다. 시대의 변천에 따라 1년 단위로 주기가 반복되었던 세시풍속 역시 전통적인 절기와 명절을 벗어나 토요일과 일요일, 그리고 공휴일 중심으로 그 준거점이 이동하였다. 비진도 내항에서도 설과 추석을 제외한 대부분의 세시풍속은 거의 사라졌거나 크게 염두에 두지 않고 지나치고 있다. 부분적으로 존속되고 있는 세시풍속 역시 그 의미와 중요성이 많이 축소되고 있다. 다음은 내항 주민들의 자연환경에 대한 인지 체계 및 세시풍속과 관련된 내용이다.[1]

---

1 여기에서 기술하고 있는 내용 중 일부는 2002년 국립민속박물관에서 펴낸 『경남어촌민속지』에 실려 있다.

2. 자연환경

어촌지역에서 어로행위는 가장 기본적인 생산활동이다. 어업이 생계 활동의 중심인 어촌 사람들은 농촌 사람들과는 확연히 다른 생태적 환경 속에서 살아간다. 해양 생태계에서 어로 활동은 물속에서 혹은 해안 가까이에 서식하는 어패류를 채취하거나 포획한다. 바다에서 수산동식물을 채취하고 포획하는 일은 육지에서 동물이나 식물을 대상으로 하는 작업과는 사뭇 다르다.

어로와 관련된 지식체계는 어촌사회에서 과거부터 현재에 이르기까지 전승되어 온 경험과 지식의 축적물이라고 할 수 있다(강성복 2015: 241). 여기에는 어선을 만들고 운용하는 조선술과 항해술, 각종 어구의 제작 및 사용법, 어족자원의 생태를 파악하고 포획하는 어로 기술, 날씨를 예측하는 경험지식, 조수 및 물때와 관련된 인지 체계, 바람과 풍향을 구분하는 방식, 해산물의 채취와 건조 혹은 저장 방법 등이 포함된다.

1) 물때

'물때'는 해와 달의 인력에 의해 주기적으로 들어왔다 나가는 밀물과 썰물을 일별로 나누고 구분하는 인지 체계이다. 물때는 조수의 세기를 숫자로 등급화한 것으로, 조수가 들고 나는 현상을 보름(15일) 주기로 파악하는 방식이다. 한 주기는 '조금'에서 '사리'까지이다. 조금과 사리는 태음력으로 기준으로 한 달에 두 번 반복된다. 달이 상현 혹은 하현에 이르면 조수의 흐름이 약해지면서 조금이 되고, 보름과 그믐이 되면 들물과 날물 혹은 밀물과 썰물의 차이가 왕성한 사리가 도래한다. 조금은 조석간만朝夕干滿의 차이가 가장 적은 때를 말하고, 사리는 조금의 반대 현상으로 물의 들고 남이 가장 크고 물살도 가장 세다. 하루에 두 차례 들고 나는 밀물과 썰물은 대략 1시간 정도 늦어지기도 하고 빨라지기도 한다. 태음력은 한 달이 29일 혹은 30일이다. 따라서 물때의 역시 태음력 기준으로 하루가 빨라지거나 늦어진다. 조금은 음력 23일 혹은 24일(8일 혹은 9일)이 되기도 한다. 다음 〈표 8〉은 비진도의 관행 물때와 최근 도

입된 물때표이다.[2]

⟨표 8⟩ 비진도의 물때

음력 일자	관행 물때	신규 물때	새 이름
1일/16일	여덟 물	여섯 물	턱 사리
2일/17일	아홉 물	일곱 물	한 사리
3일/18일	열 물	여덟 물	목 사리
4일/19일	열 한 물	아홉 물	어깨 사리
5일/20일	열 두 물	열 물	허리 사리
6일/21일	열 세 물	열 한 물	한 꺽기
7일/22일	열 네 물	열 두 물	두 꺽기
8일/23일	조금	열 세 물	선 조금
9일/24일	한 물	열 네 물	앉은 조금
10일/25일	두 물	0	한 조금
11일/26일	세 물	한 물	한 매
12일/27일	네 물	두 물	두 매
13일/28일	다섯 물	세 물	무릎 사리
14일/29일	여섯 물	네 물	배꼽 사리
15일/30일	일곱 물	다섯 물	가슴 사리

1990년 당시 비진도에서는 여전히 관행 물때를 기준으로 물때를 계산하였다. 일상에서는 사용하는 관행 물때는 음력 8일과 23일을 '조금'으로 부르며 이후부터 한 물씩 늘어가는 방식이다. 비진도에서는 '사리'라는 명칭 대신 '씨때'라고 부르거나 '일곱 물' 혹은 '여덟 물'이라는 이름으로 부르고 있다. 음력 9일과 24일부터 '한 물', '두 물'로

---

2   새로 나온 통영의 물때표는 1991년 ⟨세계해양연구센터⟩ 박청정 대표가 고안한 것이다.

〈사진 9〉 물질하는 해녀

늘어가다가 23일과 8일에 다시 조금이 된다. 관행 물때는 태음력의 일자와 병행하기에 기억하기에 쉽다는 장점이 있다. 즉 음력 일자만 알면 곧바로 물때를 가늠할 수 있다.

어선어업은 주로 '조금' 물때에 조업을 중단하고, 나잠어업은 '사리' 물때에 작업을 중단한다. '조금' 물때는 물살의 흐름이 느리고 물속이 맑아 물고기들의 움직임이 활발하지 못한 탓에 그물이나 낚시로 조업하기에는 적당치 않다. 반면 '사리' 물때는 물살의 흐름이 세고 물속이 어두워 해녀들이 작업하기 곤란하다. 해녀들은 물때에 따라 작업하는 시간이 다르다. 한물에서 여섯물까지는 대개 아침 9시부터 오후 4시까지 작업하고, 일곱물부터 열한물까지는 물이 많이 들고 나서 물살이 거세지기 때문에 작업을 중단한다. 물살이 다시 약해지는 열두물부터 열네물까지는 오전 11시부터 오후 1시 30분까지 작업한다. 해녀들의 작업은 물때뿐만 아니라 날씨에도 영향을 받는다. 바람이 세게 불거나 비가 많이 내리는 날은 작업환경이 좋지 못하여 쉬는 경우가 많다. 바람이 강하게 불고 비가 많이 내리면 해저에 흙물이 일어 물속이 잘 보이지 않기 때문이다. 한편 물이 많이 빠지는 사리 때는 해안선에 서식하는 해조류와 어패류 채취에는 적기이다. 물때는 섬 주민들의 일상생활을 좌우하는 기준이라고 할 수 있다. 물때에 따라 해산물을 채취하거나 중단하기도 하고, 바다 일과 육지 일의 우선순위가 결정되기도 한다.

2) 바람

바다와 밀접한 관계를 맺고 있는 어촌에서 바람은 어로 활동뿐만 아니라 주민들의 생명과도 직결되어 있다. 바람이 세게 불거나 불어오는 방향이 달라지면 조업이 힘들어지고 어획량에도 영향을 미친다. 어민들의 바람에 대한 구분과 경험지식은 생계와 직접적인 영향을 맺고 있다(조숙정 2015; 홍기욱 2020). 바람에 대한 구분과 어휘는 오랜 경험과 생업에서 체득한 산물이라고 할 수 있다. 바람은 계절에 따라 그리고 방향과 세기에 따라 달리 구분된다. 바람의 방향과 세기는 어로 활동은 물론 포획할 수 있는 어종과 어법에도 영향을 미친다.

마을에서 바람을 가리키는 이름은 바람의 세기와 방향이 포함되어 있다. 또한 같은 이름의 바람일지라도 계절에 따라 바람의 세기와 정도를 다르게 인지한다. 겨울철부터 이른 봄에 불어오는 바람은 대개 차고 거세다. '찬바람'이다. 여름철과 가을철에 부는 바람은 높은 파고를 동반하거나 비를 머금고 있는 습한 바람이 대부분이다. 여름철 비를 동반하는 바람은 위험한 바람으로 간주된다. 폭풍우나 태풍으로 이어질 조짐이 있기 때문이다. 태풍과 폭풍은 어선과 어구를 파손시키거나 유실시킬 수도 있다. 태풍은 바다에서뿐만 아니라 육지에서도 재산과 생명에 위험을 초래할 수도 있다. 비와 바람이 겹치면 조업을 중단한다.

비진도는 지형적으로 바람의 방향과 관계없이 거의 모든 바람의 영향을 받는 곳이다. 특히 태풍이나 큰 파도가 몰아치면 어선의 피해는 물론 주민들이 목숨을 잃기도 한다. 마을 주민들에게 어선을 피항시키고 안전하게 접안할 수 있는 선착장은 생명선이나 다름없다. 주민들은 선착장 건설과 확장에 많은 노력을 기울여 왔다. 작은 바람과 폭풍이 불면 어선을 선창 안으로 이동시켜 위험을 피할 수 있지만, 태풍과 같은 큰 바람이 일면 상대적으로 안전한 인근 지역으로 피항한다. 어선의 피항지는 주로 한산도 안쪽 마을이다.

비진도에서는 북풍을 된바람, 북동풍을 된샛바람(또는 높새바람), 동풍을 샛바람, 남동풍을 맛바람(주로 태풍이다), 남풍을 서맛바람(또는 신마 바람), 남서풍을 늦갈바람(늦은 가을에 주로 분다), 서풍을 갈바람, 북서풍을 된갈바람이라고 부른다. 북풍과 북동풍은 주로 겨울철에 불고, 서풍과 남서풍은 가을철에 불어온다. 높은 해일과 엄청난 세기의 바람을 동반하는 태풍은 대개 여름철에 집중된다. 샛바람은 거제 해금강 쪽에서 불어오는 바람이다. 샛바람이 오래 불면, 수온이 내려가 고기가 안 잡힌다. 하지만 멸치는 샛바람이 불면 오히려 많이 잡혔다고 한다. 과거 봄에 샛바람이 불면 멸치가 많아져, 바다에서 '멸치를 주어 들인다'고 말할 정도로 멸치잡이가 호황을 이루었다고 한다. 지금은 멸치 떼가 사라지고, 마을에서는 거의 생산되지 않는다. 서맛 바람은 남서쪽 국도 쪽에서 불어온다. 서맛 바람은 비를 몰고 오는 바람이다. 서맛 바람은 겨울에는 잘 불지 않는다. 서맛 바람이 불면 겨울철이라도 추위가 누그러진다. 북서쪽에서 불어오는 바람은 된갈바람이다. 된갈바람이 불면 날씨가 추워진다. 갈바람은 서쪽 사량도 쪽에서 부는 바람이다. 갈바람이 불면 파도가 크게 일어난다.

주민들은 마을 서쪽 입구에 있는 소당여에 파도가 부딪혀 솟구치는 정도를 보고 풍랑의 세기를 짐작한다. '뉘'(하얗게 부서지는 파도)가 뒤집히는 모양을 보고 뒤이어 불어 닥칠 바람을 예측하고 조업을 중단하거나 아예 출항하지 않고 피항한다. 수심이 깊은 곳에서는 '뉘'가 아니라 '너울'이 인다. 너울은 파장이 길어 천천히 오는 것처럼 보이지만 상대적으로 위험한 파도이다. 특히 파고가 높은 너울은 어선의 안전에 치명타를 가할 수도 있다. 비진도 내항의 바람 이름과 풍향을 그림으로 나타내면 〈그림 1〉과 같다.

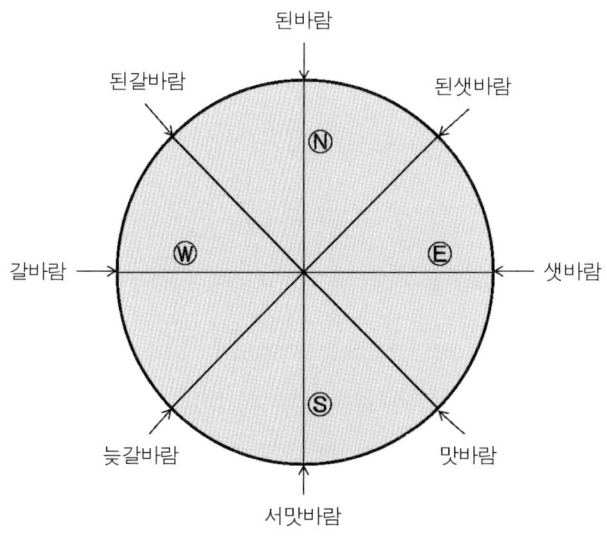

〈그림 1〉 바람 이름과 풍향

어촌에서 일기예보는 필수적이다. 어업에 종사하지 않더라도 일상은 바람과 풍랑에 많은 영향을 받는다. 일기예보를 확인하기 이전에 주민들은 경험을 통해 바람이나 비가 올 징후를 예측한다. 바람과 파도는 물때와 상관관계가 있다. 물 수위가 높아지는 사리 때 폭풍이나 태풍이 불면 아주 위험하다. 파도가 해안선과 방파제를 넘어 주택이 있는 육지부까지 올라오기도 한다. 대표적인 사례가 1959년에 불어닥친 태풍 사라호이다. 당시 비진도의 선착장이 완파되었으며, 어선들과 동사를 비롯한 건물이 다수 유실되었다.

3) 월별 어종

비진도 근해에서는 각종 어패류가 생산되고 있지만, 점차 잡히는 어종과 양이 감소하고 있다고 한다. 주요 어종은 감성어, 노래미, 뽈락어, 장어, 게, 우럭, 도다리 등이며, 주로 낚시나 통발을 이용하여 어획한다. 숭어, 감성어 등은 주로 1월부터 3월까지 포획하고, 우럭, 도다리 돔 등은 4월에서 12월까지 잡는다. 숭어, 장어, 보리멸치는 7월부터 9월 사이가 어로 적기이며, 광어는 9월부터 11월까지가 적기이다. 노래미와 뽈락어, 잡어 등은 연중 포획 가능한 어종이다. 어로작업은 풍향과 풍속에 따라 영향을 받지만, 포획하는 어종은 수온과도 밀접한 관계가 있다. 멸치, 갈치, 고등어 등은 수온이 낮아지면 잘 잡히지 않는다. 어로작업은 바람이 없을 때는 물때와 조류에 따라 이루어진다.

전복과 같은 패류는 산란 시기에 맞추어 별도로 금어기가 설정되어 있다. 1990년 기준으로 해삼의 체포금지 기간은 7월 16일부터 10월 15일까지, 전복은 9월 1일부터 10월 31일까지, 톳은 10월 1일부터 익년 1월 31일까지, 우무가사리는 11월 1일부터 익년 4월 30일까지, 도박류는 10월 1일부터 익년 4월 30일까지이다. 채취가능한 크기도 제한하고 있다. 전복은 7cm, 소라고동은 5cm였다. 성게는 여름 한 철에만 작업한다.[3] 전복, 소라, 해삼 등은 금어기를 제외하고는 연중 포획한다. 비진도 내항의 월별 생산 어종과 어로 방법은 〈표 9〉와 같다.

〈표 9〉 월별 생산어종과 어로방법

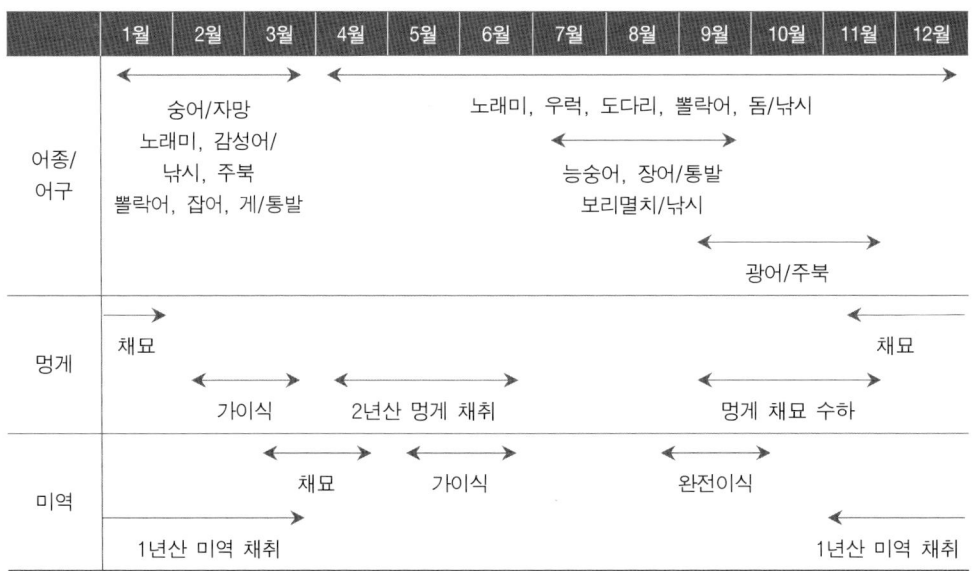

멍게와 미역은 양식으로 생산하고 있다. 멍게는 양식 어장에 채묘採苗하고 2년 뒤에, 미역은 1년 뒤에 수확한다. 멍게의 수확시기는 4월부터 6월 사이이고, 미역은 11월부터 이듬해 3월까지다. 멍게와 미역은 육지의 배양장에서 인공적으로 포자를 배양한다. 육상에서 배양한 포자를 채묘한 다음, 가이식假移植 과정을 거쳐 어느 정도 성장하면 양식장에 수하시킨다. 양식장의 원줄에 달려 고정된 포자는 성숙한 개체로 성장한다. 알맞은 생장 환경과 조건을 갖추도록 양식 어장은 지속적으로 관리해야 한다.

이처럼 양식업은 연중 작업을 하고 수시로 양식장을 관리해야 하는 등 어선어업에 비하여 상대적으로 작업량이 많다. 또한 어장 구입과 어구 설치를 비롯하여 기본적으로 투입되는 자본이 많고, 일반 어선어업에 비해 생산 주기가 길어 투기성이 강한 자본제적 어업이다. 양식어업은 도시화·산업화의 영향으로 수산물에 대한 수요가 급증하면서 급속도로 확산되었다. 하지만 멍게양식과 달리 미역양식은 이미 사양길에 접어들고 있었다. 1990년 당시 미역양식은 거의 중단 상태에 있었다.

3. 세시풍속

세시풍속은 해마다 일정 시기에 관습적으로 반복되는 생활 행위를 말한다. 일상적인 생활 관습 중에서도 주기적으로 전승되는 의례적 행위라고 할 수 있다. 세시풍속은 주기적으로 이루어지며, 그 행위가 의례적이라는 특징이 있다. 대개 1년을 주기로 해마다 같은 시기에 이루어지는 것이 보편적이지만, 1년 주기가 아니더라도 주기적으로 반복되는 의례적 행위도 여기에 포함된다. 어촌지역에서는 특정한 날짜가 지정되

---

3   2021년 현재 전복의 금어기는 9월 1일부터 10월 31일까지이며 포획금지 체장은 7cm이다. 단 제주도는 10월 1일부터 12월 31일까지이며, 금지 체장은 10cm이다. 소라는 전남, 제주, 울릉도에만 금어기를 설정하고 있으며, 금지 체장은 5cm이다. 제주도는 7cm이다. 해삼은 7월 1일부터 7월 31일까지가 금어기이다. 톳은 10월 1일부터 익년 1월 31일까지, 우뭇가사리는 11월 1일부터 익년 4월 30일까지, 도박류는 10월 1일부터 익년 4월 30일까지가 금어기이다.

어 있지는 않지만, 계절에 따라, 첫 어획물 수확에 따라, 혹은 첫 출어를 할 때 지내는 고사나 의례가 있다. 세시풍속은 한 해에 한 번으로 끝나기도 하지만, 일 년에도 몇 번씩 주기적으로 반복되기도 한다. 따라서 세시풍속은 일회성으로 끝나는 행위가 아니라 해마다 혹은 주기적으로 반복되고 순환되는 민속 전승이라고 할 수 있다.

1) 월별 세시풍속

어촌의 세시풍속은 농촌과 차이가 있다. 이런 차이는 농경 활동과 어로 활동의 대상이 되는 동식물에서 비롯된다. 농경 활동은 크게 준비기, 파종기, 성장기, 수확기, 파종기로 순환되지만, 어선어업에서 이런 구분은 사실상 무의미하다고 할 수 있다. 어로 활동에서도 단순 채취어업, 양식어업, 어선어업은 주기성에서 차이가 크다. 채취어업과 양식어업은 농경과 유사한 요소가 있지만, 그물이나 낚시로 포획하는 어선어업은 농경 활동과는 다른 차원에서 어로 활동이 이루어진다. 양식어업과 채취어업은 일정한 기간을 두고 성장하기를 기다려 채취하거나 어획한다는 점에서 농사 주기와 유사한 주기성이 발견된다. 특정한 어종을 포획하기 위해서는 어구를 손질하여, 계절별, 월별 혹은 시간별로 특정한 시점에 바다로 나가 그물을 치거나 낚시를 이용하여 포획한다. 포획한 어패류는 곧바로 손질하여 저장하거나 현장에서 판매한다.

  섬 지역 세시풍속의 큰 줄거리는 설, 대보름, 추석, 동지, 섣달그믐과 같은 명절을 근간으로 어업환경 특유의 의례와 풍속이 부가된 형태라고 할 수 있다. 비진도 내항의 월별 세시풍속을 요약하면 〈표 10〉과 같다.

〈표 10〉 월별 세시풍속

월별(음)	제의	목적	단위	주관	시간	비고
1월	설	조상숭배	개인제	가족	아침	
	뱃고사	풍어, 안전	개인제	가족	아침	
	성주상	가업 번창	개인제	가족	아침	

		풍요, 안전	마을제	제관	자정	양력 12월 31일로 변경
	동제					
	대보름	가정 평안	개인제	가족	저녁	
2월	영동할망네	안전, 풍요	개인제	가족	특정	
3월	삼월고사	안전, 풍요	개인제	가족	새벽	
6월	유두제	조상, 천신	개인제	가족	특정	
7월	백중제	조상, 천신	개인제	가족	아침	
8월	추석	조상숭배	개인제	가족	아침	
10월	시제	조상숭배	친족제	친족	오전	
11월	동지	풍요	개인제	가족	특정	
12월	섣달그믐	조상숭배	개인제	가족	저녁	
	뱃고사	안전, 풍요	개인제	가족	특정	
	성주상	조상숭배	개인제	가족	저녁	

비진도 내항의 세시풍속에는 명절 세시에 뱃고사, 영동 할망네와 같은 풍어와 안전을 바라는 의례가 다수 포함되어 있다. 또한 유두제나 백중제와 같은 농경의례의 성격이 강한 세시풍속도 흔적이 남아 있다. 과거 어선어업을 하는 사람들은 매월 별도로 용신제(용왕제)를 지냈지만, 1990년 당시에는 정초와 연말에만 용왕제를 지내며, 특별한 경우에 간헐적으로 지내기도 하였다. 그리고 설, 오월 단오, 추석과 같은 명절은 상대적으로 간략하게 지내고 있었다. 과거 마을에서 지냈던 중요한 세시풍속을 정리하면 다음과 같다.

(1) 정월 대보름

정월 초하루부터 보름까지는 메구를 치며 놀았다. '거리지신里之神'을 모시는 제사가 끝나면 메구가 시작된다. 집 집마다 다니며 지신밟기를 하면서 돈이나 쌀을 받았다. 이렇게 갹출한 쌀과 돈은 메구패의 경비로 사용했다. 메구패가 사용했던 악기와 기물은 경로당에 보관하고 있었다. 과거에는 동사에다 보관하였다. 간혹 내항 마을 메구패가 다른 동네까지 이동하여 여러 마을에서 온 메구패들과 시합을 하기도 하였다. 보름이 되면 메구도 종료된다. 쥐불놀이는 산불의 위험 때문에 하지 않는다. 마을에는 논농사를 짓는 집이 없으며, 쥐불놀이를 할 수 있는 넓은 공간 역시 부족하다. 보름날 새벽에 일어나 '훠이 훠이' 하면서 새를 쫓는다. 농사에 해로운 새를 쫓아내고 농사를 일찍 짓는다는 의미이다. 작대기로 구멍을 만들어, 뱀을 잡는 시늉을 한다. 그러면 뱀이 없어진다고 한다. 쥐가 많이 나오는 곳에는 쥐구멍을 찾아 '쥐 소금'을 뿌린다.

아이들은 보름에 제기차기와 돈치기 놀이를 하였다. 간혹 철없는 어른들도 참여하기도 하였다. 연날리기는 보름까지만 한다. 보름이 지난 뒤에도 연을 날리면 '백정 놈 아들'이라고 야유한다. 일할 시기에는 연을 날리며 놀지 말라는 뜻이다. 보름날 연에다 '송액送厄'이라고 글을 써서 날린다. 아이들은 연싸움을 하며 연을 날려 보낸다. 연싸움에 져서 떨어진 연은 줍지 않는다. 보름날에는 오곡밥을 해서 먹는다.

보름날 민속 중에는 '더위팔기'가 있다. 아침 일찍 남의 집에 가서 다른 사람의 이름을 불러 대답하면, '나 더위 다 가져가고, 네 복 다 주라'고 한다. 보름날에는 친구가 이름을 불러도 대답을 하지 말아야 한다. 이름을 불렀어도 대답하지 않으면 내 복을 뺏기지도, 남의 더위를 가져오지도 않는다. 처녀들은 체를 가지고 집집마다 다니며 밥을 얻어 온다. 얻어 온 밥을 개에 한 번 주고 자기가 한 번 먹는다. 그러면 개에게 자신의 더위를 판다고 여겼다. 성씨가 다른 세 집을 방문하여 밥을 얻어 와서 절구통에 앉아 개에게 한번 자기가 한번 먹는다. 예전에는 보름날까지 세배를 다녔다. 보름에는 "나무 아홉 짐을 하고 밥 아홉 그릇을 먹는다"고 하였다. 이처럼 보름에는 먹을 것이 많았다. 보름이 지나면 어선은 출어를 시작하고, 가정집에서는 일상의 업무로 되돌아간다.

(2) 이월 할망네

이월 할망네는 '이월 풍신네', '이월 풍신님네' 혹은 '영동할매'로 부르기도 한다. 할망네 또는 할맛네는 음력 2월 초하루에 하늘에서 땅으로 내려온다고 한다. 할망네를 맞이한다는 의미에서 황토를 파다가 사립문 바깥 양쪽에 둔다. 장독 울타리에 있는 나무 중 하나에다 '할망네 대'를 세운다. 할망네 대는 대나무 장대의 윗부분을 갈라 만든다. 할망네 대는 정월 그믐날에 준비해 둔다. 할망네가 며느리를 데리고 오면 비가 내려 다홍치마가 얼룩지고, 딸을 데리고 오면 바람이 불어 빨간 수갑사 댕기가 팔랑거리며 춤을 춘다고 한다. 수갑사 댕기는 끝부분에 금실로 수를 놓은 댕기를 말한다. 다른 정보제공자에 따르면, 할망네는 딸 셋을 데리고 내려온다고 한다. 바람이 불기 시작하면 딸과 함께 내려온다는 신호이다. 딸이 맨 공단 댕기가 팔랑거리라고 그때 내려온다고 한다. 비가 오면 그때는 며느리를 데리고 온다는 신호이다. 며느리가 입은 다홍치마가 얼룩지라고 며느리는 비가 올 때 데리고 온다고 한다.

할망네는 음력으로 정월 그믐날 저녁에 내려와 이월 초하루에 좌정을 한다. 할망네는 초아흐레에 올라간다. 열나흘에 또 올라간다. 마지막으로 열아흐레에 모두 올라간다. 할망네가 다 올라가면 할망네 대를 치운다. 이월 할망네를 모시는 동안 먹을거리나 낯선 음식이 생기면 할망네 대 앞에다 올린다. 다른 사람이 일어나기 전에 동네 우물에 가서 물을 떠다가 매일 물을 갈아 놓는다. 남보다 먼저 물을 뜨기 위해 밤중에 가기도 하고, 남들이 잘 가지 않는 먼 산 쪽에 있는 우물에 물을 길으러 가기도 한다. 우물에 가서 물이 흐른 자국이 있으면, 누가 먼저 와서 떠 갔다는 흔적이다. 그러면 기분이 상한다. 우물에 가기 전 먼저 손과 얼굴을 씻고 물을 길으러 간다. 물은 하루 두 차례 떠 놓는다. 물을 떠 놓기 전 새벽녘에는 다른 사람을 만나도 말을 건네지 않는다. 저녁에는 사람이 보이지 않을 정도로 어둑해지면 우물로 가서 물을 떠 온다.

밥을 올릴 때는 할망네 대 앞에 짚을 깔고, 일반적 밥그릇이 아닌 양푼에다 밥을 담고 나물은 대야에 담아 놓는다. 밥은 조와 팥, 수수를 넣어 조찰밥을 지었다. 밥을 할 때 제일 아래층에다 수수와 삶은 팥을 깔고, 그 위에다 쌀과 삶은 팥과 조를 섞어서 올린다. 나물은 콩나물, 무나물, 시금치나물, 톳나물, 미역나물을 올렸다. 마련된 음식은 부엌에 둔다. 할망네가 마지막으로 올라가는 날, 즉 음력 열아흐레에는 떡을 해서 이웃과 나눠 먹는다. 하지만 출산한 사람, 초상난 사람, 생리를 하는 사람은 '부정'하다고 여겨 금기시하였다. 이월 할망네 기간에는 나쁜 것을 보지 않고, 남의 집에도 함부로 다니지 않는다. 할망네 음식에는 닭고기가 금기 음식이다. 돼지고기와 소고기는 사용한다. 음식을 올리고 난 다음에는 손을 비비며 다음과 같은 내용으로 축원을 한다.

이월 풍신님네가 좌정을 했는데, 유월 농사지어 우정해 놓았다가 풍신님네 대접합니다. 엄청쿠로, 대단쿠로 운감을 하이소. 미련한 인간이 새 솔(숟가락)로 밥을 떠도 앉을 때 설 때를 모릅니다. 부족해도 개의치 마시고 만사가 다 편토록 해주이소. 집안 편코, 안가태평, 무사태평케 해 주이소.

손을 비비고 나면 할망네 대에다 빨강, 파랑, 흰색 등 오색 종이 혹은 헝겊과 소지 종이를 단다. 이것을 보고 '이집에서 손을 비볐구나' 하고 짐작한다. 이월 풍신대를 엮어 놓으면 바가지에 담긴 물이 다 날아가도 여기에 엮은 놓은 헝겊이나 종이는 날

左. 〈사진 10〉 절구통
右. 〈사진 11〉 장독대

아가지 않는다고 한다. 이월 할망네 대와 별도로 물 대(물을 올리는 대)를 만든다. 부엌 한쪽에 땅을 파고 물 대를 올리고 그 위에다 짚단을 편다. 물을 올려놓고 사구(손잡이가 달린 옹기그릇) 위에 짚단을 펴고 대를 올린다. 짚은 묶어서 옆에 세워둔다. 짚단은 할망네가 마지막 올라가는 날 오색천과 함께 태운다.

할망네 제의를 위해 별도로 음식을 장만하기도 한다. 주로 홍합과 굴을 대작대기에 끼워 말린다. 굴은 크고 굵은 벅굴을 사용한다. 설을 쇠고 나면 홍합과 굴을 까서 대꼬챙이나 샛대(억새)에 끼워 새끼줄에 엮어 처마 밑에 달아 놓는다. 이것을 '우정한다'고 한다. '우정한다'는 것은 우대했다가 사용한다는 뜻이다. 톳을 베어다가 말린 호박과 섞어 나물을 만든다. 수수, 좁쌀, 팥, 돈부콩, 쌀 등을 섞어 밥을 짓는다. 쑥떡을 만들기도 한다. 이월 쑥떡은 말린 쑥을 절구통에 넣고 찧어 가루를 만들어 종이에 싼 다음 재를 덮어 며칠 동안 두었다가 우려내어 가루를 짜낸다. 짜낸 쑥 가루를 꼬두밥에다 넣고 찧어서 떡으로 만들었다. 마을에는 '정월 먹던 밥에, 이월에 먹던 떡'이라는 말이 있다. 정월 대보름에는 주로 밥을 먹지만, 이월 영동 할망네 때는 떡을 해서 먹었다. 이집 저집에서 할망네 떡을 만들어 나눠 먹는다. 할망네에게 올리는 제기는 따로 없고, 사구를 사용한다. 오곡밥을 담은 사구, 나물을 담은 사구, 물을 담은 사구, 떡 사구, 홍합과 굴을 담을 사구를 놓고 앞에 잔을 놓는다. 오곡밥 사구에다 숟가락을 다섯 개 혹은 식구 수대로 숟가락을 올린다. 7월 백중에도 이월 할망네와 유사하게 밥을 해서 올리고 손도 비빈다. 밥과 나물은 대야 채로 올린다.

(3) 유월 유두

유월 유두 날에는 "유월 농사 지어서 제석님네를 대접합니다."라고 고한다. 새 곡식이 생산되면 부릿동이를 비우고 새 곡식을 넣는다. 부릿동이에 있던 곡식은 좋은 일에만 사용한다. '부리제석님'에게 농사가 잘 되게 해달라고 빈다. 부릿동이는 대개 20kg 정도이지만 5~6말짜리 크기도 있다. 부릿동이는 일 년에 두 차례 간다. 봄 곡식인 보리를 추수하여 음력 4월에 한 번 갈고, 가을 곡식은 나락이나 조를 추수하여 간다. 나락은 절구통에 넣어 반쯤 찧어서 종이로 싼 다음 왼새끼를 꼬아 묶는다. 건대, 톳,

호박, 미역으로 나물을 만들고, 볼락(뽈레기)이나 우럭을 찐 생선 자반, 쌀, 수수, 팥, 조 등으로 지은 밥을 올린다. "구조상님네, 신조상님네 우짜든지 많이 자시고 소원성취 하게 해 주이소" 하고 빈다. 부릿동이는 성주를 모신 방에다 둔다. 부릿동이를 새로 갈 때 나온 곡식은 제사에도 사용하지 않고, 생일에도 사용하지 않고 남에게 주지도 않는다. 밥을 하여 내 식구들끼리만 나눠 먹는다.

(4) 용신제

음력 유월과 칠월, 곡식이 익어 갈 무렵 용신제를 지냈다. 이때는 곡식이 여물고, 옥수수가 익고, 수수꽃이 필 무렵이다. 밥과 개떡을 해서 밭에서 용신제를 지냈다. 용신제를 지내는 시기가 '보리고개' 무렵이라 개떡도 귀한 음식이었다. 개떡은 밀을 통째로 간 다음 솥에다 넣고 쪄서 만든 음식이다. 밥, 개떡, 나물, 술, 소지 종이를 들고 가서 밭둑에 놓고 손을 비빈다. 용신제 제물은 처녀가 이고 간다. 옛날에 처녀가 용신제를 지내면서 (신랑 될 사람이) '동에서 올거나, 서에서 올거나' 하고 소원을 비는 소리를 듣고 한 청년이 청혼했다는 이야기가 전해 온다. 용신제는 밭과 논에서 곡식이 잘 자라게 해달라고, 그리고 소원 성취를 할 수 있게 해 달라고 기원하는 제사이다.

용신제를 지내기 전에 집에서 좁쌀로 단술을 만들고 밀을 갈아서 돈부콩을 넣고 밀 개떡을 만든다. 호박과 톳으로 만든 나물을 만든다. 이렇게 만든 술과 음식을 가지고 자기 밭이 있는 곳마다 찾아다니며 용신제를 올린다. "우리 농사 올해 잘되도록 해 주이소. 한 석을 털면 백석이 나고, 두 석을 털면 이백 석이 나도록 올해 농사는 잘되게 해 주이소" 하고 기원하다. 밭두렁에 음식을 놓고 손을 빌고 나서 음식을 떼 내어 고시레(고수레)를 하고 집으로 돌아온다.

(5) 칠월 백중

칠월 백중에는 원래 머슴들이 노는 날이었다. 머슴이 있는 집에서는 머슴에게 배불리 먹이고 용돈을 주면서 쉬게 한다. 집에서는 성주 앞에 음식을 올린다. 일상적으로 먹는 음식을 올린다. 백중 날 저녁 무렵에 고구마 무강을 파러간다. 무강은 고구마 순을 내기 위해 심는 종자용 고구마이다. 고구마 무강과 옥수수를 따로 삶고, 호박 나물과 쌀밥을 지어 상을 차린다. 성주 앞에 상을 올린다.

"칠월 대보름날, 성주 조상님네 백중날입니다. 빛으로 운감하이소" 하고 고한 다음, '거리손'을 한다. '거리손'은 제를 올린 음식을 그대로 현관 혹은 방문 바깥에 두고 손을 비비는 행위를 일컫는 말이다. "이도 거리, 저도 거리, 앞도 당산 거리, 거리 오중 오늘 칠월 백중입니다. 이름도 성도 모르는 혼신들이 왔거든 많이 자시소. 소원성취하게 해주소. 대풍을 내주고, 농사도 다 대풍하게 해주소" 하고 기원한다.

거리손이 끝나면 도마를 가져와 '걸판밥'을 만든다. 걸판밥은 제를 올린 음식을 조금씩 떼어 도마 위에서 차린 밥상을 가리키며, 걸판밥을 차린 다음 사립문 밖에 내놓는다. 밥상에 참여하지 못한 '거리지신'을 위한 차림이다. "이름도 성도 모르는 혼신들 많이 드시소"라고 말하며 걸판밥을 내려 놓는다. 성주상에 올렸던 고구마 무강은 나눠 먹는다. 고구마는 무강에서 자란 줄기를 밭이랑에 묻어 재배한다. 고구마 줄기를 내기 위해 심어 두었던 무강의 몸체 주위에 새살이 불어난다. 먹거리가 귀했던 시절에는 고구마 줄기를 베어내고 나면 무강을 파내어 간식으로 삶아 먹었다.

(6) 11월 동지

동지는 팥죽을 쑤어 집안 곳곳에 뿌린다. 동짓날 제시간에 팥죽을 뿌리면, (악귀를 피해) 도신逃身하는 것보다 낫다는 말이 전해질 정도로 동짓날 팥죽은 악귀를 쫓는 효험이 있다고 한다. 집 근방, 도랑, 벽, 지붕 위, 사방 곳곳에 팥죽을 뿌렸다. 새알로 점을 치기도 하였다. 새알을 만들어 재 속에 넣었다가 꺼낸다. 새알이 불알처럼 비어져 나오면 아들을 낳고, 새알이 갈라지면 딸이라고 하였다.

(7) 섣달그믐 제사

섣달그믐날 저녁에 성주님께 상을 올리고 절을 한다. 올 한해를 잘 넘겼고, 다음 한 해를 잘 맞이 하겠다고 지내는 제사이다. 저녁에는 참기름으로 등잔불을 밝힌다. 성주 상에는 양초를 꽂고, 참기름을 종지에 담아 실을 늘어뜨려 불을 켜 놓는다. 술 한

잔과 절을 두 번 반 올린다. 섣달그믐 제사로 조상신에게 한 해를 무사히 지냈음을 알린다.

2) 뱃고사

뱃고사는 선박의 안전과 풍어를 기원하는 의례이다. 크게 정기고사와 임시고사로 구별된다. 정기고사는 첫출어, 설과 추석 등 명절에 지내는 고사이다. 임시고사는 첫 어획 시 또는 만선 시에 지내지만, 안전사고가 발생하거나 흉어가 지속될 때도 지낸다. 뱃고사의 대상이 되는 신격을 '배서낭'이라 한다. 배서낭은 그냥 서낭이라고 부르거나 선왕(船王), 배성주 등으로도 불린다. 배서낭은 선박에 따라 여성 혹은 남성 신격으로 달라진다. 신격이 남성인지 여성인지는 선주의 꿈이나 무당의 굿을 통해 확인된다. 배서낭은 선주 이외도 선장이나 갑판장의 꿈에 나타나기도 한다. 배서낭의 존재는 '쥐 소리' 혹은 '새 소리'와 같은 소리로 인지하기도 한다. 한 바다에서 이런 소리가 들리면, 배서낭이 우는 소리로 여겨 조심한다.

배를 가진 선주들은 어황이 부진하거나 선박과 어구 또는 인명 사고가 발생하면 따로 뱃고사를 지낸다. 또한 선박을 육상으로 끌어올려 정비하고 수리하거나 뱃전에 붙어 있는 부착물을 청소한 다음에도 간단한 고사를 지내기도 한다. 어선이 처음 출어할 때도 뱃고사를 지낸다. 첫 출어 시기는 어종과 어법에 따라 결정된다. 첫 출어에서 잡은 '큰' 고기는 조상신(혹은 성주상)에게 올린다. 특히 새로 선박을 건조하여 처음 출항하는 날에는 아주 거창한 고사와 잔치가 벌어지기도 하였다. 하지만 조사 당시 어선어업이 크게 쇠퇴하고, 새로 선박을 건조하는 사례가 드물어 첫 출항 고사는 보기 드문 광경이 되었다.

어선을 새로 건조하거나 어로작업을 하는 동안에는 다양한 금기와 관습이 존재하였다. 목선을 건조할 때는 선박이 완성되어 가는 단계마다 의례와 금기가 있었다. 인간의 척추에 해당되는 선박의 용골을 안치하는 날 밤에는 남자와 여자가 용골 위에서 같이 하룻밤을 지냈다고 한다. 배가 완전히 건조되면 물에 띄우는 진수식을 한다. 진수식을 할 때는 선장실이나 배의 중심부에 별도의 함을 만들어 그곳에 '돈'을 넣는다. 외부인은 쉽사리 알 수 없는 장소이며, 여기에 들어 있는 돈은 배서낭에게 바친 돈으로 간주되어 함부로 사용하지 않는다. 진수식을 할 때는 떡 속에다 지폐나 동전을 넣어 구경꾼들에게 던져주기도 한다. 선명은 작명가에게 부탁하기도 하지만, 선주의 이름을 따서 명명하기도 한다. 최근에는 선박을 FRP(Fiber Reinforced Plastics, 섬유강화플라스틱)로 만들면서 선박 건조 및 진수식과 관련된 관습은 대부분 사라졌다.

3) 안택굿

일반적인 세시풍속은 아니지만, 마을에는 개인적 안녕과 안택安宅을 위한 의례가 있었다. 한 정보제공자에 따르면, 과거에는 특히 삼재三災을 물리치기 위한 의례가 성행하였다고 한다. 판수(소경)나 무당을 불러 경을 외움으로써 악재를 피하려는 풍습이었다. 경을 외우고 굿을 하는 장소를 일컬어 '산지山祭 터'라 하였다. 판수를 불러 경을 읽히거나 특별한 안택굿을 할 때는 성씨별로 각자의 산지 터에서 거행하였다. 안택굿은 3년에 한 번꼴로 음력 정월에 하였다. 집에서 음식을 준비하여, 산지 터에 가서 밥을 지었다. 산지터까지 물을 이고 와 나무를 때서 밥을 지었다. 안택굿을 하는 부부는 개소리나 사람 소리가 들리지 않는 늦은 시각 혹은 한밤중에 안택굿을 하는 장소로 올라간다. 집을 떠나기 전에 조상에게 손을 비빈다. 손을 비빌 때는 '일이 잘되게 해 달라'고 기원한다.

다른 정보제공자에 따르면, 산지 터에 올라가기 전에 집에서 정갈한 마음으로 목욕한다. 산지 터에 올라가서는 세수를 하고, 집에서 길어간 물로 밥을 짓는다. 안택굿을 하기 전부터 부부관계는 금한다. 초상집이나 아이를 낳은 집에도 출입하지 않는다. 흔히 작대기 놓은 집(부정이 있는 집)에는 가지 않는다. 남의 욕도 하지 않고 듣지도 않는다. 싸움이 있는 곳도 피한다. 안택굿을 할 때는 집 밖에 두 개의 막대기를 서로 어긋나게 '맞작대기'를 세운다. 맞작대기를 세운 후에는 형제간이라도 들어오지 못한다. 3일째 되는 날 맞작대기를 치운다. 이후 형제간은 집안 출입이 가능하지만, 다른 사람들은 다시 3일이 지난 다음에 집안에 들어 올 수 있다. 안택굿이 끝나고 집으로 오는 길에 상여와 마주치거나 상여를 운반했던 상여꾼을 만나면 집안으로 곧장 들어가지 않고 집 바깥에서 사람을 불러서 짚단을 가져와 모닥불을 붙이고는 소금을 뿌린 다음 불 위를 건너서 들어간다고 하였다.

4) 기타 의례

세시풍속은 아니지만, 1930년대까지 이중장二重葬 풍습이 있었다고 한다. 이중장은 사후 시신을 곧바로 매장하는 것이 아니라 특정한 장소에 안치해 두었다가 2년이 지난 다음 육탈肉脫이 되고 남아 있는 뼈를 추려서 따로 매장하는 관습이다. 마을에서 별도로 시신을 안치해 두었던 장소를 '외빈外殯 데'라고 불렀다. 해방 이후 이중장의 풍습이 완전히 사라졌다고 한다.

조상의 묘 자리도 형제에 따라 길한 장소가 있고 흉한 장소가 있어 매장을 앞두고 자손들이 자신에게 길한 명당자리를 두고 서로 다투기도 하였다고 한다. 이중장 풍습이 있었을 때는 매장하기 전에 관뚜껑을 열어 매장할 시신이 온전히 있는지 확인하는 절차가 있었다고 한다. 형제 중 누가 몰래 자신에게 길한 자리에 매장했는지를 살펴보았을 정도로 풍수지리설에 민감한 시절도 있었다. 마을에서 초상이 발생하여 장례를 마치기 전에 다른 집에서 연이어 초상이 일어나면, 먼저 사망한 시신을 나중에 매장하는 풍습이 있었다고 한다. 즉, 나중에 사망한 자를 먼저 매장하였다. 이런 풍습을 일컬어 '마마시'라고 한다.

한편, 여느 어촌 지역과 마찬가지로 비진도 내항 마을에도 어로와 관련된 금기 혹은 금기어가 많다. 어로 관련 금기어는 첫 출어, 여자, 동물, 시체 등과 관련된 내용이 주류를 이루고 있다. 첫 출어는 특별히 몸을 정결히 하고 마음가짐을 조심해야 한다. 사소한 언쟁도 삼가야 한다. 출어와 관련해서 뱀, 개, 쥐 등 동물과 관련된 내용이 많다. 쥐는 서낭으로 간주하여 죽이거나 잡지 않는 금기도 포함되어 있다. 칼이나 망치 같은 쇠붙이를 물에 빠트리면 '부정'한 행위로 간주되어 이와 관련된 금기 사항이 많다. 특히 뱀, 고래, 시체 등과 같이 금기시되거나 위험한 생명체는 직접 가리키거나 명칭을 부르지 않고 에둘러 표현한다. 한마디로 인간은 자연과 공생 공존하기 위해 다양한 금기 행위와 금기어를 설정한다. 자연에 대한 금기는 자연에 순응하며 살아가는 인간의 경험과 지혜가 축적된 문화적 자본이라고 할 수 있다. 일상생활 속에서 전승되고 있는 금기어와 금기 행위는 인간의 과욕과 욕심으로 자연의 질서가 침해되지 않기를 바라는 혹은 방지하는 기능을 한다.

제4장

친족집단과 계 조직

1. 사회구조

어촌의 사회구조는 농촌의 그것과 차이가 있다. 농촌과 어촌의 사회구조적 차이는 농업과 어업이라는 생계방식이 주요 변수로 작동한다. 1960년대 충청남도 예산군 석포리에서 현지 조사를 수행했던 인류학자 브란트(1975: 36)는 농업을 주요 생계방식으로 살아가는 마을에서는 위계적 친족 질서가 우세하며, 어업을 위주로 살아가는 어촌에서는 평등적 지연원리에 따라 움직이는 경향이 있다고 파악하였다. 유교적 친족 원리가 지배적인 사회에서는 위계적 질서, 남녀유별, 조상 의례 등이 강조된다, 반면 평등적 지연원리가 지배적인 마을에서는 구성원 간의 평등한 관계, 유교적 질서의 파탈擺脫, 무속적 공동의례 등이 우세하게 나타난다. 즉 어촌에서는 친족공동체보다 공유어장을 총유總有하고 있는 마을공동체가 친족보다 우위에 있으며 더 중요한 사회조직으로 작동하고 있다(박광순 1978; Han 1977)고 한다. 하지만 두 가지 원리는 상대적이며, 어느 한쪽이 다른 쪽을 배타적으로 지배하지는 않는다.

어촌에서는 마을 공동어장의 채취권을 가구戶 단위로 부여한다. 여기에서 가구는 집을 가지고 있어야 하며 일정 기간 마을에서 거주해야만 자격이 부여된다. 어촌에서는 공유재산의 사용권 혹은 성원권을 제한하기 위해 대개 입호제도를 운영하고 있다.

입호제도가 운영되는 마을에서는 여러 세대가 한 집에 기거하는 대가족보다 부부 단위의 핵가족으로 분가하는 편이 경제적으로 유리하다. 하지만 과도한 분가를 방지하기 위해 제한 장치를 마련해 두기도 한다. 입호제도는 상속권과도 밀접한 관련을 맺고 있다.

과거 내항에서는 장남이 분가하더라도 일정 기간 분배권을 부여하지 않는다는 규정을 두어 성원권의 증가를 제한하였다. 아들은 결혼한 다음 당장에는 공유재산 사용권을 부여받지 못하더라도 부모와 같이 거주하는 것보다 분가하는 것이 경제적으로 이득이다. 따라서 거동이 불편하거나 나이 든 부모가 있는 경우를 제외하고는 결혼한 아들은 대개 분가하여 따로 거주한다. 마을에서는 '집(가옥)'의 소유 여부가 곧바로 입호권 자격과 결부되어 있다.[1] 하지만 섬이라는 지형적 특성 때문에 집을 지을 수 있는 공간이 한정되어 있어 새로 집을 짓거나 다른 사람의 집을 구매하기가 쉽지 않다.

마을 공유어장에 대한 입어권을 얻지 못하면 다른 생계 수단을 찾아 외지로 이주할 수밖에 없다. 입호제도라는 공동체적 규제와 열악한 경제환경은 지속적인 인구 유출로 이어진다. 도서 지역에서는 장남이 가계를 계승해야 한다는 의무감이나 책임감이 육지 농촌지역에 비해 상대적으로 약하다. 장남이라도 분가를 하고, 입호권을 얻지 못한 아들이 외지로 이주하는 탓에 마을에 남아 있는 사람들의 혈연관계는 조밀하지 못하다. 한마디로 섬마을에서는 농촌지역에서 파악된 당내堂內와 문중門中 조직이 형성되고 유지될 수 있는 환경이 마련되기 어렵다. 혈연에 기반을 둔 친족조직과 달리 빈번한 마을 내혼으로 인척 관계는 세대가 거듭될수록 중첩된다. 마을 내 인척 관계는 친족집단 간의 갈등을 중재하거나 완화하는 기능을 한다. 종종 한 친족집단의 성원이 다른 집단 성원과 혼인하면서 친족집단의 서열과 인척 관계의 위계가 뒤바뀌기도 한다. 혼인으로 위계가 뒤바뀐 인척 관계는 친족집단의 공식적 서열을 어느 정도 허무는 구실을 하기도 한다.

농촌과 어촌의 서로 다른 생계방식은 가족과 친족 제도는 물론 제사와 장례 풍습에

---

1 실제로 1959년 사라호 태풍으로 집이 유실되자 마을에서 입호권을 박탈했던 사례가 있었다(제7장 참조).

도 영향을 미친다(이수애 1983). 가족 구성과 친족 제도는 어촌사회의 생계방식 및 어업 환경의 변화, 그리고 지역사회와 국가 간의 관계 등에 따라 영향을 받기도 한다(박금화 1992; 정근식·김준 1996). 어촌사회의 근간은 어업이다. 따라서 어선을 가진 선주와 선원 사이의 사회경제적 차이와 마을 공유재산을 관리하고 이용하는 방식에 따라 사회조직 이 달라지기도 한다(윤형숙 2001: 126). 달리 말하면, 어촌이라고 해서 지연원리가 항상 '평등'하게 작동되지는 않는다. 그렇다고 유교적 친족 질서가 무시되지도 않는다.

비진도 내항에서는 마을 내부의 정치적 역학 관계에 친족집단이 중요한 변수로 작동되었다. 친족집단 이외에도 거주 구역에 따라 구분된 반班 조직이 공동어장의 작업 단위가 되기도 하고, 마을의 상장례를 책임지는 의례적 조직으로 기능하기도 하였다. 마을에서 지연원리와 친족 질서는 상황에 따라 달리 작동되거나 동시에 동원되기도 한다. 지선어장을 두고 마을과 마을 사이에 다툼이 발생했을 때는 지역성이 친족 질 서보다 우위에 있었지만, 이장이라는 정치적 지위를 두고 경쟁할 때는 친족 관계가 먼저 고려되기도 한다. 여기에서는 친족집단과 계 조직, 그리고 마을 내혼을 기술하고자 한다.

2. 친족집단

마을에는 4개의 주요 친족집단이 있다. 마을의 입도조는 추계 추씨라고 한다. 1670년 경에 추씨가 처음 입도한 이래, 1700년경에 공씨와 박씨(1), 이후 박씨(2), 천씨 등이 차례로 입도했다고 한다. 박씨(1)와 박씨(2)는 모두 밀양 박씨이지만 파派가 다르다. 박씨(1)는 감헌공파이며, 박씨(2)는 청재공파이다.[2] 마을에서 같은 성씨라도 파가 다르면 다른 성씨와 마찬가지라고 말한다.[3]

---

2 박(2)의 선조는 잠수에 능했으며 신체가 크고 힘이 장사였다고 한다. 조선시대 전라좌수영에 징발되어, 왜선의 밑바닥에 구멍을 뚫는 특수 임무를 담당했다고 전한다.

1960년대까지 개인의 정치 경제적 지위와 연장자라는 사회적 질서가 마을을 지배하였다. 개별 친족집단 내부의 위계는 마을을 지배하는 사회적 질서 아래 내포되어 있었다. 과거 마을의 의사결정 구조는 '구장'이나 임원이 아닌 동사 큰 방에 드나드는 마을 어른들이 주도하고 구장이 이를 실천하는 형태였다. 모든 의사 결정 과정에서 젊은이들과 여성은 제외되었다. 동네 젊은이나 외부인은 아무리 급한 일이 있어도 동사 큰방의 방문을 함부로 열지 못하고 마당에서 불러야 했을 정도로 엄정한 분위기였다고 한다. 동사의 작은방은 마을의 차세대인 40~50대 중장년층이 주로 사용했다.

1943년 두 마을로 분동되기 전까지 비진도는 내항과 외항이 하나의 행정리(비진리)를 이루고 있었다. 상대적으로 외항 사람들은 제반 의사결정 과정에서 무시당하였다. 마을과 관련된 모든 결정은 '안섬'으로 불렸던 내항에서 이루어졌다. 외항에는 주로 오씨, 김씨, 공씨, 신씨 등이 거주하고 있었다. 내항의 박씨와 공씨가 주도했던 비진 동회의 유명세는 당시 충무(현 통영시)에서 한 장소에 박씨와 공씨 몇 명만 모여 있어도, '비진 동회하냐' 하고 농담을 건넸을 정도였다고 전한다.

박씨와 공씨 집안은 마을의 제반사를 좌지우지하였다. 이런 사실은 1928년부터 1990년까지 역대 마을 이장(구장)의 명단을 살펴보면 잘 드러난다. 1928년부터 1990년까지 이장을 역임했던 사람은 총 36명이다. 이들을 성씨별로 나누어 보면, 박씨 16회, 공씨 13회, 천씨 3회, 김씨 3회이다. 이장을 3차례 역임한 사람은 박씨가 1명이고, 2차례 역임한 사람은 박씨, 공씨, 김씨가 각 1명이었다. 이장을 역임했던 김씨 가문은 할머니가 공씨 집안으로 개가하면서 데리고 왔던 자식에서 시작되었다. 마을에서 김씨는 공씨 가문이나 다름없다고 하였다.

공씨와 박씨가 내항 인구의 대다수를 차지하고 있다. 하지만 두 성씨 모두 8촌 이내의 구성원이 적어 당내를 구성하지 못할 뿐 아니라 당내라는 개념조차 형성되어 있지 않았다. 촌수와 관계없이 같은 성씨의 친족집단은 한 '집안' 혹은 '문중'이라고 통칭한다.[4] 같은 성씨 집단을 일컬어 '문중'이라 칭하고 있지만, 실제로는 문중계의 범위

---

3 이하 본문에서 별도 표기가 없으면, 박씨는 박(1)을 가리킨다.

를 벗어나지 못하고 있다.[5] 문중 혹은 문중계의 조직과 운영에 있어 종손의 지위와 역할은 아주 미미하다. 즉 종손에게 특별한 역할과 지위를 부여하지 않는다. 누가 종손인지 알고는 있지만, 종가와 종손을 지탱하는 규범이나 조직이 형성되어 있지 않았다. 1990년 당시 공씨와 박씨 모두 종손이 외지에 거주하고 있었다.

친족원들이 마을을 떠나 외지로 이거하면서 상대적으로 친족원이 많이 거주하고 있는 통영, 부산, 서울 등지에 지역별 모임이 형성되었다. 친족집단의 역할 중에서 시제가 가장 중요한 '집안' 혹은 '문중' 행사였다. 지역별 모임은 새로운 분파를 형성하지 못하고 단지 시제를 지내는 경비를 각출하는 단위로만 기능하고 있었다.[6] 즉, 비진도 바깥의 지역 집단은 친족원의 지속적인 이거로 집적된 일종의 연망체와 같은 모임이었으며, 특정한 조상의 후손들로 구성된 분파집단이 아니다. 따라서 분파 형성이나 지역적 상이성이 나타나지 않았다.

마을 내 인구가 많은 공씨와 박씨는 제실이 따로 마련되어 있으며, 지역별로 돌아가면서 시제를 담당하거나 경비를 각출한다. 두 성씨는 시제를 행하고 있음에도 문중 조직이 부재하다는 공통점이 있었다. 즉, 공동으로 제실을 소유하고 조상의 묘를 관리하고 있었음에도 분파집단이 형성되지 않았다. 제실 건립을 위해 문중계를 형성하고 공동으로 기금을 마련하여 제실을 건립하였다. 하지만 제실 건립 이후 문중계의 활동과 역할은 유명무실한 상태로 전락하였다.

1990년 당시 사실상 문중계가 부재한 상태였지만, 친족 구성원들은 시제를 통해 결속을 다지고 있었다. 시제에서는 직계와 방계 구분 없이 같은 대수의 후손은 모두 동

---

4 문중은 조상숭배를 위해 공동재산을 소유하며 문장, 종손, 유사 등과 같은 일정한 체계를 갖춘 인위적인 조직을 말한다(유명기 1977: 123).
5 1916년 죽도 마을의 서재를 중수할 때 비진 박씨와 공씨 집안에서도 기부금을 납부하였다. 당시 작성된 죽도 마을의 『청조문(請助文)』에는 비진리 '박 문중' 및 '공 문중'으로 기록되어 있다(이훈상·허모영 2017: 63). 참고로 비진 내항에서 죽도 서재 건축에 기부금을 내었던 사람은 박문삼, 김한수, 박문영, 김덕주, 추두서가 있다.
6 중국의 경우 특정 조상을 위한 제실을 세우거나 동족원의 이거(移居)로 인한 지역적 차이가 분파집단 형성의 기점으로 작용한다고 한다(유명기 1977: 124).

등한 지위를 지닌다. 각 구성원은 윤번제로 고원 혹은 유사가 되어 시제에 부수되는 잡무를 처리한다. 종손보다 나이가 많거나 항렬이 높은 사람 혹은 사회적으로 영향력이 있는 구성원의 발언권이 존중된다. 같은 항렬의 조상은 동등한 지위로 대우한다. 즉, 조상 역시 직계와 방계 구분 없이 대수에 따라 한꺼번에 제사를 지낸다.

1) 추씨

비진도에는 추계 추씨가 가장 먼저 정착했지만, 현재 거주하는 인구는 많지 않다. 추계 추씨는 16세손부터 비진도에 입도했다고 한다. 추씨 17세손 세발世發의 묘는 비진도에 있지만, 16세손 해순海順의 묘와 15세손 계복桂福의 묘는 비진도 인근 마을인 용초에 있다. 따라서 추씨들은 비진도에 입도하기 전에 용초에 정착했다가 나중에 비진도로 이주했음을 알 수 있다. 가구주를 기준으로 현 거주자는 26세손과 27세손이다. 추씨는 거주기간에 비해 후손이 번창하지 못했다. 현재 마을에 거주하는 추씨는 형제 4명과 이들의 백부, 그리고 상대적으로 최근에 이주한 한 가구가 살고 있다. 추씨는 인구 구성상 별도의 친족조직을 갖추지 못하였으며, 단지 형제간 계모임이 있었다.

2) 공씨

곡부 공씨曲阜 孔氏는 공자를 시조로 하며, 비진도의 입도조는 공자 68세손이다. 곡부 공씨 중에서도 고산파에 속한다. 가구주를 기준으로 현 거주자는 77세손이 2명, 78세손이 13명, 79세손이 4명이었다. 즉, 현 거주자 대부분은 입도조의 11세손이다. 1990년 현재 마을에는 19호가 거주하고 있었다. 하지만 당내 혹은 문중 조직뿐만 아니라 별도의 소집단이나 모임도 부재하였다. 문중에서 행사를 할 때도 개별 가구를 단위로 모금을 하거나 개인별로 참여하고 있다. 현재 종손은 부산에 거주하고 있으며, 시제에 참석해도 특별한 역할이 부여되지는 않았다.

〈그림 2〉는 현재 마을에 거주하고 있는 가구주를 중심으로 작성된 공씨 계보도이

다. 가구주를 기준으로 19명 중에서 ⑦과 ⑧, 그리고 ⑪과 ⑫, ⑬은 형제였으며, ④와 ⑤는 숙질 사이였다. 표시된 가구 중에서 ⑨, ⑮, ⑰은 아버지와 분가한 가구였다. 이들은 장남이지만 분가한 경우이다. 마을에서 친족의 기본 단위는 '집'이 아닌 가구이다. 가구별로 문중계에 가입하고, 부담금 역시 가구별로 납부한다.

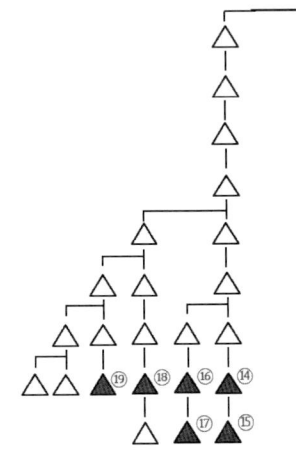

후손과 조상과의 관계 혹은 직계와 방계의 구분은 특별한 경우 이외는 무시된다. 직계와 방계는 간혹 벌초와 기제사에서 드러난다. 기제사는 큰 집에서 장남이 주도한다. 장남이 분가했더라도 주제자主祭者는 본 댁에 거주하고 있는 차남 이하 아들이 아니라 장남이다. 기제사는 원칙상 고조부까지 지내지만, 대개는 고조부모, 증조부모, 조부모를 한 날에 모시고 아버지와 어머니를 별도로 혹은 같이 지내는 경우가 많다. 부모가 오래전에 돌아가신 경우에는 부모와 고조부모, 증조부모, 조부모를 한 날에 모시기도 한다. 이처럼 기제사는 점차 간소화 간결화되고 있다.

기제에 비해 시제는 잘 조직되어 있으며, 제사의 규모가 크고 참석자가 많다. 공씨 집안의 시제는 매년 음력 10월 첫 일요일에 거행된다. 입도조부터 3대까지는 개별로 제사를 지내지만, 4대부터는 대수별로 한꺼번에 제사를 올린다고 한다. 입도조의 2세와 3세는 독자여서 개별로 지낼 수 있지만, 4대조 이후부터는 신위가 많아 따로 지낼 경우, 시간이 많이 소요되고 절차가 복잡하여 대수별로 지낸다고 한다. 특히 시조로부터 74세손에 해당되는 조상들은 신위가 100위가 넘어, 제상마저 한 공간에 진설할 수 없어 제실 마당까지 확장된다고 한다.

공씨 문중의 제실은 본래 마을 서편 산 아래에 목조 3칸 건물이었다. 처음에는 기와지붕이었다가 나중에 함석으로 바꾸었다. 제실은 1935년 76세손 덕원이 건립했다.

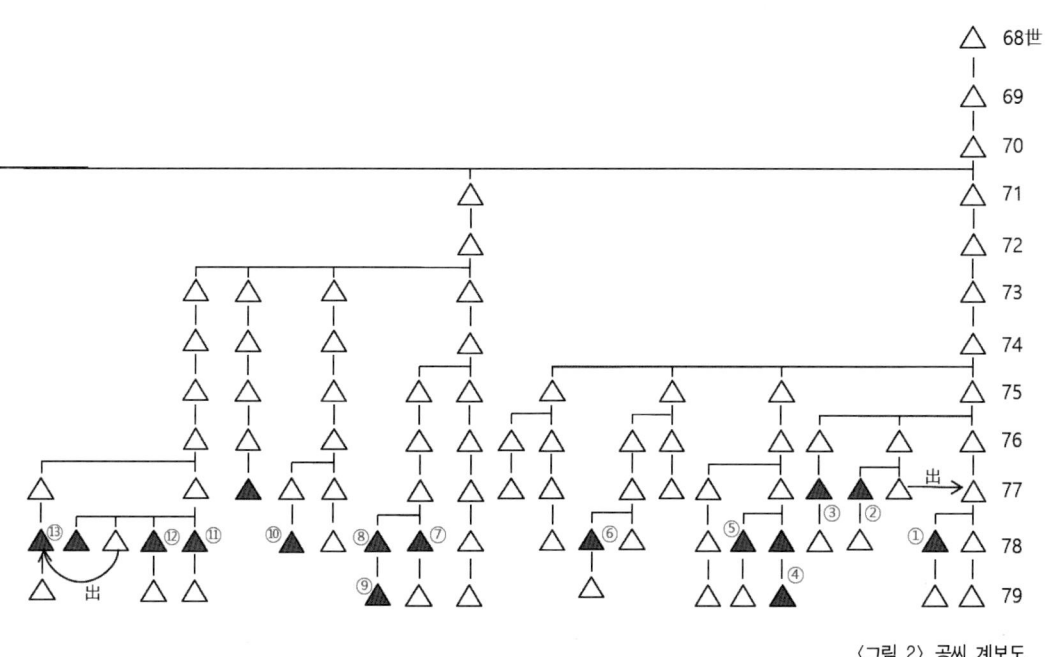

〈그림 2〉 공씨 계보도

1978년 동네 바로 위에 있는 현 위치에 양옥 건물을 지었다. 마을 바로 위에 있어 접근하기가 용이하다. 마을에 제실을 건립하기 전에는 고성, 거제, 산양읍 등지에 산재해 있는 산소를 찾아다니며 성묘를 하고 시사(시제)를 지냈다고 한다. 하지만 일기가 불순한 경우에는 배가 침몰하기도 하여 마을에다 별도로 제실을 건립하였다고 한다. 하지만 2000년대 이후 비진도보다 외지에 거주하는 친족원이 많아지면서 이들의 시제 참여에 많은 애로사항이 발생하였다. 이런 문제를 해결하고자 일기 변화와 무관하게 상시 접근 가능한 통영시 용남면 오촌 마을 외곽에 한옥 형식의 제실을 건립하였다. 2013년부터 오촌 제실에서 시제를 거행하고 있다. 비진도의 제실 건물은 현재 폐가로 남아 있다.

과거 문중 제사는 음력 10월 15일이었다. 최근에는 시사 일자를 외지인과 직장인을 고려하여 음력 10월 첫째 일요일로 바꾸었다. 시제의 비용은 후손들이 많이 거주하고 있는 4개 지역 즉, 비진도, 충무, 부산 및 서울에서 윤번제로 매년 시제 경비를 담당

〈사진 12〉 용남면 소재 공씨비진종중회관

한다. 충무에는 50~60여 가족이 살고 있으며, 부산에는 30여 가족, 서울에는 30~40여 가족이 거주하고 있다고 하였다. 제사 음식 마련을 비롯하여 부수적인 일들은 비진도에서 도맡아 처리한다. 이와 별도로 시사 업무와 제실 관리를 담당하는 '고원'을 두고 있다. 고원은 문중 장부 관리, 제실 보호 등의 업무와 외부 친척들의 길흉사에 마을을 대표하여 참석한다. 고원은 마을에 거주하는 사람 중에서 '할만한 사람'이 돌아가면서 한다. 비진도를 제외한 3개 지역에는 연락을 담당하는 사람이 있지만, 특별한 직위나 직책은 없다.

요컨대 '문중'에서 종손의 위치는 유명무실하다. 종손으로서 반드시 해야 할 특별한 임무나 역할이 따로 없다. 시제에서도 종손의 역할은 따로 없다. 종손이라고 해서 시제에 반드시 참석해야 한다는 의무감이나 구성원들의 강요도 없다. 종손이 시제에 참석하더라도 반드시 종손이 초헌관이 되어야 하는 것이 아니다. 시제에서 초헌관은 참석자 중에서 '나이 많은 사람' 혹은 '연고행고年高行高'한 사람이 맡는다. 나이 많은 사람은 대수가 낮아도 초헌관이 된다. 아헌관과 종헌관은 세대 순으로 한다. 제시는 대수별로 함께 모신다. 과거 시제를 지내기 위해 별도로 고성들에 종중논(위토답)이 3~4마지기가 있었지만, 토지를 관리하고 세수를 간수할 사람이 없어 처분하였다고 한다. 한편, 공씨 문중에서는 "공씨 제실이 통영군 관내에서 제일 먼저 건립되었다"고 자랑스레 이야기하고 있다. 또한 "윤보선 전 대통령의 처가인 충무의 공장영 댁에서 성묘(생묘) 때마다 점심을 제공하고 있다"고 말하면서, 공씨 문중과 윤보선 전 대통령과의 관계를 강조하였다.[7]

공씨 제실 마당 한쪽에 다소 특이한 이력을 지닌 비석이 하나 있다. 옛날 공씨 후손 중 한 명이 마을 인근 어장에서 방질(그물질)을 하다가 방(그물)에 끌려 올라온 비석을 제실에 가져다 놓았다고 전한다. 비석의 전면에는 '가선대부중추부사공공지묘嘉善大夫中樞府事孔公之墓'라는 글귀가 음각되어 있다.[8] 비문에 명기된 '가선대부중추부사'라는 직위는 비문의 주인공이 실제로 역임했던 관직이라기보다는 사후에 추서된 일종의 명예직이라고 할 수 있다. 후면 상단에는 '간룡신득수정패艮龍辛得水丁敗,'[9] 그 아래에

---

7   윤보선 전 대통령의 부인이 공덕귀(1911~1997) 여사였다. 공덕귀는 아버지 공도빈(孔道彬) 어머니 방말선(方末善)의 7남매 중 둘째 딸이며 통영에서 태어났다. 공자의 79세손이다. 1936년 동래 일신고등여학교를 최우등으로 졸업하고, 1940년 일본 요코하마 공립여자신학교를 졸업하였다. 1946년 조선신학교(한신대의 전신) 여자신학부 전임강사로 임명되었다. 1949년 당시 서울시장이었던 윤보선(1897~1990)과 결혼하였다.

8   '가선대부'는 조선시대 품계로 종2품이었다. 건국 초기에는 문반과 무반에게 부여했지만, 후기에는 종친이나 부마도 가선대부라 칭하게 되었다. 중추원(中樞院)은 고려 및 조선시대에 왕명 출납과 군사 기무를 담당했던 관청이다. 중추원은 1466년(세조 12)에 중추부(中樞府)로 개칭하였다. 조선시대 중추부는 형식상 서반(西班)의 최고기관이었으나 소관 업무가 없는 유명무실한 기관이었다. 고위직에서 물러난 문관을 예우하기 위한 일종의 명예직으로 이용되었다. 중추부는 1894년(고종 31) 갑오개혁으로 폐지되었다.

9   '艮龍辛得水丁敗'는 묘의 지형적 위치를 표기한 것이다. 간(艮) 방향에 용이 있고, 신(辛) 방향에는 물이 흐르고, 정(丁) 방향에는 패(敗)가 있다는 뜻이다. 풍수지리설에서 '패(敗)'는 백호를 의미한다고 한다. 풀어서 설명하면, 무덤의 북동쪽(간방)에 용(龍), 북서쪽(신방)에 수(水), 남남서쪽(정방)에 패(敗, 백호)를 닮은 자연적 형상물이 있음을 표시한 것이다.

병렬로 '장자 사남士男, 사선士善, 성남聖男, 성후聖後'의 이름이 적혀 있다. 비석의 후면 하단에는 '건륭3년무오년3월16일乾隆三年戊戌年三月十六日 건건建'이라고 새겨져 있다. '건륭乾隆'은 청나라 고종의 연호로 서기로는 1736년이며 영조 12년이다. 따라서 묘비가 제작된 건륭 3년은 영조 14년(무오년) 1738년이다. 묘비의 주인공은 공무안孔武安이며 자는 오남吾男이다. 그는 기사년己巳年(1688)에 태어나 70세에 사망하였다. 공무안의 부친의 이름은 충립忠立이며, 정유년丁酉年 즉 1657년에 출생하였다. 한 정보제공자는 오래전 바다에 빠졌던 공씨 조상의 비석이 후손의 그물에 걸려 올라왔다는 사실을 조상과 후손 사이의 신성한 연결로 해석하였다.

3) 박씨

비진도의 박씨는 밀양 박씨 은산군파에서 분파된 감헌공파에 속한다. 입도조는 감헌공의 17세손이다. 가구주 중심으로 현 거주자는 27세손이 8명, 28세손이 3명, 29세

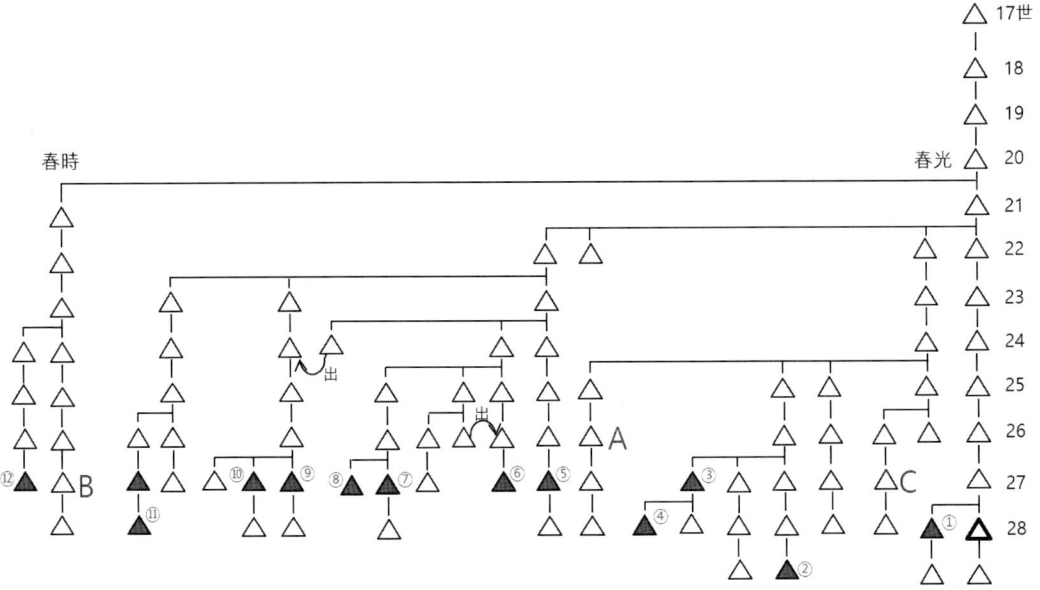

〈그림 3〉 박씨 계보도

손이 1명이었다. 박씨 집안은 입도 이후 족보상으로는 21세손부터 춘광春光파와 춘시春時파로 나누어졌다. 하지만 1990년 당시 춘시파가 한 집만 남아 있어 실제로는 분파 구분이 무의미하였다.

〈그림 3〉은 현재 거주하고 있는 가구주를 중심으로 작성된 박씨 계보도이다. 박씨 집안 역시 시제는 분파별로 지내는 것이 아니라, 마을 내외부에 거주하는 박씨 구성원들이 모두 모여 공동으로 지낸다. 1990년 현재를 기준으로 가구주 12명 중에서 형제는 ⑦과 ⑧, 그리고 ⑨와 ⑩ 뿐이었다. 그 외 ③과 ④가 부자 사이였다.

공씨 집안과 마찬가지로 박씨 집안에도 문중 조직이 따로 형성되어 있지 않았다. 집안의 종손 역시 비진도에 거주하지 않는다. 종손의 지위도 다른 구성원들과 별반 다르지 않았다. 반면 시제의 비용을 마련하는 방식은 공씨 집안과 약간 차이가 있다. 박씨 집안에서는 후손들이 많이 거주하고 있는 비진도, 충무, 부산 등 거주지별로 책임자를 두어 비용을 모금하였다. 1990년 당시 충무 지역의 책임자는 박종군이며, 비진도는 박종대가 맡고 있었다. 부산지역은 최근 책임자가 사망하여 공석 상태에 있었다. 과거에는 고성 평야에 문중답이 있었으며 거기에서 얻은 수입으로 시제 비용을 충당했었지만, 토지개혁 이후 문중답을 처분했다고 한다. 조사 당시 문중 관련 제반 업무는 비진도의 박종대가 도맡고 있었다. 박종대는 일제강점기 수산학교를 졸업하였으며, 오랫동안 국민학교 교장을 역임하였다. 그는 비진국민학교 교장을 마지막으로 정년퇴직하고는 마을에 거주하고 있었다. 박종대가 시사를 비롯한 문중 일을 도맡아 하고 있었지만 '문장'이라 불리지는 않았다. 시제는 비진도에 거주하고 있는 집안사람 중에서 '고원'을 선출하여 제사 음식과 제반 부수적인 업무를 맡기고 있다. 고원은 윤번제로 돌아가면서 맡는다.

박씨 집안의 제실은 1941년 4월 10일(기사년 춘삼월 14일) '망사각望祀閣'이라는 이름으로 건립되었다. 목조 3칸으로 기와지붕이었다. 제실은 1939년 을묘년 봄에 3칸 기와집으로 창건하였으나 재원이 부족하여 낙성식을 하지 못하고 있다가, 1941년 신사년 4월 10일 망사각이라 이름 짓고 낙성식을 거행했다고 기록되어 있다. 망사각 건립 이전에는 산소에 가서 묘제사만 지냈다고 한다. 하지만 묘가 여러 곳에 흩어져 있어 제

〈사진 13〉 비진도의 박씨 제실

사에 여러 날이 소요되는 등 애로사항이 많아 제실을 짓게 되었다고 한다. 현재의 제실은 한옥 형식이며 건평은 60평이다. 1987년에 착공하여 1988년에 준공하였다. 제실은 마을 위쪽 국민학교학교 건물 바로 옆에 있다. 제실을 건립하기 위해 '박씨문계朴氏門契'를 조직하여 운영했지만, 제실을 건립한 이후에는 유명무실한 상태라고 한다. 애초 시제의 대상 신위는 28명(그릇)이었으나 점차 늘어나 1990년 당시에는 62명이었다. 사람들이 많이 참여할 때는 마당에 자리를 깔고 시제를 지낸다고 하였다. 박씨 집안의 시제는 음력으로 10월 10일이었다.

해방 전까지 비진도는 박씨들이 주도권을 행사하였다. 박씨들은 경제력과 위세가 공씨들을 능가했다고 한다.[10] 하지만 박씨들은 내부에서 알력과 분란이 발생하면서 위세가 크게 줄어들었다고 하였다. 일제강점기 박씨 집안의 대표적 인물은 박문첨(계보도의 A)과 박종하(계보도의 B)의 부친 박문삼이었다. 박문첨은 서당 훈장이었으며, 박문삼은 비진 동임을 역임하였다. 박문삼은 상대적으로 학식은 깊지 않았지만, 일본, 대만, 만주 등지를 오가며 무역업으로 부를 축적하였다고 한다. 이들은 간혹 동회에서 의견충돌이 있었지만 둘 사이의 갈등은 표면화되지 않았다. 박문첨은 다수파인 춘광파였고, 박문삼은 춘시파였다. 춘시파는 춘광파에 비해 수적으로 아주 열세였다.

박씨 가문의 표면적인 갈등은 박문첨과 박종하 사이에서 발생하였다. 서당 훈장이었던 박문첨은 보수적인 인물로 구학문을 대표했던 인물이었으며,[11] 일본어에 능통했던 박종하는 신학문의 선구자였다. 박종하는 통영보통학교[12] 제1회 졸업생으로 마을에 신학문을 전파하는 역할을 하였다. 그는 일제강점기 한산어업조합장, 조선잠수기어업조합 감사, 한산면장을 역임하였다. 박종하가 주도했던 신학문이 확산되면서 구학문을 고수했던 박문첨은 서서히 주도권을 상실하였다.

마을에서 박문첨이 주도권을 상실하면서 박종하의 대항마로 박종우(계보도의 C)가 부상하였다. 박종우의 아버지는 조실부모하고 박문첨의 집에서 집사 노릇을 하다가 수산물 중개업을 하면서 부를 축적하였다고 전한다. 박종우는 서울에서 중학교를 졸업하였다고 한다. 하지만 1929년 영아압사 사건이 발생하면서 박종우를 비롯한 박씨 집안의 위세는 크게 추락하게 된다(제9장 참조). 박종우는 영아압사 사건의 배후 인물로 지목되어 일본 경찰에 끌려가 징벌을 받았다. 사건 이후 그는 비자발적으로 마을을 떠났고, 그의 부친은 동사 대청마루에 올라오지도 못하고 땅바닥에 무릎을 꿇고 사죄를 하였다고 한다. 하지만 해방 이후 박종하와 박종우의 관계는 역전되었다. 박종하는 친일파로 몰려 지역사회에서 배척당하였으며, 그의 아들 박범수는 해방 무렵 이장을 역임했지만 마을을 떠났다. 반면 박종우는 밀감나무를 보급하는 등 마을에서 중심

---

10 밀양 박씨 감헌공파 대동보에 따르면, 22세손 문룡(文龍)은 통군관(統軍官)을 역임하였고, 24세손 경우(景瑀, 일명 敬春)는 '증통훈대부행사헌부감찰(贈通訓大夫行司憲府監察)'이었다고 한다.
11 박문첨은 비진 서당뿐만 아니라 용초 서당에서도 훈장을 역임하였다(한산면지 편찬위원회 1992: 745).
12 통영국민학교의 전신으로 1908년 4월 7일 진남공립보통학교로 설립되었다. 설립 당시 2년제로 출발하여 1910년 제1회 졸업생 18명을 배출하였다.

적인 역할을 하였다. 1967년 한산중학교 이전 당시 추진위원장을 맡았을 정도로 지역 사회에서도 활발하게 활동하였다.

4) 천씨

영양 천씨는 상대적으로 입도 시기가 늦을 뿐 아니라 가구 수가 적어 별도의 분파를 형성하지 못했다. 영양 천씨 대동보에 따르면, 19세기 중엽 영양 천씨 10세손이 비진도에 정착하였다고 한다. 가구주를 기준으로 현 거주자는 16세손이 5호, 17세손이 2호였다. 17세손 2호는 모두 장남이었지만 본가와 분가하였다. 1990년 당시 1호는 완전한 입호권자로 인정되지 않은 상태였다. 천씨 집안에서 제실로 쓰고 있는 건물은 원래 개인 가옥으로 위채와 아래채 모두 기와집이었다. 일제강점기 마을에서 갑부였던 '부진네(공부진)' 집이었다고 한다. 이후 공모현이 인수했다가 박종우가 매입하였다. 박종우 사후 빈집으로 남아 있던 건물을 천씨 집안에서 구매하여 제실로 사용하고 있었다. 천씨들은 상대적으로 뒤늦게 제실을 갖추었지만, 거주 인구가 적어 '문중계'를 형성할 단계에는 이르지 못하였다.

3. 계 조직

마을이라는 하나의 사회적 단위체는 그 속에서 삶을 영위하고 있는 구성원들이 내부적 생계 조건과 외부적 환경 변화에 적응해 온 결과가 누적된 공동체이다. 공동체 내부 사람들의 삶을 이해하기 위해서는 개인들이 특정한 목적으로 조직한 자발적 결사체로서의 계 조직을 살펴볼 필요가 있다. 마을 내부에서 계 조직은 서로 다른 성씨들이 모여 결사체를 형성함으로써 친족집단 구성원들 간의 위계적 갈등을 완화하고 마을 구성원들의 평등적인 관계를 강화하는 역할을 한다. 마을 주민들은 어촌계를 비롯하여 여러 단체와 조직의 구성원으로 서로 엮이면서 평등한 관계가 이중 삼중으로 형성되었다. 1980년대 이전까지 7개나 존속했을 정도로 성행했던 상여계가 해체되고 전 구성원들이 하나의 위친상부계爲親喪負契로 통합되면서 개별 상여계의 중요성이 사라졌다.

법인으로서의 어촌계는 평등성 이념을 바탕으로 하고 있지만, 자발적 결사체인 여타 계 조직과는 조직 원리상으로 차이가 있다. 어촌계는 입호주민을 대상으로 하는 비자발적 단체이며 상대적으로 가입과 탈퇴가 자유롭지 못하다. 반면 일반적인 계 조직은 자발적 결사체로서 개인의 의사에 따라 가입이 결정된다. 계 조직의 활동 정도는 조직 결성 주체 또는 거점이 어디인가에 따라 약간 상이하다. 상대적으로 마을 내부의 계 조직은 활동이 그다지 활발하지 못한 편이지만, 마을 외부에서 조직되었거나 외부의 연망을 매개로 형성된 계 조직들은 활성화되고 있다.

1) 친목계

일반적으로 친목계는 가구가 단위가 아니라 개인 자격으로 가입하기에 가족원 중에 누가 어떤 계에 가입했는지를 파악하기가 쉽지 않다. 친목계는 주로 부부가 함께 가입하는 특징이 있다. 마을 내 가구주를 대상으로 자신들이 가입한 친목계를 중심으로 살펴보면, 크게 마을 내부에서 결성된 것과 마을 외부에서 결성된 것으로 구분된다. 〈표 11〉은 마을 내부에서 구성된 친목계를 나타내고 있다.

〈표 11〉 마을 내부에서 형성된 친목계

구분	명칭	설립연도	총인원	마을내	비고
1	친목계	?	6명	4명	
2	(59년생) 동갑계	20년 전	4쌍	3쌍	
3	내외항 친목계	10년 전	8쌍	2쌍	
4	동창계	40년 전			비진국교 제5회 졸업생

마을 내 친목계는 계를 결성했던 당시의 계원 중 상당수가 마을 떠나거나 사망하면서 사실상 유명무실한 상태에 있다. 마을 내부에서 형성된 친목계는 일반적으로 설립 연도가 명확하지 않다. 반면 마을 외부에서 구성된 친목계는 상대적으로 인원이 많고 결속력이 강하다. 현재까지 유지되고 있는 마을 외부 친목계를 살펴보면 〈표 12〉와 같다.

〈표 12〉 마을 외부에서 형성된 친목계

구분	명칭	설립시기	총인원	마을내 가입자	범위	비고
1	정축생 동갑계	89년	22명	3명	한산면	
2	동갑계(57세)	87년	11쌍	2쌍	한산면	
3	친목계(여)	89년	21명	3명	한산면	
4	동창계	87년	10명	1명	한산면	
5	친목계	89년	20명	1명	한산면	이전의 계를 재조직
6	친목계(여)	15년 전	23명	1명	한산면	
7	동갑계	88년	7쌍	1명	한산면	
8	친목계(여)	20년 전	36명	1명		호두, 용초, 비진, 충무
9	친목계	10년 전	48	1명	한산면	

마을 외부에서 형성된 계 조직은 비교적 최근에 결성되었으며, 조직 범위가 모두 한산면 일원이라는 특징이 있다. 구분 1)의 '정축생 동갑계'는 1990년에 실시된 단위농협장 선거를 위해 조직된 계 조직이다. 구분 2)의 '동갑계'는 1987년 실시된 사회정화위원 선거 당시 조직되었으며, 당선자와 낙선자 모두 계원으로 가입되어 있다. 즉, 애초 정치적 목적으로 결성되었지만, 조직 목적이 달성 혹은 종료된 이후에는 친목계로 기능하고 있다. 구분 3), 구분 6), 그리고 구분 8)은 여성들로 구성된 친목계이다. 구분 1), 구분 2), 구분 7)은 나이를 기준으로 결성된 동갑계이다. 구분 4)는 중학교 동창생들의 모임이다.

앞에서 언급한 계 조직 이외에도 부인 혹은 며느리들이 개인적으로 가입한 계 조직이 다수 있다고 한다. 하지만 조사 당시 가구주들은 부인이나 며느리들이 참여하고 있는 계 조직에 대해서는 잘 알지 못한다고 응답하였다. 아울러 천씨, 추씨, 그리고 김씨는 형제간 계를 조직하여 운영하고 있었다. 이들 성씨 집단은 상대적으로 소수이며, 조사 당시까지 세 성씨 모두 시제를 모시는 제실이나 문중 조직이 부재하였다. 형제계의 조직 범위 역시 6촌을 넘지 않았을 정도로 친족 연망의 확장보다는 구성원 간의 단합에 치중하고 있었다. 천씨는 6촌까지, 추씨와 김씨는 4촌까지로 형제계의 범위를 제한하고 있었다.

2) 반지계

조사 당시 마을에는 반지계가 3개 운영되고 있었다. 첫 번째 반지계는 이미 종료되었으며, 두 번째는 종료를 앞두고 있었고, 세 번째는 이제 막 결성되었다. 마을 내 반지계 구성원 중에는 해녀가 많았다. 첫 번째 반지계는 총 14명이 16구좌로 결성되었다. 구성원 중에서 해녀 6명이 도합 8개의 구좌로 가입하였다. 한 구좌(몫)는 금 다섯 돈이었다. 두 번째 반지계는 총 15명으로 해녀가 8명이었다. 첫 번째와 두 번째 반지계의 계주는 모두 공미선(55세)이었다. 공미선은 마을 원주민이다. 세 번째 반지계는 총 17명으로 해녀가 9명이었다. 반지계는 한 달에 한 명(혹은 한 몫)을 몰아주는 방식이다. 마을에서는 한 사람에게 '태워 준다'고 표현한다. 반지계는 내부의 연망 확대보다는 경제적인 목적이 더 강한 결사체라고 할 수 있다.

3) 상여계

마을에서 상장례는 중요한 의례이다. 마을 사람들은 비슷한 연령대 또는 부모님의 연령이 비슷한 사람들끼리 상부계를 조직하여 상부상조하였다. 1980년까지 마을에는 총 7개의 상여계가 존재하고 있었다. 1990년 현재 개인별 모임으로서의 상여계는 해체되어 존재하지 않고, 마을 단위의 '위친상부계' 하나만 남아 있었다. 기존 상여계 중 하나에서 계원 한 명이 다른 지역으로 이주를 결정하면서 상여계 해체로 이어졌다. 그 계원의 부모 상장례에 참여했던 다른 계원들이 금전적 손해배상을 청구하면서 문제가 발생하였다. 마을 사람들은 갑론을박 끝에 기존 상여계를 모두 해체하고, 기존 상여계의 기금과 마을 공동자금을 추가하여 위친상부계를 조직하자고 합의하였다. 마을공동체의 하부기구로 위친상부계를 조직하여 4개의 반班이 윤번제로 마을 내부에서 발생하는 모든 상장례 및 장례 관련 업무를 도맡고 있었다. 위친상부계는 어촌계의 운영 방식과 유사하게 작동되고 있으며, 마을의 행정조직이 의례적인 조직체로 기능하고 있음을 보여주고 있다(제9장 참조).

4. 마을 내혼

한국 농촌사회 연구에서 친족조직과 계 조직은 마을을 구성하고 있는 양대 축이며, 각각 수직적 원리와 수평적 원리 혹은 위계적 원리와 평등적 원리로 대표되는 체계로 일컬어져 왔다. 그 결과 친족집단의 수직적 위계질서와 계 조직의 수평적 평등성을 마을을 지탱하고 있는 구조적 원리로 파악하거나(伊藤亞人 1982; Shima 1979), 혈연에 기초한 친족체계와 지연에 바탕을 둔 공동체 체계가 마을 구성원을 지배하는 이중적 혹은 이차원적 구성체/원리라고 분석하였다(이광규 1989). 즉 친족체계와 공동체 체계는 사람들을 종횡으로 엮어 마을을 하나의 공동체로 존속시켜왔다는 것이다. 하지만 이런 관점은 부계 혈연원리에 기초한 친족집단이 마을공동체 내부에서 구성원들의 삶을 지배하고 있는 중심적인 사회조직이라는 점을 강조한 결과 친족집단 간의 혼인으로 맺어진 사돈(인척) 관계 혹은 마을 내혼의 중요성을 간과하였다. 마을 내혼은 동족 집단 간의 갈등을 방지하거나 알력이 발생할 때 완충 작용을 하면서 마을공동체가 와해될 수 있는 상황이 전개되지 않도록 차단하고 공동체적 삶이 유지되도록 하는 데 큰 역할을 한다.

마을 내혼은 '치맛자리혼' 또는 '맷돌혼'이라 부른다. 마을에서 내혼을 한 여자는 '제고데 댁(제 곳에 댁)'이라 호칭한다. 혼인 이후에도 동년배들끼리는 촌수를 불문하고 처녀 시절 이름을 부르는 경우가 많다. 혼인 전 친구 사이였다가 혼인으로 시누-올케가 되기도 하고, 고모-조카가 한 집안으로 시집가서 동서지간이 되는 경우가 발생하기도 하였다. 간혹 혼인 이후의 관계에 따라 '숙모님', '형수님' 혹은 '새언니'라 부르지 않고, 친구처럼 서로의 이름을 부르거나 혼인 이전의 관계에 따라 호명하다가 집안 어른들에게 혼이 나기도 하였다. 친족집단 사이의 잦은 내혼은 세대를 거듭할수록 친인척 간의 관계와 촌수가 복잡하게 전개되기도 한다. 이럴 때는 최근에 맺어진 관계 혹은 친족이나 인척 중에서 가까운 쪽의 촌수를 우선하여 호칭한다. 다음에서는 마을의 세대주를 대상으로 본인세대, 부모세대 및 자녀세대의 혼인연망을 분석하였다.

1) 공씨와 박씨 간의 혼인

박씨와 공씨는 마을에서 경제적으로는 물론 이장직을 번갈아 가면서 맡았을 정도로 서로 경쟁 관계에 있었다. 마을 주민들은 '이장은 집안에 세력이 있어야 한다'고 말한다. 두 성씨 집단은 이장 선출을 비롯하여 해방 이후 두 차례의 묘지 분쟁, 동제와 별신제를 지내면서 제물을 두고 벌어지는 위세 경쟁 등과 같이 여러 측면에서 우위를 다투었다. 양 집안은 안택굿을 하거나 경을 읽는 장소마저 별도로 마련하여 배타적으로 사용하였다. 또한 비슷한 시기에 제실을 건립하는 등 두 집안 간의 경쟁과 갈등은 곳곳에서 나타났다. 하지만 두 집안이 물리적으로 충돌하거나 기억에 남을만한 분쟁은 없었다고 한다. 일상생활에서는 우호적인 관계를 유지하고 있다. 이처럼 물리적 충돌과 분쟁이 방지되고 우호적인 관계를 유지할 수 있었던 배경으로는 두 집안 간의 빈번한 혼인을 들고 있다. 한 정보제공자는 두 집안 사람들의 높은 학력 수준 및 두 집안 사이에서 중간자적 역할을 했던 천씨 집안의 견제가 일정 부분 작용했다고 분석하였다. 공씨와 박씨간의 통혼 사례는 〈그림 4〉와 같다.

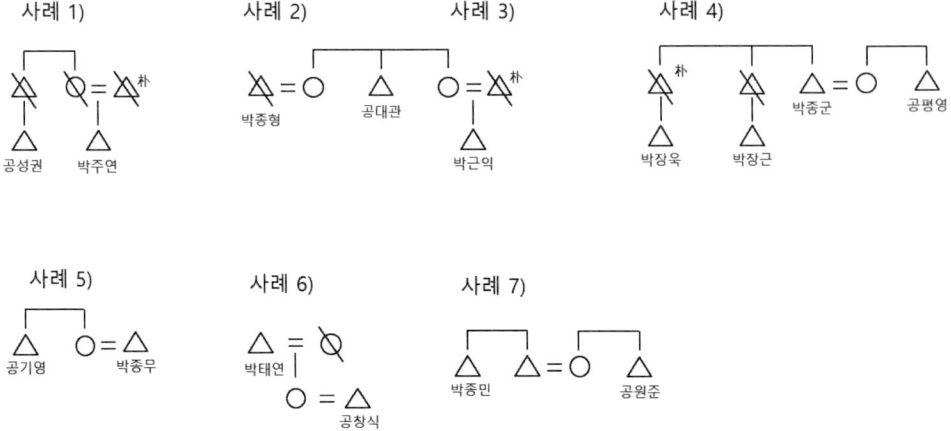

〈그림 4〉 공씨와 박씨의 혼인 사례

　　혼인 연망 분석을 통해 파악한 공씨와 박씨 간의 통혼은 7건이었다. 〈그림 4〉에서 사례 1)의 공성권과 박주연은 고종/외종 사촌지간이며 둘 다 비진국민학교 제1회 졸업생이다. 사례 2)의 박종형은 춘시파이며, 원래 비진도 앞 오곡도 출신이지만 마을의 박씨 집안과 촌수가 가깝다. 그는 데릴사위로 들어왔지만, 이장을 역임했을 정도로 마을에서 신망이 두텁다. 사례 2)와 사례 3)은 한 자매가 촌수는 멀지만 같은 박씨와 혼인한 사례이다. 사례 1), 2), 3), 4), 5), 그리고 7)은 박씨 남성과 공씨 여성이 혼인한 경우이며, 사례 6)은 공씨 남성이 박씨 여성과 혼인한 사례이다.

2) 공씨와 다른 성씨 간의 혼인

　　마을 내 공씨가 박씨 외 다른 성씨와 혼인한 사례는 8건이었다. 〈그림 5〉의 사례 1), 4), 6), 7), 8)은 공씨 여성이 다른 성씨와 혼인한 경우이며, 2), 3), 5)는 공씨 남성이 다른 성씨와 혼인한 사례이다. 공씨와 혼인한 성씨는 김씨, 박씨(2), 박씨(3), 천씨였다. 사례 1)과 사례 2)는 세대주의 고모가 김씨와 혼인하고, 부친은 박씨(2)와 통

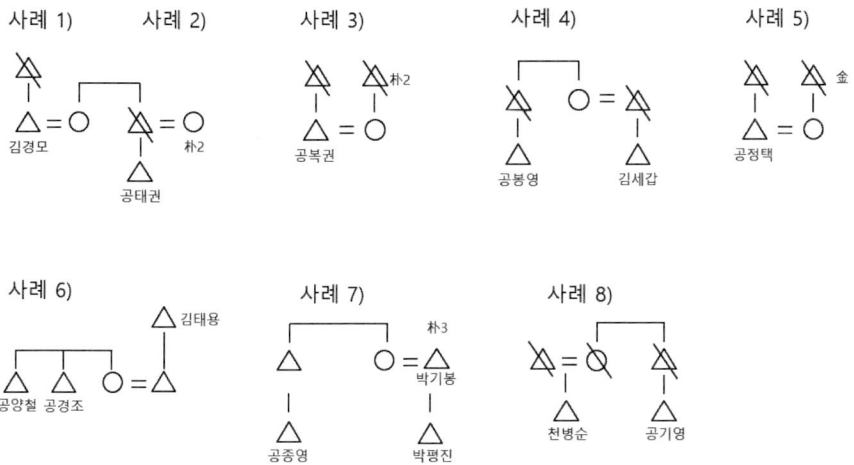

〈그림 5〉 공씨와 다른 성씨 간 혼인 사례

혼하였다. 사례 7)의 세대주(박3)는 어머니가 공씨이며 누이는 마을 내 천씨와 혼인하였다(〈그림 11〉 참조).

3) 박씨와 다른 성씨 간의 혼인

박씨가 공씨 외 마을 내 다른 성씨와 혼인한 사례는 6건이었다. 박씨와 혼인한 다른 성씨는 추씨, 양씨, 백씨, 김씨, 강씨, 천씨 등이었다. 〈그림 6〉의 사례 1), 2), 3), 4), 5)는 혼인 당사자 남성이 당대 혹은 2세대 전에 이주해 왔던 사람들이다. 사례 4)와 5)는 이복자매가 각각 김씨 및 강씨와 혼인한 경우이다. 이들 역시 당대 혹은 2세대 전에 이주해 온 사람들이다. 즉, 외지인일지라도 이주하고 한 세대가 지나면 혼인을 통해 마을의 토박이 연망에 편입된다고 할 수 있다. 사례 6)은 박씨 여성이 마을 내 천씨와 혼인하였다.

1990년 현재 마을에 거주하고 있는 세대주를 대상으로 혼인 연망을 조사하였다는 한계에도 불구하고 공씨-박씨 혼인이 7건, 공씨-타 성씨 혼인이 8건, 그리고 박씨-타

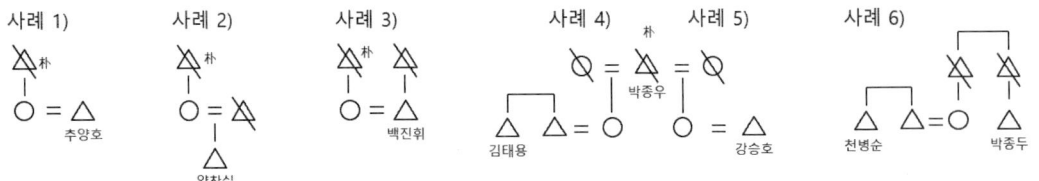

〈그림 6〉 박씨와 다른 성씨 간 혼인 사례

성씨 혼인이 6건이었다. 여기에 더하여 마을 내 타성씨 간의 혼인이 2건 있었다. 타성씨간의 통혼은 지씨(남) - 추씨(여) 및 천씨(남) - 박(3)씨(여) 간의 혼인이었다.

여기에서 제시하고 있는 친족집단 간 통혼 사례는 모두 마을 내혼이다. 혼인연망이 한정된 섬마을에서 마을 내혼은 필연적인 현상이라고 할 수 있다. 도서 지역이라는 고립된 환경적 요인이 마을 내혼 혹은 성씨 간 혼인을 빈번하게 발생시키고 있다. 마을에서 친족집단의 위계적 원리는 사돈 관계로 맺어진 인척 관계로 크게 희석된다. 즉 마을에서는 친족 질서 못지않게 인척 연망이 중요한 역할을 하고 있다. 빈번한 마을 내혼으로 인척 연망은 세대를 거듭할수록 중첩되었다. 인척 연망이 중첩되면서 친족집단 내부의 위계질서는 희석된다. 마을 내혼은 마을공동체의 지속은 물론 친족집단 간의 협력 관계를 강화하는 받침대가 되었다고 할 수 있다.

마을 내부의 혼인 연망은 친족집단 간의 지위가 뚜렷하게 나타나지 않는다는 점이 특징이라고 할 수 있다. 마을 토박이인 공씨 혹은 박씨가 과거 마을의 '하소인'을 했었던 사람의 후손과도 혼인하였을 뿐 아니라 마을에 머슴살이로 들어왔던 사람과도 혼인한 사례가 있었다. 혼인 대상자로서 특정한 성씨가 배제되지 않았다. 또한 여성들이 혼인한 이후 '친정살이'를 하는 경우도 다수 있었다. 토박이 성씨 이외의 다른 성씨들은 대개 남성이 혼입해 온 경우이거나 여성이 마을 남성과 재혼하면서 데리고 온 의붓아들의 성씨에서 비롯되었다. 제주도에서 해녀가 데리고 왔던 아들이 마을에 정착한 사례도 있었다. 요컨대 마을 내부의 혼인 관계는 표면적으로 성씨 간 동등성이 나타나고 있었다. 하지만 일상생활 속에서는 친족집단 간의 보이지 않는 경쟁과 차별, 그리고 간혹 특정 성씨를 무시하거나 폄훼하는 언행이 나타나기도 하였다.

제5장

동제와 별신제

1. 마을 제의

　오늘날 마을 제의는 사회경제적 변화와 맞물려 그 중요성이 점차 사그라들고 있다. 1970년대 이후 마을에서는 많은 변화가 일어났다. 한편으로는 마을의 어업이 근해어업에서 연안어업으로, 단순 채취어업에서 양식어업으로, 대규모 어선어업에서 소규모 낚시어업으로 규모와 형태가 변화하였다. 다른 한편으로 마을 인구의 노령화와 젊은 세대의 이촌移村으로 인구가 감소하면서 마을공동체의 존립 기반마저 위태로운 지경에 이르렀다. 이와 같은 내외적인 변화와 맞물려 마을 제의는 점점 쇠락하였다. 특히 새마을운동과 미신타파 운동, 그리고 새로운 사상과 기독교의 유입은 마을의 동제와 별신제의 축소 혹은 중단에 결정적인 역할을 하였다(김명자 2009). 이와 더불어 마을 단위로 어촌계가 설립되면서 어촌민속의 지속 및 수행에 지대한 영향을 미쳤다(김정하 2018). 한마디로 1970년대 이후 마을 제의와 민속은 점차 '본디' 모습에서 멀어졌다고 할 수 있다.

　바다를 삶의 터전으로 삼아 살아가고 있는 섬 주민들의 일상은 불확실성과 불안정성의 연속이라고 할 수 있다. 전근대적 사회에서는 이런 불확실성과 불안정성을 벗어나기 위해 초자연적 존재에 의지하였다. 마을 제의로서의 동제와 별신제는 초자연적 신격神格에게 공동체의 안녕과 평안을 기원하는 집단의례이다. 비진도 내항의 동제와 별신제는 새해 첫머리에 마을의 수호 신격에게 새로운 한 해가 시작됨을 알리는 의례이며, 마을공동체의 안녕과 풍요를 기원하는 제사이기도 하다. 동제와 별신제의 대상이 되는 신격은 '산신'을 비롯한 초월적 존재뿐만 아니라 마을 주민들의 조령祖靈인 '거리지신'과 전사자가 숭배의 대상이 되고 있다.

 마을 사람들은 동제와 별신제를 통해 공동체적 규범과 질서를 '강요'받는다. 동제와 별신제를 준비하고 진행하는 과정에서 공동체적 규범이 표면화된다. 이를 어기면 공동체의 질서가 위협받는다고 간주된다. 마을 제의는 마을의 정체성을 드러내고 확인하는 동시에 초자연적 존재와 인간의 위계적 질서가 재현되는 의례적 장치이기도 하다. 동제와 별신제를 통해 마을의 의례적 질서가 재구축되며, 공동체적 가치의 중요성이 강조된다. 마을 제의는 공동체 구성원들에게 '우리'라는 의식을 고양하고, 집단 정체성을 형성하고 유지하는 구심점으로 작동된다.

 비진도 내항에서 별신제는 1969년 이후 중단되었으며, 동제 역시 크고 작은 변화가 있었다. 그간 동제와 별신제는 마을 사람들에게 공동체 구성원이라는 귀속감을 고취시켜 주었다. 동제와 별신제는 제의를 준비하고 진행하는 전 과정에서 공동체적 규범을 표출하고, 마을 사람들에게 규범을 강제하는 상징적인 장치로 작동되었다. 마을 주민들의 기억과 기록을 토대로, 1960년대 마을에서 수행했던 동제와 별신제의 모습을 기술하면 다음과 같다.

2. 동제

 비진도 내항에서 동제는 기산祈山, 기산제祈山祭 혹은 산제山祭로 표기된다. 대동大洞이라 불렸던 대동회大洞會에서 동제의 행사 규모를 결정하고 수행자를 임명하였다. 마을에서 대동은 최고 의결기관이었다. 대동은 연 1회 정기적으로 개최되었다. 대동 이외에도 특별한 사유가 있으면 따로 임시회의가 열렸다. 동회 참석자는 1가구 1인(만

20세 이상)으로 제한하며, 회의에서 발언권과 의결권을 가진다. 1990년 현재 동회는 양력으로 12월 20일 개최하고 있지만, 1960년대까지는 음력 12월 20일이 동회 날짜였다고 한다. 대동에서는 마을의 제반 사항을 논의하고 의결하며, 이장과 어촌계장, 개발위원 등 마을 임원을 선출하고 임명한다. 또한 지난 한 해 동안의 마을의 수입과 지출을 결산하고, 다음 해의 예산을 편성한다.

1960년대 초반까지 마을의 공식문서에 하소인下所人, 소사所仕, 소사小使 혹은 급사給仕로 표기되었던, 마을의 허드렛일을 처리하는 일꾼이 있었다. 한 정보제공자는 하소인은 이장이나 동네의 '머슴'이나 다름없었다고 했다. 하소인의 임무는 이장이 시키는 각종 심부름을 비롯하여 해변에 밀려온 시신 처리, 마을 내 공지 사항 알리기 등과 같

〈사진 14〉 내항 당산 위치

은 잡역을 처리하는 일이었다. 마을에서 하소인은 주로 외지에서 들어 온 가난한 각 성바지 뜨내기로 남의 집에서 머슴을 살고 있던 사람 중에서 충원되었다. 후대로 오면서 '유사有司'라는 이름으로 바뀌었지만, 유사의 업무는 과거 하소인이 했던 업무 그대로였다. 하소인과 마찬가지로 유사 역시 마을 해변에 밀려온 무연고 시신을 처리하고, 각종 세금 고지를 하며, 태풍이 온다는 소식을 전하거나 인력 동원(부역)을 알리는 등 모든 잡무를 담당하였다.

과거 동제는 매년 음력 12월 그믐날 자정에 시작하여 다음 날인 정월 초하루 새벽에 끝났다고 한다. 마을 주민 중에서 '칼컬은(깨끗한) 사람'을 선정하여 동제의 제관을 맡겼다. 제관은 가족 중에서 초상이나 출산한 사례가 없는, 즉 집안에 부정不淨한 일이 없는 사람을 선정하였다. 동네 제관으로 선정되면 1년 동안 근신을 해야 하기에 아무나 할 수 있는 업무가 아니었다. 제관으로 선정된 사람은 1년간 집 앞에 막대기를 걸쳐 놓아 부정한 일을 보거나 듣지 않도록 조심한다. 또한 3일마다 목욕재계를 하였다. 제관으로 선정된 사람은 대가로 마을 미역밭 한 구역을 독점하는 혜택을 부여받았다. 제관은 동제가 시작되기 직전에 제당과 당산나무 등 마을의 성소를 청소하고 금줄을 친다. 금줄은 왼새끼를 꼬아서 만든다. 성소에 부정한 사람의 출입을 차단하고, 잡귀가 범접하지 못하도록 곳곳에 붉은 황토를 깐다.

동제는 제관이 제물을 준비하려 마을에서 통영으로 떠나는 그 시간부터 시작된다고 할 수 있다. 제관을 실은 배가 장을 보러 떠남과 동시에 마을 전체는 정숙이 요구된다. 동제가 끝나야만 일상의 시간으로 돌아온다. 구체적으로 제관이 당산에 올라가 제사를 마친 다음에야 비로소 정숙함이 해제된다. 당산에서는 분향, 강신, 참배, 헌작, 독축, 재배 순서로 제례를 거행한다. 제관은 마을의 호戶 숫자대로 소지를 올리면 축원한다. 당산제를 마치면 하산하여 별신대 아래에서 '거릿제'를 지낸다. 거릿제를 마친 다음에는 마을 사람들이 함께 모여 음복한다. 음복이 끝나면 메구(굿)를 치면서 축제 분위기를 즐기기도 한다.

특이하게 비진도 내항의 동제에는 제물에 새끼돼지가 포함되었다. 마을 제관은 동제가 거행되기 전부터 부정한 일이 없는 집에서 기르는 돼지를 미리 물색해 놓는다.

섣달그믐날 밤중에 시종인(혹은 종속자)이 제물로 쓸 돼지를 지게에 짊어지고 당산으로 올라간다. 정보제공자들은 제관의 정성이 충분하면 돼지가 꿀꿀거리지 않지만, 정성이 부족하면 꿀꿀거리며 저항한다고 말했다. 돼지는 당산에서 제물로 도살되기 전까지 반드시 살아 있어야 한다. 〈사례 1〉은 당산에서 제물로 바치려 했던 돼지의 죽음과 관련된 일화이다.

〈사례 1〉 동제가 시작될 당시 정보제공자의 모친은 임신 중이었다. 어머니는 산제(동제)를 지내는 기간에 애기집으로 피신을 갔다가 제사가 끝난 다음 집으로 돌아왔다. 제관이 제물을 구입하여 통영에서 비진도로 돌아올 때까지는 아무런 변고가 없었다. 그러다가 제사를 지내기 직전에 제물로 쓸 새끼돼지가 갑자기 죽어버렸다. 돼지가 죽었다는 사실은 제관과 시종인 두 사람만 알고 있었다. 제사에는 반드시 살아 있는 돼지가 제물로 올라가야 한다. 하지만 이미 동제가 시작되었기에 중단하지 못하고, 죽은 돼지를 그대로 두고 서둘러 제사를 끝냈다. 제사를 지낸 제관은 곧바로 집으로 돌아가 문을 잠그고는 밖으로 나오지를 않았다. 시종인은 죽은 돼지를 동사 앞마당에 내려놓고는 그 역시 집으로 들어가 문밖으로 나오지 않았다. 다음 날 아침이 되어서야 제사를 지내기 전에 새끼돼지가 죽었다는 소문이 퍼졌다. 마을 사람들은 거리밥(제사밥)을 들고나와 '거리지신' 비석 앞에서 제사를 지낸 다음 자초지종을 알게 되었다. 소문과 함께 일대 소동이 벌어졌다. 마을 어른들이 모여 숙의를 거듭한 끝에 죽은 돼지를 물살이 센 물목으로, 용초와 비진도 사이에 있는 '청딩이 도'에다 버리는 것으로 결정하였다.

당시 마을의 하소인은 최호관이었다. 최호관은 정보제공자의 옆집에 살았다. 이웃이었던 최호관과 정보제공자의 부친은 가깝게 지내는 사이였다. 정보제공자의 부친은 통구멩이 어선을 한 척 보유하고 있었다. 최호관은 정보제공자 부친에게 죽은 돼지를 청딩이 도에다 버리는 일을 도와달라고 부탁했다. 두 사람은 통구멩이 어선의 뱃머리에다 죽은 돼지를 싣고 청딩이 도까지 노를 저어가서 돼지를 버리고 왔다. 그때가 점심 무렵이었다. 오전까지 아무런 이상증세가 없었던 모친이 갑자기 복통을 일으키면서 인사불성 상태가 되었다. 마을 사람들은 제물로 바쳐야 할 돼지가 죽어 산신령이 노했으며, 죽은 돼지를 갖다버린 김씨(정보제공자의 아버지)의 부인에게 부정이 미쳤다고 수군댔다. 갖은 수단을 다해도 별 소용이 없자 부친은 평소 탐탁치 않게 여겼던 무당을 불러 푸닥거리를 하였다. 무당 역시 산신령의 노여움 때문이라고 말했다. 무당의 주문에 따라 급히 거제도로 가서 경을 읽는 용한 판수를 데리고 오던 배가 용초 뒷등을 돌아 청딩이 도를 지나 마을로 들어오던 바로 그 시각에 어머니가 사망했다. 그날이 음력으로 정월 초8일이었다. 정보제공자는 산신령이 어머니를 죽인 '원수'나 마찬가지라고 말했다. (김태용, 남, 조사 당시 78세)

이런 사건이 발생한 다음부터 마을에서는 제관 맡기를 서로 회피하였다. 제관으로 선정되어도 이런저런 핑계로 거절하자 마을에서는 아예 스님을 불러 제관을 맡기자는 의견이 대두되었다. 그래서 1950년대 초부터 스님이 제관을 맡기 시작하였다. 제관이 될 스님은 충무, 마산 등지에서 모셔왔다. 제관이 스님으로 바뀌었음에도 한동안 이전처럼 정월 초하루부터 초닷새 사이에 날을 잡아 동제를 지냈다. 그러다가 스님이 제관을 대신할 바에야 동제 날짜를 섣달그믐으로 고정하자고 결정하였다.[1] 스님이 동제를 지내면서 임신부가 애기집으로 피신하지 않아도 마을에 별다른 변고가 발생하지도 않았다고 한다. 이런 현상을 두고 정보제공자는 세상 따라 산신령의 영험도 바뀌었다고 말했다.

스님에게 제관을 맡긴 다음에도 별도로 시종인을 선정하였다. 시종인은 스님을 보좌하는 일과 동제 관련 제반 업무를 처리하였다. 동네 시종인으로 선정되면 동제 당일 하루를 근신하고 착오 없이 동제를 수행하면 소임을 다한 것으로 간주된다. 간혹 스님을 대신하여 인근 지역 무당이 동제를 수행하기도 했다. 최근에는 통영(충무)시 보광사 주지 스님이 주관하고 있다. 마을에서 보광사에 매년 일정액을 기부하고 있다. 시종인 역시 남성 일변도에서 벗어나 여성으로 대체된 적도 있다. 여성이 시종인으로 선정된 경우는 적합한 남성 시종인을 찾을 수 없었기 때문이라고 했다. 서로가 친인

---

1 1985년 비진도 내항의 동제는 섣달그믐날에 스님이 지내고 있었으며, 스님을 보좌하는 제관은 섣달 스무날에 선정하였다(강남주 1985: 45).

척으로 얽혀 있는 한 동네에서 연이어 흉사가 발생하면 '깨끗한' 사람을 찾기 어려운 경우가 발생한다. 이런 경우에 선정되는 시종인은 대개 혼자 사는 과부이거나 나이 많은 여성 노인이다.

  동제를 지내는 기간에는 주민 모두가 정숙해야 함은 물론 정결한 상태로 있어야 한다. 1960년대까지만 해도 동제 기간에 임신부는 모두 마을 바깥으로 나가야 했다. 산신령이 출산의 피를 싫어하여 임신부와는 상극이었다고 한다. 한 정보제공자는 산제 기간에 마을 안에서 만약 누군가 출산을 하게 하면, 출산한 가정뿐만 아니라 마을에도 우환이 일어난다고 했다. 임신부는 제의가 끝날 때까지 마을에서 모습이 보이지 않는 외항이나 마을 바깥 산골짜기로 피신시켰다. 외항에서도 별도로 날을 정해 동제(기산)를 지냈다고 한다. 내항의 한 정보제공자는 분동 이전에는 외항에서 별도로 산제를 지내지 않았으며, 내항에서만 산제를 지냈다고 주장하였다. 하지만 1943년에 발기發起한 외항 동규칙洞規則에 '기산시행祈山施行은 예년과 같음'이라고 기록되어 있다. 이로써 1943년 분동 이전부터 외항에서도 따로 기산제를 지냈음을 알 수 있다.

  내항과 외항의 동제 날짜가 겹치면 날짜를 조정하거나 시각을 달리했다고 한다. 어쩔 수 없이 같은 날에 동제를 지내게 되면, 먼저 내항에서 동제를 지낸 다음 외항에서 지냈다. 내항에서 동제가 끝나면 하소인이 재빨리 달려와서는 종료시각을 전해주었다. 내항에서 동제를 지낼 때는 내항의 임신부가 외항으로 피신하고, 외항에서 동제를 지낼 때는 외항의 임신부가 내항으로 피신하였다고 한다. 1943년 분동 이후 각자 '애기집'을 지었다. 내항에서는 1947년경에 외항으로 가는 길목인 작은 새미골에 '애기집'을 지었다. '애기집'은 2칸짜리 초가집이었으며 가옥 주변에 돌담을 쌓았다. 1990년 조사 당시에도 애기집 흔적이 그대로 남아 있었다. 한편 외항의 애기집은 밧섬 산 작은골에 있었다고 한다. 이곳은 외항 마을에서 보이지 않는 후미진 골짜기다.

  만약 임신부가 동제 기간에 피신하지 않고 마을에 남아 있다가 출산을 하게 되면 동제는 즉시 중단된다. 이후 다시 일정을 잡아 새로 동제가 시작된다. 출산으로 동제가 중단되고 새로 동제를 거행해야 경우에는 아이를 출산했던 집에서 동제에 소요되는 모든 경비를 지출해야 한다. 무엇보다 마을 주민들로부터 비난과 원망의 대상이

〈사진 15〉 내항 애기집 흔적(1999)

된다. 이런 사태가 발생하는 것을 염려하여 출산이 임박하지 않은 임신부들마저 '애기집'으로 피신한다. 심지어 임신 5~6개월만 되어도 애기집으로 이동하였다고 한다. 간혹 '애기집'에서 아이를 출산하는 경우가 있었다. 애기집에서 태어났던 한 여자아이는 오랫동안 '곡순'이라는 별명으로 불렸다고 한다. 골짜기에 있는 애기집에서 태어났다고 해서 이런 별명이 붙여졌다.

내항의 동제는 마을 뒷산에 있는 당집(당산)에서 시작된다. 당집은 비진국민학교 뒤편 숲속에 있다. 기와를 얹은 당집 주변에는 후박나무를 비롯한 사철나무가 우거져 있다. 동제는 당산에서 마을 중앙 우물, 선창 위 고목 나무, 선착장, 마을 앞 '거리지신' 비석 앞으로 이어진다. 마을에서 동제의 대상이 되는 모든 장소는 주민들이 일상생활에서 중요한 기능을 하거나 상징적 의미를 담고 있는 곳이다. 당산은 마을을 지켜주는 산신의 거처로서 의례적 중심지이며, '거리지신'은 주민들의 안녕을 지켜주는 조령이라고 할 수 있다. 우물은 주민들의 생명과 직결되는 물의 원천인 성스러운 장소이다. 동제가 진행되는 동안에는 우물에 뚜껑을 덮어 둔다. 과거에는 마을에서 초상이 나더라도 우물 앞을 지나지 못하고 당산 너머 가파른 산길로 돌아가야 했다고 한다. 동제를 지내는 고목 나무는 마을에 입구에 언덕배기에 있다. 풍수지리적으로 마을의 형상이 곡식을 담아 나르는 삼태기처럼 생겨서, 마을 내부에 재물이 쌓이면 삼태기에 곡식이 가득하면 비워야 하듯이 재물이 빠져나간다고 전한다. 이를 방비하기 위한 일종의 비보풍수로 바다에 마을로 이어지는 언덕에다 소나무를 심어 방풍림을 조성했다고 한다. 해변 언덕을 따라 서 있는 고목은 공씨 입향조가 심었다고 전해지며, 소나무가 고사하거나 태풍에 쓰러지면 입향조의 직계 후손 가문이 가져간다. 고사목은 제사를 받았던 나무라 하여 관棺을 만드는 목재로 사용된다. 1990년 당시 고목 대부분은 고사하거나 태풍으로 쓰러지고 몇 그루 남아 있지 않았다.

'거리지신'은 문자 그대로 집 바깥 '거리'에서 죽은 조상신을 의미한다. 현재 '거리지신' 비석이 서 있는 장소는 원래 솟대 혹은 '별신대'가 있었던 자리였다고 한다. '거리지신' 비석은 1936년丙子年 9월에 건립되었다. 1936년 병자년은 긴 장마와 폭풍우로 수해가 발생하면서 농작물 피해가 극심했던 한 해였다.[2]

제관 혹은 스님이 동제를 끝내면 곧바로 마을회관에 설치된 방송으로 동제가 끝났음을 알린다. 과거에는 동네 '하소인'이 동네 안 골목을 따라가면서 동제가 끝났음을 직접 고지하였다고 한다. 설날 아침에 차례를 마친 모든 가정에서 제사상을 머리에 이고 '거리지신' 비석 앞으로 모인다. 주민들이 내어 온 제사상은 입도한 조상의 순서에 따라 일렬로 내려놓고 마을의 안녕을 기원한다. '거리지신' 비석 앞에 마을 주민들

---

[2] 1936년(병자년) 7월 말부터 9월 초까지 폭풍이 몰아치고 집중호우가 계속되면서 한반도 전역에서 피해가 발생하였다. 사망자는 2천 2백여명, 선박 피해는 6천 9백 9척, 가옥 80만 호가 파손되었다(매일신보 1936.9.9.). 통영에서는 1,000여 척의 어선 파괴되었으며 가옥 2,000여 호가 전파 혹은 반파되었다. 사망자와 행방불명자가 50명이 넘었다. 한산면에서도 곳곳에서 방파제가 파괴되고 어선 60여 척이 파손되었으며 농작물도 절망적인 상태였다(부산일보, 1936.9.1.).

이 제사상을 진열하면 스님이 '거리지신'과 영령들에게 마을의 안녕과 풍어를 기원한다. 과거에는 제관이 마을에서 사망한 모든 사람의 이름을 일일이 호명하면서 이들에게 마을의 무사 안녕을 빌었다고 한다. 입도 이후 동네에서 사망했던 사람들의 이름을 기록한 명부는 1959년 사라호 태풍 때 다른 문서들과 같이 유실되었다고 한다.

1990년 당시, 동제에 쓰일 제물 일체는 동제를 주관하는 스님이 직접 마련하여 마을로 들어올 때 같이 가지고 왔다. 시종인에게는 하루 임금에 해당되는 돈을 동제를 수행한 수고비로 지급하였다. 어촌계 사공 즉, 선장에게도 별도의 수고비를 지급하였다. 선장에게 지급하는 특별금은 어촌계 소유 선박을 이용하여 섣달그믐날 오후 충무로 나가 스님을 모시고 왔다가 다음 날인 정월 초하루 오전에 스님을 다시 충무까지 실어다 주는 대가이다.[3]

별신대가 있었던 자리에다 '거리지신' 비석을 세웠다는 사실과 제의를 수행하면서 입도한 조상의 순서에 따라 제사상을 진열해 놓고 그동안 마을에서 살다가 돌아가신 모든 영령을 일일이 호명하였다는 점에서 비진도의 동제는 마을의 안녕과 풍어를 기원하는 제의이면서 동시에 과거 마을을 형성하고 일구었던 조상들을 기억하고 추념하는 공동체적 행사라고 할 수 있다. 여기에 더하여 전사자까지 마을제사의 대상 신격으로 삼고 있다. '거리지신' 비석과 나란히 6·25 전쟁과 월남전 등에서 전사한 마을 출신 전사자 9명의 계급과 이름을 새긴 위령탑慰靈塔을 세워놓았다.

위령탑의 앞면 오른편부터 "고 육군중사 공양오 1950년 10월 16일 최하지구 전사, 고 해군문관 공석윤 1950년 12월 14일 속초해상 전사, 고 해군문관 공태윤 1950년 12월 14일 속초해상 전사, 고 육군하사 천혁순 1950년 12월 22일 가평지구 전사, 고 육군하사 천유복 1951년 음 4월 12일 제15육군 병원, 고 육군이등중사 박종철 1951년 7월 4일 강원도 고성지구 전사, 고 육군이등중사 박종석 1953년 10월 16일 김화지구 전사, 고 육군이등중사 박혁규 1953년 8월 9일 철원지구 전사, 고 육군병장 한석봉

---

3   1989년도의 '기산제' 비용은 다음과 같다. 스님 인건비 370,000원, 뒷일(시종인) 수고비 20,000원, 상돈 10,000원, 스님 식대 10,000원, 선장 특별금 20,000원이었다.

〈사진 16〉 1980년대 마을 위령제(사진출처: 내항 마을회관)

1969년 12월 20일 월남전쟁 전사'라고 새겨져 있다. 속초 해상에서 전사한 해군 문관 공석윤과 공태윤은 6·25 당시 징발당했던 여객선의 선주와 선원이었다. 공원준(공석윤의 부친) 소유의 여객선 진양호가 수송선으로 징발되어 피난민을 실어 나르다가 속초 해상에서 어뢰를 맞고 격침되었다고 한다.

위령탑은 1981년 6월 6일 건립하였다.[4] 1981년 퇴비증산 정책의 일환으로 실시되었던 전국 풀베기 대회에서 공동우승하면서 받았던 상금으로 위령탑을 건립하였다. 기단 위에 충혼단을 얹고 그 위에 위령탑 비석을 건립하였다. 위령탑의 왼쪽 측면에는 '호국의 영령이시여, 그대들의 값비싼 붉은 피, 이 겨레 가슴속에 영원히 살아 흐르리'라는 글귀를 새겼고, 오른쪽 측면에는 '지나는 길손이여, 위기에 처한 조국의 평화와 자유를 수호하기 위하여 꽃다운 내 젊음을 이 땅 위에 한 줌의 흙으로 바쳤노라'라는 문구가 있다.

요컨대, 비진도 내항 마을에서 공동제사의 대상 신격은 크게 산신을 비롯한 자연신격, 마을의 조령인 '거리지신', 그리고 개별 인물인 전사자이다. '거리지신'과 전사자는 마을에 실존했던 인물을 신격으로 받들고 있다는 점에서 유사하면서도 차이가 있다. 별신대가 있었던 자리에 세웠다는 '거리지신' 비석이 이름을 명시하지 않은 채 여러 혼령을 하나로 묶어 집단 위패와 같은 역할을 한다면, 위령탑은 전사자의 신분과 사망 장소 및 일시를 명기함으로써 살아 있는 사람이 망자를 기억하고 자신과의 관계를 유추할 수 있게 하는 기념비라고 할 수 있다.

또한 '거리지신'은 먼 과거부터 가까운 과거까지 이곳에서 살았다가 죽은 조상들을 통칭하는 신격이라면, 위령탑으로 대표되는 전사자들은 상대적으로 최근에 이곳에서 태어났으며 전쟁이라는 특별한 사건과 관련된 사람들이다. 전사자는 비교적 젊은 나이에 자신의 수명을 다하지 못하고 비극적인 죽음을 맞이했던 사람들이다.[5] 마을 입

---

4   참고로 『한산면지』에는 1985년 6월 25일에 위령탑을 건립하였다고 기술되어 있다(한산면지 편찬위원회 1992: 829).
5   비극적 죽음과 지역적 연고성은 마을 제사의 신격으로 수용되어 숭배의 대상이 될 수 있는 근거가 된다(한정훈 2016: 36).

구 마당에 나란히 서 있는 '거리지신' 비석과 위령탑은 마을 차원의 조령과 국가 차원의 전사자가 마을공동체의 신격으로 함께 자리 잡고 있음을 상징적으로 보여준다. 1990년 현재 동제는 양력으로 12월 31일에 지낸다.[6]

3. 별신제[7]

동제가 '기산祈山' 즉 산신을 위한 제사라면, 별신제는 산신제를 포함하여 마을의 안위와 풍어를 기원하는 '큰굿'이라 할 수 있다.[8] 동제는 하루에 끝나지만, 별신제는 3일간 지속하였다. 동제는 제관 혹은 스님이 주관했지만, 별신제는 무당이 주관하였다.[9] 동제는 매년 수행했지만, 별신제는 원칙적으로 3년 혹은 5년 단위로 3일간 거행되었다. 별신제의 시행 시기와 기간은 마을의 경제 사정에 따라 조정되기도 하였다. 비진도에서는 대개 음력으로 정월 초사흘에서 보름 사이에 별신제를 진행했다고 한다. 별신제에 앞서 별도로 당산제가 있었고, 당산제는 마을에서 선정한 제관이 종속자와 함께 수행하였다. 즉, '무당의 굿'과 '제관의 유교식 제사'가 이중구조를 이루고 있다(이필영 2012: 166).

별신제 일정이 결정되면 대동을 개최하여 제관을 비롯한 여러 임원을 선출하고 제물을 마련할 가정을 선정한다. 제관으로 선정된 사람은 정결한 날에 제를 올릴 모든 장소를 깨끗이 청소하고 황토를 펴고 소나무 가지를 꺾어 왼새끼에 매달아 금줄을 친

---

6   1980년대 초반 한산면 전체의 동회 일자는 양력 12월 20일로 통일되었다. 동회가 양력으로 고정되면서 비진도의 동제 일자 역시 음력에서 양력 12월 31일로 변경되었다.
7   별신제와 별신굿은 그 성격과 내용이 크게 다르지 않지만, 제의에서 무당 굿의 비중을 중요시할 때는 별신굿이라 부른다(이필영 2012: 166). 별신은 마을의 주신(主神)과 다른 신격을 가리키거나, 다른 제의를 지칭하기도 하였다(윤동환 2010: 204).
8   비진도 주민들은 별신굿을 '큰굿'이라고도 불렀다. 한편, 남해안에서는 큰굿과 잔삭다리굿을 구별하며 지동굿, 손님굿, 염불굿과 같은 여러 굿거리를 통틀어 큰굿이라 부른다고 한다(김형근 2014: 55).
9   김열규(1980: 262~263)는 별신굿을 풍요를 비는 굿으로 정의하며 '풍요의 역수제의(曆數祭義)'라 하였다. 그는 별신굿을 세 해 아니면 다섯 해마다 한 차례씩, 여러 해 거리로 베풀어지는 굿이라 풀이하고, 별신(굿)은 무당이 주관하는 것이 원칙이라고 기술하였다.

다. 그런 다음 제관은 집으로 돌아가 대문에 작대기 두 개를 어긋나게 걸쳐 놓고 별신제 당일까지 두문불출한다. 외인들의 출입을 철저히 차단한다. 마을 사람들도 부정한 일을 하거나 보지 않도록 조심한다. 하지만 대부분이 친인척으로 연결된 작은 마을에서 정결한 주민을 물색하는 일이 어렵게 되자 아예 한 사람에게 무기한 제관을 맡기자는 의견이 대두되었다. 동제와 별신제를 주관하는 제관을 한사람으로 고정하여 매번 제관을 선정하는 번거로움과 어려움을 해소하자는 취지였다. 제관으로 선정되면 엄격한 금기 사항을 준수해야 한다. 일상생활과 경제활동이 제한되기에 그 대가로 제관에게 마을에서 미역밭 한 구역을 할애해 주었다. 마을에서 오랫동안 제관을 맡았던 주민은 천극중千克仲이었다(한산면지 편찬위원회 1992: 820). 굿이 시작되기 전날까지 시집간 딸들과 사위들이 마을로 들어온다. 친인척들이 아니더라도 별신굿을 구경하기 위해 각지에서 사람들이 몰려왔다고 한다. 별신굿을 할 무당 패가 마을에 도착하면 별신제가 시작된다. 별신굿이 시작되는 날에는 함부로 마을로 들어 오지도 나가지도 못한다. 굿이 진행되면 간간이 마을 사람들이 '상' 돈을 올려 놓는다.

별신제의 첫날은 동제와 마찬가지로 당산에서 산신에게 제사를 지낸다. 당산제를 지내고 제관 무녀가 하산하면, 대기하고 있던 다른 무녀들과 박수들이 풍악을 울리며 흥겨운 굿이 시작된다. 이튿날에는 별신대 아래 넓은 마당에서 큰굿이 벌어진다. 굿마당으로 사용되었던 별신대 아래를 '대밑'이라 불렀다. 과거 이곳에는 잘 다듬은 돌을 쌓아 만든 세 개의 단壇이 있었으며, 맨 윗단에는 '거리지신'이라 새긴 비석이 있었다고 한다. 이곳은 평소에는 어린이들의 놀이터로 이용되었다. 1959년 사라호 태풍으로 거리시진 비석만 남기고 나머지 시설물은 모두 유실되었다고 한다.

밤낮으로 진행되는 별신굿은 마을의 자랑이자 큰 구경거리였다. 굿을 보기 위해 마을 사람들과 친인척들이 모두 몰려나와 굿 마당이 인산인해를 이룬다. 마을에는 축제와 같은 분위기가 고조된다. 굿거리가 절정에 이르면, 큰 무당은 마른 대구를 양손으로 치켜들고서는 굿청에 앉아 있는 사람들 앞으로 다가가 어깨를 지그시 누르면서 덕담과 축원을 한다. 무당으로부터 축원을 받은 사람은 '상이야' 하면서 무당의 부채 위에다 상돈을 얹어준다. 무당은 상돈이 얹힌 부채를 들고 풍악에 맞춰 춤을 추면서 안가태평安家泰平, 무사대길無事大吉, 만사대통萬事大通, 소원성취所願成就를 기원하였다(한산면지 편찬위원회 1992: 820).

별신제의 마지막 날에는 동제와 마찬가지로 각 가정에서 차려 온 제상을 '거리지신' 비석 앞에서 진설한다. 제사상은 입향조 순서대로 진열한다. 제사상 진열이 끝나면 무당이 조상령들의 극락왕생을 비는 기원제를 주제主祭한다. 별신제가 종료되면 마을 주민들과 손님들이 한데 어우러져 음식과 술을 나누어 마시며 향연을 즐겼다. 과거에는 제사상을 진설하면서 박씨 집안과 공씨 집안이 혹은 같은 집안끼리도 서로 위세 경쟁을 벌이기도 했다고 한다. 어느 집안에서 누가 더 많은 제물을 차렸는가, 그리고 누가 더 호화롭고 값비싼 제물을 올렸는가를 두고 보이지 않는 경쟁이 있었다. 간혹 제관이 사망자를 호명할 때 어느 성 씨를 먼저 호명하는가, 즉 호명의 우선순위를 두고도 알력이 발생하기도 했다고 한다.

동제와 마찬가지로 별신제가 진행되는 동안에는 동네 안에서 출산이 금기시된다. 별신제가 진행되기 전에 임신부는 마을 바깥으로 피신해야 했다. 이를 일컬어 '피막避幕'이라고 하였다. 임신부들은 애기집에서 먹고 자다가 별신제가 끝난 다음에야 마을로 들어 올 수 있었다. 별신제를 지내는 도중에 동네 안에서 아이를 출산하면 곧바로 별신제가 중단된다. 그리고는 다시 날을 받아 별신제를 거행한다. 이때 별신제에 들어가는 모든 비용은 출산한 가족이 부담해야 한다. 그래서 출산이 임박하지 않은 임신부들도 모두 마을 외부로 나갔다. 친정집이 멀거나 마땅히 갈 곳이 없는 임산부는 애기집으로 갔다. 간혹 출산 일자를 잘못 계산하거나 일손이 부족한 집안의 외며느리들은 설맞이 준비에 몰두하다가 갑작스레 산기를 느껴 급히 동네 바깥으로 피신하는 경우도 있었다.

마을에 별신제를 주관하는 무당을 실은 배가 당도할 무렵 갑자기 산기를 느낀 어느 임신부는 미처 애기집으로 가지 못하고 마을 뒤쪽 언덕 너머 밭으로 피신하였다. 애기집으로 가다가 별신제를 주관하는 무녀 일행과 마주칠 것을 염려하여 동네가 보이지 않는 마을 뒤쪽으로 넘어갔던 것이다. 그 임신부는 엄동설한에 겨우 바람막이만 걸쳐 놓은 움막에서 아이를 낳았다. 1990년 당시에도 밭에서 아이를 낳았던 부인은

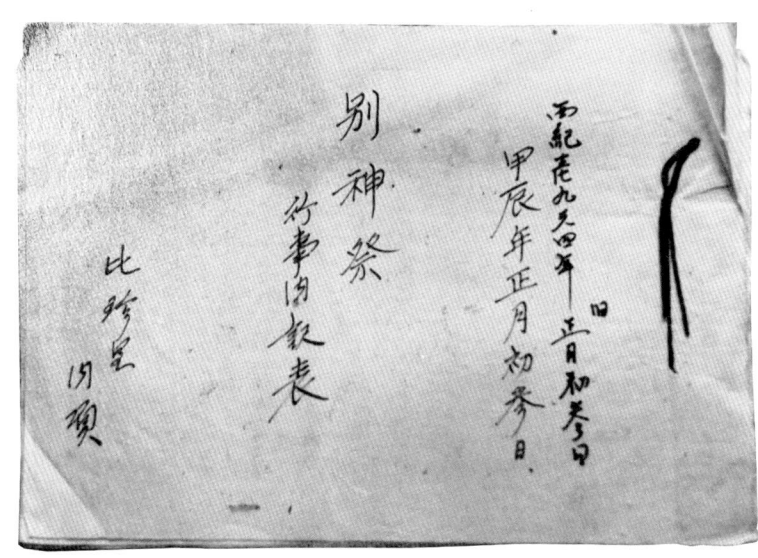

〈사진 17〉 1964년 별신굿 행사내역표(자료출처: 내항 마을회관)

종종 '바자댁이'로 불리며 놀림을 받곤 하였다. '바자댁이'라는 말은 밭에서 아이를 낳은 댁이라는 별칭이었다. 당시 밭에서 낳았던 아이는 장성한 청년이 되어 있었다.

　마을회관의 문서함에는 1964년 및 1969년에 수행했던 '별신제 행사내역표'가 남아 있었다. 기록물을 바탕으로 마을에서 지냈던 별신제의 대강을 살펴보면 다음과 같다. 별신제는 대개 음력 정월 초이틀 이후 3일간 거행되었다. 하지만 사정에 따라 별신제의 과정과 기간이 줄어들기도 하였다. 실제로 1964년에는 총 8개의 과정으로 음력으로 1월 3일부터 4일까지 이틀 동안 거행되었다. 반면 1969년에 수행했던 별신제는 총 15개 과정으로 구성되어 있었으며, 음력 1월 5일부터 3일간 진행하였다.[10] 두 번의 별신제 모두 한산면 두억리 의항(개목)에 거주했던 무당 박덕순朴德順이 주관하였다.

10　『한산면지』(1992: 820)에는 별신굿의 진행 과정이 산신굿, 일월맞이, 샘굿, 벅수굿, 용왕굿, 판굿, 부정굿, 가망제석, 서낭굿, 지동굿, 손님풀이, 대잡기, 열두축문이었다고 기술하고 있다.

1) 1964년도 별신제

1964년甲申年 음력으로 1월 3일에 별신제가 시작되었다. 별신제는 ① 당산굿, ② 골매기굿(우물, 고목아래 기도 올리기), ③ 별신대굿, ④ 가망굿, ⑤ 제석굿, ⑥ 선왕굿, ⑦ 손굿, ⑧ 송신굿 순으로 진행되었다. 별신제는 음력 1월 3일 오전 9시에 시작하여 4일 오전 4시에 끝났다.

별신제 행사내역표에는 예산상의 문제로 이틀로 단축하였으며 들당산굿, 제관댁굿, 중광대굿,[11] 망석굿, 해미탈굿, 적덕굿 등이 제외되었다고 밝히고 있다.[12] 이로써 기존 별신제는 3일간 진행되었으며, 제관댁굿이 포함되어 있었다고 짐작된다. 마을에서는 별신제를 진행하기 위해 별도로 집행부서를 조직하였다. 집행부는 부서별로 책임과 역할을 분담하였다. 집행부서의 역할과 담당자를 다음과 지정하였다.

    당산제: 집사주제자 이경득, 종속자 한정식
    별신제: 집사자 무巫 박덕순朴德順,[13] 격覡 박경삼朴敬三[14] 외 4명
    별신제: 별도 내용과 같음(앞에서 기술한 별신제 과정과 예산 문제로 단축한다는 내용)
    총무부: 박종우

---

11 행사내역표에는 '중강대굿'으로 표기되어 있다.
12 1963년 계묘년에 전국적으로 보리 흉년이 들었다. 1959년 사라호 태풍 피해가 미처 복구되기도 전에 주요 식량원이었던 보리의 소출이 저조하면서, 1964년 당시 비진도를 비롯한 통영지역 어촌은 경제적으로 매우 피폐한 상태에 있었다. 노인들은 '계묘년 보리 흉년'이라는 말을 흉년의 대명사처럼 사용하고 있다.
13 '무(巫)' 박덕순은 '격(覡)' 박경삼(1903년생)의 종질녀이다. 박덕순은 남해안 별신굿의 대모였던 정모연(1915년생)보다 두세 살 아래였다고 한다(정보제공, 남해안 별신굿보존회). 박덕순은 1962년 거제도 죽림마을에서도 별신제를 주제했다고 한다(이선희 2021: 56).
14 '박경삼'이라는 이름은 김선풍의 저서 『남해안 별신굿』에 정영만의 외조부 박재돌의 형 '박경삼'(1997: 5)이 있고, 『한국민속종합조사보고서 경상남도편』(1972: 174)에서 사량도 양지리 별신굿의 제차를 무부(巫夫) '박경삼(朴敬三)'이 알려주었다는 대목에서도 언급되고 있다. 1971년 당시 박경삼은 66세로 통영 오광대의 잽이였다. '경삼'은 예명이며 본명은 박경규이다(김형근 외 2017: 84). 비진도의 '별신제 행사내역표'에는 박경삼을 '무부(巫夫)'가 아닌 '격(覡)'으로 표기하고 있다.

재정부: 김태용, 박순진

시설부: 천병순, 공성권, 공평영, 공학영, 김정곤

안내부: 공양명, 천경철

감독부: 박영규, 공석관, 박종원

치안부: 박정한, 이종선(이상 현직 경찰관)

식사부: 공학영 댁

주효부: 공석호 댁

청소부: 4H 클럽 대표자 김정훈 외 20명

마을의 '별신제 행사내역표'에는 별신제에 앞서 당산제가 명기되어 있다. 당산제의 '집사주제자'는 마을에서 제관으로 선정된 이경득이었으며, 종속자는 한정식이었다. 즉 마을의 제관과 종속자가 별신제와 별도로 당산제를 수행하였다.[15] 별신제 집행부 명단에서 시설부와 안내부에 배정된 인물 대부분은 30대로 마을에서 차세대 세력으로 부상하고 있었던 비진국민학교 제1회 졸업생들이다. 총무부, 재정부 및 감독부에 이름이 오른 사람들은 기성세대로 당시 마을에서 영향력을 행사하고 있었던 장년층들이었다. 청소부로 지정된 4H 회원들은 청소년들이었다.[16] 별신제를 지내기 위해 구성된 집행부는 마을의 의사결정 과정을 좌우하는 노년층과 청장년층이 골고루 참여하고 있으며, 정부의 후원을 받았던 4H 클럽이 마을의 공식 조직체로 흡수되고 있었음을 알

---

15 사량도 양지리 능량동 별신굿의 경우, 제관이 산신제와 당산제를 지낸 다음 곧이어 별신굿이 시작되었다고 한다(한국민속종합조사보고소 경상남도 편, 1972: 174). 1984년 통영 치리섬 별신제(위만제)에서도 화주(제관) 내외가 산당에 올라 다음 날 아침 대모 일행이 올라올 때까지 산신제를 지냈다(이소라 1984: 14).
16 한산면 4H는 1947년 3월 '4H 구락부'로 발족했으며, 1979년 1월 '새마을청소년회'로 개칭되었다가 1988년 8월 '4H회'로 바뀌었다. 참고로 4H는 두뇌(head), 마음(heart), 손(hand), 건강(health)을 이념으로 표방하는 청소년 단체로 1902년 미국에서 처음 조직되었다. 국내에서 4H는 지덕노체로 번역된다. 1947년 경기도에서 처음 시작되었으며, 1954년 11월 정부의 후원으로 한국 4H구락부 중앙회가 설립되었다. 4H는 학생들에게 작물재배, 선진영농기술, 생활환경보전 등을 교육하였다. 1970년대 이후 새마을운동으로 연결되었다.

수 있다. 한마디로 별신제라는 마을 최대의 공동 행사를 무사하게 진행하기 위해 모든 세대가 역할을 분담하여 별신제가 안전하게 진행될 수 있도록 배치하였다. 별신제 동안 치안은 현직 경찰관이 담당하고 있었다.

평년의 동제에서 제관이 중앙우물(중앙 고목 아래), 서편 고목 아래, 선착장 및 별신대 앞에서 수행했던 제의는 골매기굿과 별신굿으로 대체되었다. 별신제를 진행하면서 축원을 올리는 장소마다 기도용 상을 차렸다. 개별 장소의 제상은 마을 주민들의 기부로 마련하였다. 다음은 제의 장소와 제상을 기부한 사람들의 명단이다.

〈기도용 식사 기증인〉
당산용: 식 3상 이경득
중앙고목하: 식 1상 공상전
서편고목하: 식 1상 공석근
선창용: 식 1상 김세갑
별신대 앞: 식 1상 김삼용

당산용 제물로는 능금, 배, 참기름, 산지, 소지 종이, 창호지, 작은 등, 곶감, 광목천, 밤과 대추, 명태, 채소·두부·콩나물·무 등이었으며, 별도로 종지, 초, 돗자리 등을 마련하였다. 1964년도 당산제의 제물 비용은 총 951원이었다. 〈표 13〉은 1964년 당산제용 제물 내역이다.

〈표 13〉 1964년도 당산제용 제물 준비 내역

종목	개수	가격(원)
능금	8개	64
배	5개	100
참기름	2홉	50

산지	2봉	70
소지(小紙)	10권	30
창우지(紙)	4매	16
소등(小燈)	1개	23
꽃감	2꼬지	120
광목포	185촌	23
밤 대추	각 1승	70
명태	3마리	60
채소, 두부, 콩나물, 무	각 약간	70
종지	2개	40
초	1봉	45
추가	공석근 외 3일 충무	100
계		951

별신제의 수입 내역은 특별 찬조금(26명 총액 13,100원), 마을 양지 2,900원(29호, 호당 100원 찬조금), 마을 음지 2,900원(29호, 호당 100원 찬조금)이었다. 장부 기재 이후에 별도로 찬조금(100원, 강봉남)이 들어와 찬조금은 총 19,000원이었다. 별신제를 위해 호당 100원씩 갹출하였다. 호당 갹출금 100원은 당시 성인 남자의 하루 임금에 버금가는 액수였다.[17] 특별 찬조금을 출연한 사람들 대개 선주들이었다. 찬조금 출연자 중에는 1,500원을 기부한 사람도 있었다. 1964년 별신제를 위해 지출한 비용과 항목은 〈표 14〉와 같다.

---

17 1964년 농촌의 하루 임금은 세 끼 식사를 제공하는 경우, 성인 남자 106원, 여자 70원이었다. 끼니가 제공되지 않으면 성인 남자 기준 182원이었다. 당시 황소 한 마리 값이 2만 5천 원이었다(농민신문 2009.08.14.). 참고로 1963년에 처음 출시된 삼양라면 1봉지 가격이 10원이었다.

⟨표 14⟩ 1964년도 별신제 비용 지출 내역

종목	금액(원)	내용
제물	951	당산용 별첨내용과 같음
백미	495	주제자 이경득 댁 백미1말 5승(묏쌀, 떡쌀용)
제육	2,500	도야지 1마리 대
선박	1,800	한선 3일 이용 대절료(단 거제도까지 왕래함에 한함)
당산제 기도료	3,300	주제자 이경득씨 총사례금
고용료	1,000	종속자 한정식 지불금
별신제	5,000	무 박덕순, 격 박 모 외 4명 무축료
상금(상돈)	2,600	특별 찬조금 기증인 24명, 보통 찬조금 기증인 58명 전표 발급
식사료	1,000	무격 일행식사 35상 외 공학영가 수고료
주(술)	3,000	소주 1독 대
효(안주)	1,420	잡어 대
화목	현물	화목 150매, 동 하소임 하청옥 처의 임무
발전기	414	휘발유 4승 대, 경유 6승 대
양조용 백미	660	백미 2말(소) 대
곡자	350	1말(소) 3승 대
선박 대절료	300	임부 이동에 따른 공석근 어선 대절료
연초	217	백양 7봉, 진달래 7봉 대(무격 접하용)[18]
연락비	200	공석태 모 충무 왕복
생미(쌀)	66	1승(소) 대
잡하(잡화)	470	박순진가 각종 잡하
잡비	257	종료 후
계	26,000	
	200	계산 착오금
실계	26,200	

[18] 담배 백양은 1955년 8월 생산되어 1966년 7월까지 유통되었다. 진달래는 1957년 1월 시판되어 1966년 8월까지 판매되었다.

1964년 별신제를 위해 지출한 금액은 총 26,200원이었다. 수입 총액은 19,000원이었다. 부족금 7,200원은 마을 자금으로 보충하였다. 찬조금 출연자에게는 전표를 발급하여 별신제 기간에 '상돈'으로 사용할 수 있게끔 배려하였다. 전표 1매의 가격은 2원이었다. 특별 찬조금 출연자에게는 1인당 25매씩, 보통 출연자에게는 15매씩 지급하였다. 이들 이외에 별도로 30매가 발급되었다. 총 1,500매가 발급되었으며 총액이 3,000원이었지만, 실제 소비된 액수는 2,600원이었다. 전표와 관련된 비용은 〈표 14〉의 '상금(상돈)' 항목에서 확인된다. 따라서 1964년 별신제를 주제했던 무녀 일행의 총수입은 계약금 5,000원과 상돈 2,600원을 합한 7,600원이라고 할 수 있다. 위 지출명세서를 통해 알 수 있는 사실은 별신제 기간에 임신부가 외부로 이동할 때 사용했던 선박을 마을에서 제공하였다는 점이다.

2) 1969년 별신제

1969년己酉年 별신제는 음력 1월 5일(양력 2월 22일)부터 3일간 진행되었다. 1969년 '별신제 행사내역표'에는 ① 들당산굿, ② 당산굿, ③ 중광대굿, ④ 골매기굿(우물, 고목 아래 기도), ⑤ 별신대굿, ⑥ 판굿, ⑦ 가망굿, ⑧ 제석굿, ⑨ 선왕굿, ⑩ 망석굿, ⑪ 해미탈굿, ⑫ 손굿, ⑬ 군웅굿, ⑭ 적덕굿, ⑮ 송신굿 순서로 별신제가 구성되어 있었다.[19] 1964년과 마찬가지로 당산제는 제관과 종속자가 수행하였다. 별신제를 관리 운영하기 위한 집행부가 조직되었다. 집행부의 역할과 인원 구성은 다음과 같다.

당산제: 집사주제자 공석봉, 종속자 박웅렬

---

19 참고로 통영의 치리섬과 사량도에서는 첫째 날에 들맞이당산굿, 큰대풀이, 굿장모집 부정굿, 둘째 날에 일월맞이, 골맥이굿(중천맞이, 우물굿, 벽수굿, 용왕굿), 부정굿, 가망굿, 제석굿, 용왕굿, 선왕(서낭)굿(선왕풀이, 동살풀이), 손굿(지동굿, 손님풀이), 고금역대, 탈놀음을 하였다. 셋째 날에 황천문답, 축문, 큰대풀이, 환생탄일, 시왕탄일, 대신풀이, 군웅굿, 시석(거리굿 또는 송신굿) 순서로 별신굿이 진행되었다(김선풍 1997: 7).

별신제: 집사자 무巫 박덕순朴德順 외 남 4명 여 3명

총무부: 공봉영

재정부: 공평영, 박종민, 공정택

시설부: 천병순, 공학영, 박승수, 강승호[20]

안내부: 공성택

감독부: 박종우, 박순진, 김태용

치안부: 최연주, 이종우(이상 현직 경찰)

식사부: 이장댁(공봉영)

청소부: 향토예비군 전원

  이틀로 단축되었던 1964년도 별신제에 비해 1969년도 별신제는 3일간 진행되었으며, 주관 무당 역시 박덕순이었다. 별신제를 주재했던 무녀 일행은 6명에서 8명으로 늘어났다. 별신제를 집행을 도맡았던 총무부, 재정부, 시설부, 안내부를 비롯한 주무부서는 30~40대 장년들이 주도하고 있었다. 당시 이장은 비진국교 1회 졸업생이었던 공봉영이었다. 1964년도 별신제에서 총무부와 재정부를 맡았던 인물들은 1969년도에는 감독부로 배치되면서 2선으로 물러났다. 이는 5년 만에 마을의 주도 세력이 바뀌었음을 보여준다. 그리고 4H 클럽을 대신하여 향토예비군이 청소부서로 배치되었다.[21] 향토방위를 목적으로 편성된 향토예비군이 마을 단위에서도 주요 조직체로 등장하고 있음을 보여준다.

  1969년도 별신제 역시 제의 장소마다 주민들이 제상을 기부하였다. 다음은 제의 장소별 제상 기부자이다. 1964년도와 마찬가지로 당산제에 필요한 제상은 제관이 마련

---

20 강승호는 원래 제주도 출신이었지만, 어릴 때 해녀였던 어머니를 따라와서 외항에 거주하였으며 비진국민학교(1회)를 다녔다. 이후 내항의 박씨 집안 여성과 혼인한 다음 내항에서 나잠업자로 자리를 잡았다.

21 향토예비군 한산중대는 1968년 4월 1일 창설되었다. 향토예비군의 주요 임무는 국가비상사태 시 군사동원, 무장공비 소탕 및 무장소요 진압, 지역내 중요시설 경비 등이다.

하였다.

⟨기도용 식사 기증인⟩

당산제용: 제주 공석봉 댁

중앙 고목하: 1상 박종우

서편 고목하: 1상 박문권

선창용: 1상 김세갑

별신대앞: 1상 공석제

전체적으로 1969년 별신제는 1964년 별신제에 비해 제물과 준비물의 종류와 개수는 더 늘어났다. 비용 문제로 2일간 진행되었던 1964년도 별신제에 비해 1969년 별신제가 3일로 늘어나면서 제의와 제물이 풍부해졌다고 할 수 있다. ⟨표 15⟩는 1969년도 별신제 당시 당산제용 준비물 내역이다.

⟨표 15⟩ 1969년도 당산용 및 별신제 제물 및 준비품 내역

종목	개수	가격(원)	비고
능금	15개	450	
배	5개	250	
참기름	2홉	230	
산지	2봉	230	
소지종이	10권	200	
창호지	1권	180	
곶감	3꼬지	360	
광목 베(카지)	7척 7촌/1척 7촌	200	
밤	반 되	60	
대추	반 되	60	

건 명태	3마리	150	
곳침 도라지		120	
두부	1모	150	
종지	2개	60	
접시	2개	60	
양초	2봉	140	
띠자리	1장	250	
삼실과		45	
백미	2말(소)	1,200	술쌀, 떡쌀, 묏쌀(메쌀) 포함
남자 고무신	1켤레(11문)	100	제주용
사인펜	3개	90	
만수향	1봉	20	
연초	3봉	150	당일 장보러 간 선원용
사과		100	당일 충무 출장원 중식용
합계		4,855	(4,900원으로 계상)

    1969년도 별신제 역시 특별 찬조금과 마을 주민들의 기부금으로 비용을 마련하였다. 마을 주민은 호당 200원을 찬조금으로 출연하였다. 별신제의 수입 내용은 자세하게 밝혀져 있지만 않지만, 지출 내역은 비교적 상세하게 기록되어 있다. 1969년 별신제 지출 총액은 107,190원이었다.[22] 1964년도의 지출에 비해 4배 이상 증가하였다. 〈표 16〉은 1969년도 별신제 지출 내역이다.

---

22 참고로 1969년 1월 기준으로 쌀 1가마니(80kg)의 시장 가격은 5,100원이었다(『창평일기』 2: 11).

〈표 16〉 1969년도 별신제 지출 내역

종목	금액(원)	내역
제물	4,900	당산용 제물과 산제에 필요한 제반 물품 포함. 별첨 내용과 같음
제육	12,000	용초 김상태 도야지 1마리 10관 가량
소주	4,050	3상자 30병 외 탁주 1말 반 가량
잡어대	1,400	안주 및 찬. 1상자
당산제 기도료	25,000	공석찬 주제자 수고료, 종속자 박웅렬 포함
대한등	350	대한등 1개 구입
중식대	450	공성택 외 2인 무당 실으러 간 당일 중식대
채소	300	무당 식사 제공 안주용(두부, 조개)
연초	1,000	파고다 20갑
선왕대	300	파정개(破丁浦) 김정도 댁에서 구입
달걀	200	별신제 당일 무당들에게 준 것
별신제료	30,000	박덕순 외 8명 무축료
위여금(상돈)	16,000	전표는 마을에서 3천 장을 발행하여 분배하였으며 1천 원 별로 상여함
백미	1,240	무당 식사 제공용 2말
식사비	1,000	공봉영 댁 식사 짓는 데 수고료로 지불
행사수고료	3,500	박종형·공성택 2인 장 보러 간 수고료
선박	5,000	공석두 선박 용초에 3번, 충무 3회, 거제 1회
알선비	500	공석태 모 충무 무녀 알선 차 왕비 여비
합계	107,190	

1964년 별신제와 1969년 별신제의 지출 내역 중 차이점은 크게 두 가지이다. 하나는 1964년에는 당산제 주제자 수고료가 3,300원, 종속자의 수고료는 1,000원이었지만, 1969년도에는 주제자와 종속자를 합하여 25,000원으로 책정되었다는 점이다. 다른 하나는 무녀 일행의 수고료가 5,000원에서 30,000원으로 대폭 증액되었다는 사실이다.

별신제 기간이 2일에서 3일로 늘어났으며, 무녀 일행도 6명에서 8명으로 증가하면서 수고료가 증액되었다고 할 수 있다. 마을에서 지불한 상돈(전표)이 16,000원이었다. 따라서 무녀 일행의 수입은 최소 46,000원 이상이었을 것으로 추정된다.

1964년도에 이어 1969년도에도 별신굿을 담당할 무녀 일행을 접촉하고 행사 일정을 도맡은 사람은 공석태의 모친이었다. 별신굿을 주관했던 무녀와 마을 주민 사이에 별도의 연락망이 존재하였다는 사실을 알 수 있다. 1964년도 및 1969년도 별신제 기간에 무녀 일행을 위해 거제도와 용초로 선박이 운항하였다는 기록으로 미루어 비진도의 별신제를 전후하여 거제도와 용초에서도 별신제가 진행되었음을 짐작할 수 있다.

1969년을 마지막으로 마을에서는 별신제를 수행하지 않았다. 별신제 중단은 여러 원인이 복합되어 있었다. 특히 근해 어선어업이 감소하면서 별신제를 지속 혹은 운영하고자 하는 요구도 줄어들었다. 바다의 상태를 파악하고 어군을 탐지할 수 있는 장비가 부족했던 과거 어선어업의 흥망성쇠는 그야말로 운에 달려 있었다. 어선어업으로 살아가는 어민들은 안녕과 풍어를 영적인 존재에게 위탁할 수밖에 없었다. 하지만 1970년대 이후 어업과 어촌의 사회경제적 상황이 확연히 달라지기 시작하였다.

첫째, 1970년대에 발생했던 두 차례의 국제유류가격 폭등 및 계속된 어황 부진으로 근해 어선어업이 감소하였다(박정석 2001a). 1973년 10월 제4차 중동전쟁이 발발하면서 제1차 석유파동이 일어났다. 1973년 10월 석유수출국기구(OPEC)에서 원유가를 17% 인상하고 매월 원유생산을 5%씩 감산하기로 결정하였다. 그 결과 1973년 초 배럴당 2달러 59센트였던 중동산 원유 가격이 11달러 65센트로 무려 4배 가까이 상승하였다. 1978년 이란에서 이슬람 혁명이 일어나면서 제2차 석유파동이 시작되었다. 1978년 초 배럴당 12달러 70센트였던 원유 가격이 1981년 10월 34달러까지 치솟았다. 두 차례의 석유파동으로 한국 경제는 극심한 피해를 입었다. 마을 주민들이 소형 연안어업 및 양식어업으로 전환하면서 재원을 마련하기 어려워졌으며 별신제에 대한 기대와 호응 또한 줄어들었다.

둘째, 사회적으로 동제와 별신제에 대한 부정적인 분위기가 형성되고 있었다. 특히 새마을운동과 미신타파운동이 본격화되면서 전국에서 동제와 별신제를 지내는 마을이 점차 사라졌다(김명자 2009). 아울러 기독교가 전파되면서 교인들의 숫자가 늘어난 것도 하나의 요인으로 작동되었다. 비진도 교회는 1962년 2월 최금자 전도사가 최숙복의 자택을 기도소로 이용하면서 시작되었다. 1963년 3월 경남노회로부터 비진도 교회로 인정받았다. 1965년 5월 교회당을 착공하여 1966년 5월 완공하였다. 대지 138평에 건평은 15평이었다. 1990년 현재 교인은 총 18명(남 5명/여 13명)이었다. 교인과 별도로 학생 20여 명이 교회를 다니고 있었으며, 주일학교(유년부 50여 명)를 운영하고 있었다.

참고로 과거 한산면 일대에서 별신제를 지냈던 마을은 비진도 내항을 비롯하여 장작지, 용초, 호두, 죽도였다.[23] 1990년대 후반까지 통영의 죽도, 치리섬, 사량도, 거제도의 수산 및 갈곶리(해금강)에서 별신굿을 하고 있었다(김선풍 1997: 4).

---

23   한산면 죽도의 별신굿 관련 문서는 이훈상·허모영(2017)의 저서에 잘 정리되어 있다.

제6장

학교와 선창

1. 문화 전승과 어업활동

　마을은 국가가 지역을 지배하는 기초 단위체이며, 직간접적으로 정부의 간섭과 개입의 대상이 되고 있다. 마을공동체 구성원으로서의 개인은 다른 개인들과의 상호작용을 통해 일상의 경험과 지식을 학습하고 공유하게 된다. 따라서 마을은 국가의 입장에서는 지배의 기초 단위이지만, 개인적 차원에서는 사회적 관계와 집단 정체성을 형성하는 공간이기도 하다. 또한 마을은 문화의 전승 단위이자 보존 단위이기도 하다. 문화 전승과 보존은 전적으로 다음 세대의 성장과 발전에 달려 있다. 마을의 다음 세대는 과거에는 집안과 마을에서, 일부는 서당 교육을 통해 지식과 경험을 학습하고 전달받았다. 근대식 교육기관이 설립된 이후 어린이들은 학교에서 의무적으로 교육을 받고 있다.

　비진도에서 학교는 교육기관이면서 동시에 마을공동체의 자산이었다. 일제강점기부터 주민들은 아이들에게 교육의 기회를 제공하기 위해 다양한 노력을 기울여 왔다. 하지만 학령인구가 감소하면서 학교 운영이 어렵게 되자 교육 당국에서는 효율성을 강조하면서 학교 통폐합을 추진하였다. 1982년 농산어촌의 소규모 학교 통폐합 정책으로 도서 지역의 소규모 학교가 폐쇄되었다(최준렬 2008). 도서벽지의 소규모 학교를 폐교함으로써 비용을 절감하고 교육의 효과를 높이려는 정책은 학교를 단순히 경제적인 차원에서 설립하고 폐교할 수 있는 기관이라고 판단하고 있다. 하지만 농어촌 지역에서 학교는 교육기관 그 이상의 역할과 기능을 하고 있다. 학교는 공동체의 자산이자 지역사회의 문화적 자본이라고 할 수 있다. 학교가 사라지면, 지역사회에서 문화 전승의 맥이 끊어진다. 결국 공동체는 황폐화되고, 마을은 단순한 거주지로 몰락한다.

학교가 문화 전승의 중심지라면 선창은 어업활동의 전진기지라고 할 수 있다. 일반적으로 '선창'이라 불리는 선착장은 선박이 쉽게 접안(接岸)할 수 있도록 해안에서 수심이 깊은 바다 쪽을 향해 쭉 뻗은 형태로 건설된다. 선창의 모양은 대개 일자형이지만, 끝부분을 곡선형으로 건설하기도 한다. 양쪽에서 선창을 쌓아 가운데 부분을 내만으로 형성하거나 주변의 암벽을 이용하여 한쪽에만 선창을 쌓아 내만을 형성하기도 한다. 따라서 선창은 선착장이면서 작은 항구이기도 하다. 선창은 마을과 외부를 연결하는 출입구이며, 정보를 주고받는 중개소 역할을 한다. 선창은 도서 지역에서 사람들이 정주하기 위해서는 반드시 갖추어야 할 필수적인 시설이라고 할 수 있다.

선창에는 어선뿐만 아니라 각종 선박이 드나든다. 도서 어촌에서 생산하는 물품은 선창을 통해 인근 도시나 다른 지역으로 실어 나르고, 외부에서 생산되는 생활필수품 역시 선창을 통해 들어온다. 마을 주민은 물론 외부인들이 마을로 들어오거나 나가기 위해서는 여객선을 이용한다. 국가의 최하부 단위체인 마을을 효과적으로 지배하고 통제하기 위해 관공선이 수시로 '순시' 혹은 방문한다. 마을의 중학생들은 통학선을 이용하여 등교한다. 선창은 사람과 화물을 싣고 내리는 고유한 기능 이외에도 다양한 기능을 갖추고 있다. 선창은 방파제와 물양장의 기능을 한다. 방파제로서의 선창은 선박의 안전한 피항지가 된다. 물양장으로서의 선창은 어구와 어획물을 수리하고 손질하는 공간을 제공한다. 선창 안에서는 어선의 수리와 건조가 이루어진다. 선창은 마을 사람들의 모임 공간으로서 각종 정보와 이야기가 유통된다.

최근에는 과거의 소규모 선창이 사라지고 대신에 거대한 방파제와 넓은 물양장이 건설되고 있다. 대규모 방파제와 물양장은 정책적 차원에서 정부예산으로 건립하고 있는 사회적 기반 시설이다. 이와 같은 시설은 태풍과 같은 자연재해를 예방하고 해상관광 혹은 해상교통의 효율성 제고 차원에서 건설되었다. 마을의 인구가 대폭 줄어들면서 국민학교마저 폐교되었지만, 인구감소와 무관하게 방파제와 물양장은 오히려 점점 커지고 있다.

2. 학교

근대식 교육이 시작되기 전까지 마을에는 서당이 있었다. 비진도 내항의 서당은 1880년 무렵 한산면에서 최초로 설립되었다(한산면지 편찬위원회 1992: 140). 마을에서 서당은 유교식 이데올로기의 산실이었다. 비진 서당의 마지막 훈장(접장)은 박문첨이었다. 서당은 현 공석대의 집 자리에 있었다. 주민들은 매암장梅庵長으로 불렸던 박문첨과 그의 부친은 한산면 일대에서 유학자로 명성이 높았다고 말하였다. 비진 서당은 한산면은 물론 충무 등지에서도 수학하러 왔을 정도로 널리 알려져 있었다고 한다. 박문첨은 근대식 교육기관이 등장하기 전까지 마을에서 '어른'으로 행세하고 대접받았다. 하지만 근대식 교육기관이 탄생하고 근대식 교육을 경험했던 세대가 성장하면서 서당과 서당식 교육을 받았던 세대는 점차 일선에서 물러났다.

비진도에 최초로 근대식 교육기관이 설립된 것은 1922년이다.[1] '동광강습회'라는 이름으로 강습소가 처음 들어선 곳은 현 공석장의 집 자리이며, 당시 강습소의 강사는 강몽조, 상훈, 손문기였으며 박종하가 교장을 겸하였다(한산면지 편찬위원회 1992: 141). 동광강습회는 설립 이후 재정적으로 어려움을 겪었으며, 동광강습회 운영자금을 조달하기 위해 마을 공동어장에서 생산되는 해산물을 팔아 수익금 일부를 강습회의 재정으로 삼았다고 한다. 동광강습회 혹은 '동광학술강습회'의 존재는 당시 신문 기사로 확인된다. 다음의 1925년에 발간된 『조선일보』의 기사이다.

---

1 『한산면지』는 1921년에 동광강습소가 설립되었다고 기술하고 있다(한산면지 편찬위원회 1992: 141).

경남 통영군 한산면 비진도는 남단 해중의 일 소도로 지형이 험협하야 평탄한 처가 별무하고 더욱 교통이 불편하야 외지의 내왕이 극소하며 도내도 80호에 불과한 소도로 태반이 어업에 종사하야 겨우 생명을 이어가는 터임에 불구하고 시대의 사조와 사회의 교양기관을 설치코저 금반에 유지 천세빈千世彬씨 외 제씨의 진력으로 대정 11년 4월에 동광강습회를 설립하고 매년 수입되는 해산물의 기분으로서 천여 원의 기본금을 적립하여 이래 유지에 충하야 오는바 일반 도민의 열성은 물론이고 강사講師 상훈尙燻씨의 열심 교수로 금년에도 다수한 제1회 졸업생을 출하얏는 바 현재 재학생도 50여 명에 달한다더라. (조선일보, 1925.7.9.)

위 기사에 따르면, 1922년(대정 11)에 마을 유지 천세빈 외 여러 사람이 신식학문을 소개하고 가르치는 동광강습회를 설립하였으며, 강사 '상훈'씨가 학생들을 가르쳤다고 한다. 박종하의 이름은 언급되지 않았다. 반면 같은 시기에 발간된 『시대일보』에는 박종하가 동광학술강습회를 설립했으며, 본인이 직접 가르친 것으로 보도하고 있다. 다음은 1925년 7월 31일 『시대일보』에 실린 기사 내용이다.

경남 통영군 한산면 비진리 박종하 군은 향리 교육기관이 업슴을 극히 유감으로 생각하야 거去 11년도에 동광학술강습회를 설립하고 인근 각기 청년 자제를 열성으로 교수하며 일편으로 학부형의 동정을 바다 근래 2년 동안을 모집한 바 거년에 속성반 제1회 졸업생외 지나게 되엇스나 금년도에 지至하야는 모든 경비문제로 모집할 희망이 도저히 업슴으로 도 당국에 보조금을 충원코저 불원적 상도上道하리라 하며 기외의 부족한 경비는 동징洞懲하겠다는 바 인접 각리 인사는 박군의 특지를 매우 찬송한다고 한다. (시대일보, 1925.07.31)

두 신문 기사를 종합하면 박종하 주도로 동광강습회가 설립되었으며, 설립 당시에 마을 유지들의 도움을 받았다고 짐작된다. 또한 박종하를 포함하여 최소 강사 1명 이상이 강습회를 이끌고 있었다. 박종하(1897년생)는 통영보통학교의 제1회 졸업생이라고 한다. 1908년 개교 당시의 교명은 진남공립보통학교였다. 진남(용남)공립보통학교는 1910년대 당시 통영군 관내에서 유일한 보통학교였다.[2] 박종하가 보통학교를 졸업하고 상급학교에 진학했는지는 알려진 바가 없다. 1922년 동광강습회를 설립했을 무렵 박종하의 나이는 25세였다. 1925년도의 『시대일보』 기사에는 박종하를 '박군'으로 호명하고 있다.

한편, 비진국교의 연혁에 따르면, 1925년 최초의 현대식 교육기관인 동광학원東光學院이 개설되었으며 개설자는 박종하였다고 한다. 1925년 개설했던 동광학원은 1922년 설립했었던 동광강습회를 이어받은 것으로 짐작된다. 동광학원이 개설되면서 서당은 폐지되었다. 동광학원은 동광강습회 건물을 그대로 이어받았으며, 초가 3칸 건물이었다. 총수료 횟수는 3회였으며, 매회 수학했던 학생은 약 20명이었다. 동광학원을 수료한 학생 수는 대략 60명이었다. 1935년 동광학원은 동광학술강습소로 개칭되었다. 동광학술강습소는 2회에 걸쳐 학생을 배출하였다. 1회 수학생은 대략 25명이었으며, 총 수료자는 50여 명이었다.

1937년 9월 1일 동광학술강습소가 한산공립보통학교 부설 비진간이학교로 설립 인가되었다.[3] 비진간이학교는 1학년과 2학년으로 편제되었으며, 학년당 학생 수는 각각 30여 명이었다. 비진간이학교 졸업생은 총 6회 112명이었다. 간이학교 졸업생 중에서 일본으로 유학을 간 사람도 있다고 한다. 비진간이학교의 교사는 목조 2칸으로 함석(양철)지붕이었다. 간이학교는 처음에 선창 위에 있다가 현재의 비진국민학교 바로 아래 장소로 이전하였다.[4] 비진간이학교 제1회 졸업생 명단은 〈표 17〉과 같다.

---

2 1908년 진남공립보통학교로 출발하여 이후 용남공립보통학교(1909), 통영공립보통학교(1915), 통영제1보통학교(1937), 통영제1공립심상소학교(1938), 통영제1공립국민학교(1941), 통영공립국민학교(1946), 통영국민학교(1996)로 교명이 바뀌었다. 1910년 3월에 제1회 졸업생(4년제) 18명(남학생)을 배출하였다. 1920년에 학제가 6년제로 개편되었다. 1910년대 통영군내의 유일한 공립보통학교였다(김지순 2013: 51).

3 조선총독부관보, 1937.7.22.

4 정보제공자 공석장(남, 67세).

〈표 17〉 비진간이학교 제1회 졸업생 명단

순번	씨명	주소	비고
1	김인수	비진리 외항	명부에는 내항으로 기재되어 있음
2	오내진	외항	//
3	공석장	비진리 내항	
4	공양석	내항	
5	공석묵	비진리 외항	
6	오삼진	외항	
7	오종진	외항	
8	김평찬	외항	
9	공양찬	비진리 내항	
10	박재봉	내항	
11	공정안	내항	
12	공공연	내항	
13	박종석	내항	
14	박재만	내항	
15	오섭진	비진리 외항	
16	오창진	외항	
17	공존영	비진리 내항	
18	박형연	내항	
19	공태윤	내항	
20	공석존	내항	
21	박재권	내항	
22	김충겸	비진리 외항	
23	박종완	외항	
24	신양래	외항	
25	공구영	비진리 내항	
26	김이찬	비진리 외항	
27	김덕봉	외항	
28	박세연	비진리 내항	

자료출처: 국가기록원

비진간이학교 제1회 졸업생들은 1938년(소화 13)도에 입학하여 1939년(소화 14) 3월 25일 졸업하였다. 졸업생 명부에 기재된 이름은 '성명姓名'이 아닌 '씨명氏名'으로 표기되어 있었다. 비진간이학교 제1회 졸업생은 총 28명이었으며, 내항 학생이 14명 외항이 14명이었다. 1942년 3월 25일 졸업했던 제4회 졸업생부터는 창씨개명된 이름으로 등재되었다. 예를 들면, 곡부 공孔씨는 니산尼山으로, 해주 오吳씨는 오광吳光, 평산 신申씨는 평촌平村, 박朴씨는 목복木卜 혹은 대촌大村, 천千씨는 산본山本, 김씨는 김본金本, 추씨는 추본秋本, 황黃씨는 창산槍山, 강姜씨는 신농神農, 풍기 박씨는 풍산豐山 등으로 기재되었다.

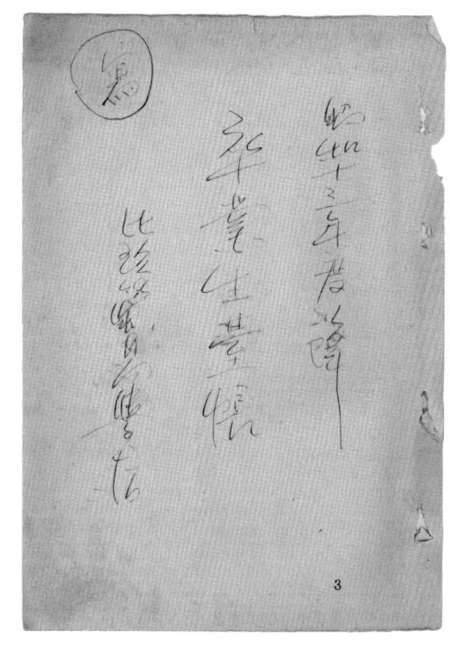

〈사진 18〉 비진간이학교 졸업대장(출처: 국가기록원)

비진도에서 동광학술강습소 혹은 간이학교를 수료한 학생 중 일부는 한산보통학교에 편입학하였다. 한산보통학교는 1928년 4월 1일 정식인가를 받아 한산면 창좌리 창동 마을에 설립되었다. 당시 비진도에서 한산보통학교를 다녔던 공석장은 다음과 같이 구술하였다.

〈사례 2〉 2년제였던 비진간이학교의 제1회 졸업생이다. 당시 간이학교의 교사는 함안 군북 사람으로, 서울 경기고보 출신이었다. 간이학교를 마치고 한산보통학교에 편입학하였다. 비진도에서 한산보통학교까지 가려면 먼저 멜개(하포)까지 노를 저어가서 그곳에 배를 대놓고 멜개 뒷등을 넘어 면사무소가 있었던 대촌을 지나 창동까지 가야 했다. 비진도에서 학교까지는 2시간 반이 더 걸렸다. 달음박질을 쳐도 지각이 일수였다. 비진도에서 멜개까지는 나이 많은 상급반 학생들이 노를 저었다. 이후 장작지 주민 김종길씨가 운영했던 객선을 타고 다녔다. 객선이라고 하지만 속력이 아주 느려 풍선 배보다 조금 빠른 수준이었다. 안섬(내항) - 용초 - 멜개(하포) - 장작지를 거쳐 충무까지 운항하였다. 멜개에서 창동까지는 어린 학생들의 걸음으로 아무리 빨리 가도 1시간 반 이상 소요되는 거리이다. 책 보따리를 등에 메고 달음박질을 쳐서 대촌 면사무소에 들려 벽에 걸린 시계를 보고는 등교 시간을 가늠하였다. 바람이 불거나 파도가 높으면 객선이 다니지 않았다. 한 달 평균 5~6회는 결항하였다. 당시 면장이었던 비진 출신 박종하씨가 이런 사실을 알고는 비진도에다 학교를 세웠다. 박종하는 한산면내에서 일인자였으며, 기계선(잠수기선) 사업을 했을 정도로 선구자였다. (정보제공자, 공석장, 남, 67세).

비진도에서 하포까지는 해상으로 약 3.5km이며, 하포에서 창동까지 가는 길도 약 3.5km 거리이다. 하지만 하포에서 창동으로 가려면 두 개의 높은 언덕을 넘어야 하기에 어린 학생들이 다니기에는 만만치 않은 산길이었다. 이와 같은 열악한 통학 사정을 타개하고자 마을 주민들 사이에서 간이학교를 정식 국민학교로 승격시키자는 움직임이 있었다. 1944년 4월 1일 비진간이학교는 비진국민학교로 승격되었다. 비진국민학교에 비치된 학교연혁을 중심으로 동광학원에서 비진간이학교 설립까지의 역사를 살펴보면 다음과 같다.

    1925년 박종하 동광학원을 개설하면서 근대식 교육 시작
    1928년 1개면 1개교 정책에 따라 한산국교 개교
    1935년 동광학원을 동광학술강습소로 개칭
    1937년 7월 14일 제1학년 모집 33명 입학
    1937년 9월 1일 한산공립심상소학교 부설 비진간이학교 개설(2년제) 제1학급 편성
    1939년 비진 간이학교 제1회 졸업생 총 28명 졸업(남 27/ 여 1)
    1940년 제2회 졸업 총 15명(남 11/ 여 4)
    1941년 제3회 졸업 총 16명(남 12/ 여 4)
    1942년 제4회 졸업 총 17명(남 14/ 여 3)
    1943년 제5회 졸업 총 15명(남 10/ 여 5)
    1944년 제6회 졸업 총 21명(남 11/ 여 10)

비진국민학교는 1944년에 개교하여, 1949년도에 제1회 졸업생을 배출하였다. 제1회 졸업생은 1929년생부터 1937년생까지 섞여 있었으며, 나이가 가장 많은 사람과 적은 사람은 무려 8살 차이가 나기도 하였다. 졸업생 중에는 고위직 공무원과 수산대 교수를 역임한 사람도 있었다. 1960년대 이후 제1회 졸업생은 마을의 이장과 어촌계장을 역임하면서 혁신 세력으로 성장하였다. 비진국민학교의 제1회 졸업생 명단은 〈표 18〉과 같다.

〈표 18〉 비진 국교 제1회 졸업생 명단

순번	이름(성별)	출생연도	비고
1	공석화(남)	1937	
2	공성영(남)	1936	
3	박신옥(남)	1936	
4	박재율(남)	1935	
5	박종옥(남)	1935	
6	오주진(남)	1935	외항 이장, 국교 사친회장 역임
7	천영순(남)	1935	
8	공세영(남)	1935	
9	박상연(남)	1935	
10	공성권(남)	1934	
11	박종재(남)	1934	
12	천정순(남)	1934	
13	박종문(남)	1934	
14	김부권(남)	1934	
15	박종오(남)	1934	
16	박유연(남)	1934	
17	박승수(남)	1933	

18	공봉영(남)	1933	내항 이장 역임(2회)
19	강유복(남)	1932	
20	천병순(남)	1932	내항 새마을지도자, 어촌계장 역임
21	공대관(남)	1929	
22	강승호(남)	1935	나잠업자
23	공양돌(남)	1933	
24	박남순(여)	1937	
25	박우순(여)	---	
26	공평선(여)	1935	
27	박기아(여)	1935	
28	박인순(여)	1934	
29	박명선(여)	1934	
30	공다선(여)	1933	

한편, 비진간이학교가 정식 국민학교로 승격되면서 당면한 과제는 교사 신축이었다. 지형적으로 평탄한 대지가 부족했던 섬마을에서 학교의 규모가 커질 때마다 교사를 옮겨야 하는 어려움이 있었다. 세 차례나 교사를 신축 혹은 이전하면서 내항과 외항 주민들 사이에 갈등이 일어나기도 하였다. 무엇보다 교사의 위치가 문제였다. 두 마을 간의 직선거리는 약 2km이지만 험한 산길로 이어져 있어 어린 학생들이 오가기 어려운 구간이다. 두 마을의 중간 지점에 학교를 설립하고자 했으나 지형상 적당한 부지를 찾을 수 없었다. 결국 내항에다 학교를 건립하기로 결정되면서 외항 주민들의 불만이 야기되었다.

다음 문제는 교사 이전 및 학교 운영에 필요한 재원을 마련하는 일이었다. 1955년 비진국민학교 후원회에서 재원 마련을 위해 여객선을 운영하였다. 여객선은 야키타마라 불렸던 소구기관燒球機關 15마력짜리 선박이었다. 충무에서 아침에 출항하여 한산도 외곽을 돌아서 비진도에 닿으면 저녁이 되었다. 마을 사람들은 노를 젓는 것보다

조금 빨랐을 정도로 속력이 늦었다고 회상하였다. 여객선은 비진국민학교 후원회와 용초 김○○씨와 공동 경영하였다.[5] 1958년 사업 부진으로 여객선을 처분하였다.

1950년대 말 외항 사람들이 주도하여 학교를 외항으로 이전하려는 움직임이 있었다. 외항으로의 교사 이전은 1957년 외항의 오문진이 사친회장으로 취임하면서 발의한 것으로 추측된다. 하지만 학교를 외항으로 옮기려는 시도는 성사되지 못했다. 외항마을 인근에 교사를 건립할 수 있을 정도의 평탄한 부지가 없었기 때문이었다. 외항으로의 학교 이전이 좌절된 이후 교사 이전 분담금 80만 환 중에서 외항 분담금으로 책정된 32만 환을 지급하지 않으면서 다시 갈등이 일어났다. 당시 분담금 배분은 내항과 외항이 6:4로 배분하였다. 1960년 교사를 내항마을 위쪽으로 이전한다고 결정을 하였으며, 곧장 부지 정지작업을 시작하였다. 1961년 새 건물을 완성하였다. 하지만 교사를 이전하는 과정에서 외항과 불화가 심화되었다. 1961년 10월 24일 내항 동회에서도 학교 건축에 필요한 지방부담금 납부와 관련하여 외항과의 불화가 주요 안건 중의 하나였다. 다음은 동회의록에서 발췌한 학교 건립 분담금과 관련 내용이다.

> 낙규: 부담금에 대한 외항인의 무성의는 도저히 용인못할 일이며, 학교가 (제대로) 되기 위해서는 강경히 나가야 할 것입니다.
> 석장: 외항인들의 학교에 대한 무성의와 분교分校를 하겠다는 욕심이 꽉 차 있는데, 외항인들과 같이 의논했다가는 십 년 가도 학교일이 안될 것이니 외항을 믿지 말고 우리 내항에서 단독으로 한다는 각오하에 해나가야 할 것입니다(일동 찬의 표명).
> 낙규: 이 부담금을 어떻게 마련하느냐가 큰 문제입니다.
> 석장: 우리 내항이 비록 딱함을 무릅쓰고라도 단독적으로 마련하고 봅시다.
> (부담금 613,000환은 본리에서 부담하기로 가결)[6]

5 　김○○은 1990년 당시 한산면지 편찬위원회 총무였던 김영철의 아버지라고 한다.
6 　1953년 2월 17일 화폐 단위가 '원'에서 '환'으로 바뀌었다. 원과 환의 교환 비율은 100:1이었다. 1962년 6월 10일 '환'에서 '원'으로 다시 바뀌었다. 환과 원의 교환 비율은 10:1이었다. 1961년 무렵 쌀 한 말 가격이 1,300환이었다. 파고다 담배 한 갑이 300환이었다. 1961년도 국가 예산은 5,050억 환이었다.

신축 교사를 건립하는 과정에서 노동력 동원 및 분담금 납부를 두고 외항과 갈등을 빚었다. 외항에서는 학교가 내항에 위치하기에, 내항에서 주도적으로 공사를 하고 분담금도 더 많이 부담해야 한다는 입장이었다. 내항과 외항 사이에 갈등이 고조되자 내항에서는 동회를 개최하여 분담금 전액을 내항에서 부담하기로 결의하고, 학교부지 정지작업 역시 내항에서 단독으로 실시하자고 결정하였다. 정지작업은 보리갈이가 끝난 다음 농한기에 진행하기로 하였다.

학생 수가 증가하면서 교사 증축이 필요했지만, 기존 대지에서는 교사를 증축할 공간이 부족하였다. 1964년 결국 교사를 다시 이전하기로 결정하였다. 새로 학교가 들어설 부지를 정지하는 작업은 내항과 외항 주민들이 담당하기로 하였다. 하지만 외항 주민들이 부지 정리작업에 참여하지 않자 내항에서는 불만이 터져 나왔다. 내항에서는 외항에서 넘어오는 길을 막자는 의견이 대두될 정도로 감정이 악화되었다. 신축 건물은 1964년 착공하여 1965년에 교사 2동을 완공하였다. 1965년도에는 마을에서 학교로 이어지는 도로공사를 실시하였다. 동회 기록에 따르면, 1968년도에는 마을 주민을 2개 반으로 편성하여 학교부지 정지작업을 하였으며, 학교 건립을 위해 매입한 부지의 이전 수속을 완료하였다. 1968년 3월 24일부터 26일까지 마을주민들은 한산중학교 부지 정지작업에 참여하였으며, 1968년 11월 1일에는 중학교 증축 보조금 255,000원을 납부하였다. 1969년도에도 비진국민학교 운동장 정비 작업에 주민들이 동원되었다. 운동장 정비작업에 참여하지 않은 주민들에게는 공동체적 제제를 가할 정도로 학교 건립은 마을에서 중차대한 일이었다. 1968년 2월 8일에 개최된 동회의록에는 다음과 같이 기록되어 있다.

> 출역出役치 않는 호戶에 대하여는 당해 곽전藿田을 분배치 않는다. 그리고 곽전이 없는 호는 입산入山을 금지한다. 단 호주 서명을 받고 시작한다.

이처럼 마을에서 학교는 공동체의 재산이자 구심점이었다. 학교는 당산 바로 아래 건립되었다. 이곳은 마을을 내려다보는 위치이며, 마을 내에서 가장 넓은 공간이기도 하다. 학교 건물이 들어설 부지를 다지는 공사는 마을 주민 모두의 의무로 행해졌다. 이 의무를 게을리하는 사람에게는 제재를 가하기도 하였다. 한마디로 학교는 단순한 교육기관이 아니라 마을 주민들의 공동재산이자 문화적 자본이라고 할 수 있다. 학교 건물 부지정리 작업 및 건립에 필요한 지방 분담금 마련에도 마을 사람들의 희생이 따랐다. 학교 건립 과정에서 공동체적 규범과 제제를 통해 마을 사람들의 노동을 동원하였다. 비진국민학교의 신축 및 증축 과정을 연대별로 제시하면 다음과 같다.

1944년 4월 1일 비진국교 승격 2학급 편성
1946년 3학급 편성
1946년 10월 31일 교실 2동 및 변소 증축
1948년 6년제 3학급 편성
1949년 7월 18일 제1회 졸업 총 30명(남 23/ 여 7)
1955년 사친회 결성
    이사장: 박종선, 부이사장: 김인수, 회계: 천덕순
    사친회 총 예산금 301,000환
1955년 11월 4일 본교 후원회 여객선 광진호 신조 운항 개시
    총공사비 4,500,000환
1956년 2월 7일 사친회 개편
    회장: 박종범, 이사: 공석찬, 오문진, 박종원, 공석호, 감사: 김인수, 공석장
1956년 7월 9일 학교 건물 대수선, 상하 교실 및 부속건물
1957년 4월 1일 사친회장 오문진으로 교체
    8월 폭풍우로 학교 건물 대파손
1958년 1월 15일 건물 대수선 공사비 60,000환
    본교 후원회 객선 광진호 처분 4,000,000환
1960년 1월 22일 제6대 교장 박종대 취임
    4월 25일 학교 건물 이축 기성회 조직, 회장: 박영규

11월 14일 이축 교사 부지 정지작업 개시

12월 31일 이축 교사 건설 경쟁 입찰 48평 395,000환

1961년 3월 25일 이축교사 상량식

5월 29일 이축 기성회장 김태용 선출

6월 7일 이축 교사 이동(교무실, 4학년, 5학년, 6학년 이동)

1962년 4월 7일 이축 기성회 창립, 회장: 오문진 선출

5월 27일 이축 기성회장 박종우 선출

1963년 12월 10일 부락 단위 기성회 창립, 회장 박종우 선출

1964년 11월 27일 신축교사 착공(현교사 건물)

1965년 1월 10일 신축교사 2칸(교실) 준공, 학교 재이동(현교사)

신입생 입학 격년제가 실시되면서, 본 년도 적령 아동 입학 유예

1965년 9월 20일 제8대 박종대 교장 취임

1966년 4월 5일 5학급 배정

1967년 4월 25일 교실 3칸 증축 공사 착공

7월 10일 교실 3칸, 변소 1동 8칸, 창고 1동 준공

1968년 3월 1일 6학급 인가

8월 30일 1교실 증축 준공

1975년 9월 1일 10대 교장 박종대 취임

1982년 8월 20일 10대 교장 박종대 정년 퇴임식

8월 31일 퇴임

1989년 12월 20일 본관 5개 교실 1개 교무실, 교장실/현관 1칸 총 7개 교실 준공

1990년 현재 학년별 재학생은 다음과 같다.

1학년 13명(남 8/여 5), 2학년 10명(남 8/ 여 2), 3학년 14명(남 9/ 여 5), 4학년 14명(남 11/ 여 3명), 5학년 12명(남 6/ 여 6), 6학년 8명(남 4/ 여 4), 총계 71명(남 46/ 여 25)

유치원 총 12명(남 8/ 여 4): 4세 7명(남 5/ 여 2), 5세 5명(남 3/ 여 2)

〈사진 19〉 폐교가 된 비진초등학교 정문

〈사진 20〉 폐교가 된 비진초등학교 전경

1944년 4월 간이학교에서 국민학교로 승격된 이후 학교 건물은 수차례에 걸쳐 신축과 증개축을 거듭하였다. 1990년 당시 50대 이상의 부인들이 교사 건축에 필요한 자재를 선창에서 학교까지 머리에 이고 운반하였다고 한다. 교사를 세 차례나 이전하는 동안 동네 여자들은 머리숱이 다 빠져 남은 것이 별로 없었다고 할 정도로 고된 노동이었다. 남자들이 고기잡이를 위해 타지로 나간 사이 마을에 남아 있던 여자들이 노역에 동원되었다.

마을 주민들의 엄청난 노력과 재원이 투입되었던 비진국민학교는 학생 수가 감소하면서 폐교되고 말았다. 1999년 한산초등학교 비진분교로 편제되었다가, 2012년 3월 1일자로 폐교되었다. 비진국민학교는 1944년 개교 이래 졸업생을 총 1,023명 배출하였다. 학교의 폐쇄는 단순히 도서벽지의 학교 하나가 문을 닫는 경영상의 문제가 아니라, 마을공동체의 미래이자 중심인 아이들이 배우고 익히며 성장할 수 있는 시설과 공간이 사라졌음을 의미한다.

3. 선창

선창의 기능 중 가장 중요한 것은 자연재해로부터 주민들의 생명과 재산을 안전하게 보호하는 것이다. 선창이 없으면, 태풍이나 폭풍 등을 피할 수 없어 생존 자체가 위협받을 수 있다. 선창은 도서 지역의 생명선이나 다름없다. 다른 지역으로 왕래하기 위해서는 선박을 이용해야 하고, 선박을 안전하게 접안하기 위해서는 선창이 필요하다. 선창은 바람과 파도를 피할 수 있는 방파제 구실을 겸하고 있다.

사계절 바람과 파도에 노출되어 있는 비진도 내항에서 안전한 선창 건설은 주민들의 숙원사업이었다. 섬마을에서 선창은 사회간접자본의 일종으로 주민들뿐만 아니라 불특정 다수에게도 많은 편익을 제공한다. 하지만 선창 건설에는 엄청난 비용이 필요하다. 마을에서 최초의 선창은 서쪽 해안가에 건설되었다. 이곳은 동쪽 해변에 비하여 수심이 얕고 주변에 암석이 있어 상대적으로 파도와 바람을 피할 수 있는 곳이다.

〈사진 21〉 1920~1930년대 비진 외항 선창(사진 제공: 외항 오성환)

하지만 태풍이나 거센 폭풍이 몰아치면 파도가 선창을 넘어 선박을 파괴하고 심지어 선창 시설까지 파손된다.

선창은 어업활동의 필수적인 시설로서 어촌 주민의 일상생활과 경제활동에 핵심적인 역할을 한다. 선창은 어선이 안전하게 출입하거나 정박하고, 어획물을 양륙하거나 어업에 필요한 도구와 물품을 선적하는 시설이다. 기상이 악화할 때 어선을 안전하게 피항할 수 있는 근거지이며, 선박과 어구를 수리하고 손질하는 장소이기도 하다. 선창은 기본적으로 방파제, 선박 계류장, 물양장 등의 역할을 한다. 여기에 더하여 어선과 어구를 보관하고 수리하고, 수산물을 유통하고 판매하는 장소가 되기도 한다. 상시 드나드는 여객선, 각종 생활필수품을 운반하는 운반선, 그리고 정부 기관의 각종 행정선이 선창을 통해 출입한다.

한 정보제공자는 섬사람들은 일기예보에 능통해야 살아남을 수 있다고 말했다. 옛

날에도 태풍이 닥칠 징조가 보이면 이장의 지시로 소사가 동네 안팎으로 내달리면서 태풍이 온다고 알렸다. 그러면 온 동민이 해안가로 나와 일사불란하게 동네의 어선들을 끌어 올렸다. 밧줄은 칡넝쿨을 엮어서 만들었다고 한다. 현재 동사무소가 있는 장소까지 끌어 올려 태풍의 피해를 막았다. 해마다 이런 일이 반복되었다. 태풍에 해일로부터 선박을 지키기 위해서는 안전한 선창이 필요했다. 선창을 뒤엎을 만큼 큰 파도가 몰려오면 선박들은 '안도'로 피항한다. 태풍과 같은 큰 파도를 피해 피항하는 것을 '석 간다'고 표현한다. 선박을 소유하고 있는 가족은 물론 선박을 소유하고 있지 않은 사람들도 피항을 떠나는 어선들을 배웅한다. 남자들은 선창에 나와 밧줄을 풀어 주고 필요한 도구를 날라다 주는 등 선박의 피항을 돕는다.

비진도는 외항과 내항 모두 해안이 서쪽을 향해 있어 태풍의 피해가 자주 발생하며, 주민의 생활과 어선의 피해를 방지하기 위해 선창 증축과 유지에 엄청난 노력을 기울이고 있다. 마을을 형성한 이래 주민들이 자력으로 만든 선창이 있었지만, 규모가 작아 파도에 쉽게 유실되어 자주 보수해야만 했다. 어선어업이 활발하게 진행되면 될수록 안전한 선창 건설이 시급해졌다. 1927년 박종하와 박문첨이 주도하여 새로 선창을 건설하였다. 당시 건설되었던 비진도 선창(제방)은 『통영군지』에도 소개되어 있다.

> 정묘년(1927) 봄에 마을 사람 박종하와 박문첨 두 사람이 주도하여 선창을 건설하기로 동리 사람들과 의논하고 한 달여 간의 노역 끝에 준공을 보았다. 길이 70간(1간은 6자)에 폭은 2간 정도였으며 높이는 20자였다. 공사비는 주민들의 부담과 보조를 합쳐 5천 엔이었다. (재인용, 한산면지 편찬위원회 1992: 814)

마을 주민들이 돌을 쌓아서 만든 최초의 선창은 높은 파도를 견디지 못하고 쉽게 유실되었다. 1931년 경상남도의 보조로 시멘트와 돌을 섞어 새로 선창을 완공하였다. 콘크리트 공법으로 축조되었다. 마을에서는 제1차 선창 공사로 부르며, 이때 축조했던 선창이 '안선창'이다. 제1차 선창 공사 이후 선창의 규모가 커지자 마을 어선은 물론 다른 지역 어선들까지 이곳에 계류하면서 선창이 비좁아졌다. 1933년 박종하가 경상남도청에 찾아가 실정을 호소하고 선창 증축을 요구하여, 1933년 7,000엔의 공사비를 보조받아 선창을 증축하였다. 1934년 박종하의 기부금으로 바깥 선창이 완공되었다.

하지만 1936년 태풍으로 선창의 절반 이상이 유실되고, 선창 안에 계류 중이었던 선박 대부분이 파손되었다. 당시 한산면장이었던 박종하(1935~1940)는 경상남도에 선창 복구를 건의하였다.[7] 비진도가 통영 해역의 중앙에 있고 인근 바다가 황금어장이라는 점을 강조하며, 동 해역에서 조업하는 선박들이 계류할 수 있는 규모의 선창 축조가 필요하다고 건의하여 대대적인 공사가 착공될 수 있었다. 1937년 일본 회사인 '다케모토쿠미竹本組'에서 시공하였다. '다케모토쿠미' 회사는 근대식 장비와 최신식 기술로 비진도 선창을 거문도 다음가는 제2종항 규모로 준공하였다. 언론에서는 '이상적 방파제'를 준공하여 노도와 같은 파도에 불안한 섬 주민들이 갱생할 수 있게 되었다고 보도하였다.

> 통영군 한산면 비진도의 방파제 공사는 도민들의 다년에 걸친 숙원이었다. 거대한 공사비를 들여 소화 9년(1933) 가을에 드디어 이상적 방파제를 준공하였지만, 겨우 2년도 채 못되어 지나간 여름에 큰 폭풍을 만나 산산조각木葉微塵으로 파손되어 도민 일동은 항상 거친 파도에 위협을 받아 비탄에 잠겨있었다. 다행스럽게 도 당국의 허가로 동 방파제 복구공사는 응급 재해 복구 비용으로 계상되었다. 작년 가을 이후 6천 4백 5십 엔의 공사비로 지금 급속히 복구공사를 진행하고 있다. 이것으로 겨우 근심에서 벗어나게 된 도민은 갱생의 빛이 넘치고 있다. (부산일보 1937.1.22.)

마을에서는 선창 건설에 재원을 기부하고 경상남도의 공사비 지원을 주도했던 박종하의 공로를 인정하여 마을 내 두 곳의 지선어장을 전유케 하였다. 마을 앞 '안골 영

---

7   박종하는 1935년 6월 한산면장으로 취임(부산일보, 1936.6.13.)하여, 1940년 2월 퇴임하였다(부산일보, 1940.2.10.).

끝' 어장과 '선창 너머' 어장의 어업허가권을 부여하였다. 이곳 어장에서 멸치를 어획하는 외지의 어선은 박종하에게 입어료를 지급해야 했다. 어업허가를 부여했던 '안골영끝' 어장 앞 바위 위에 비석을 세워 그의 허가권을 명확히 하였다. 비석의 전면에는 '경남정치망어업 제1230호慶南定置網漁業 第壹貳參0號'라는 글귀가 새겨져 있으며, 옆면에는 '취유자 박종하聚有者 朴鍾廈'라는 글자가 음각되어 있다.[8] 이 비석은 무동력 권현망 어선이 멸치를 어획하면서 밧줄을 묶어 그물을 당기는 용도로 사용되었다고 한다. 하지만 1960년대 이후 수산업법 제정과 함께 박종하의 정치망어업 허가권은 효력이 정지되었으며, 후손들이 외지로 이주하면서 자연스레 마을 어장으로 귀속되었다. 선창 건설을 주도했던 박종하의 공을 기려 1934년 송공비를 세웠다.

박종하의 도움과 마을 사람들의 노력으로 준공했던 선창은 20여 년간 선박의 안전을 지켜주는 '간성干城' 구실을 하였다. 하지만 1959년 추석날 아침 남해안을 강타했던 태풍 사라호로 선창의 1/3 이상이 파괴되고 유실되었다. 선창이 파손되면서 어선은 물론 여객선마저 제대로 접안할 수 없게 되었다. 외부로 나가거나 마을로 들어오는 선박은 물론 마을 주민들의 생활 또한 불편이 가중되었다. 1959년 사라호 태풍으로 파손되었던 선창은 1966년에 이르도록 복구되지 않았다. 다음은 『마산일보』에 파손된 선창의 사진과 함께 실린 기사이다.

> 통영군 한산면 비진도 내항 부락(총 120여 호, 750여 명) 앞 방파제는 35년 전 일제 당시 만들어진 노후한 방파제로(길이 50m) 어민들의 유일한 생명선이 되어 왔으나 5년 전 남해안을 휩쓸고 간 '사라호' 태풍으로 파괴된 채 수차에 걸친 주민들의 진정에도 당국의 보수책이 없어 70여 척의 어선들이 험한 파도에 몰려 날로 파괴되어 가고 있는 실정이다. (마산일보, 1966.11.6.)

---

8   2003년 태풍 '매미'가 남해안을 강타했을 당시 비석을 지지하고 있던 암반이 무너지면서 암반과 함께 비석도 유실되었다. 현재는 흔적조차 남아 있지 않다.

〈사진 22〉 태풍으로 파손된 도로와 선창(사진 출처: 내항 마을회관)

　1973년 경상남도 보조금으로 마을 중앙에다 새로 선착장을 건설하였다. 매년 10~15m씩 쌓아가는 연차적 사업이었다. 선착장은 이전의 선창과 달리 마을 입구 한가운데에 건설되었다. 주민들과 이용객들의 편리를 고려하여 선착장에서 마을회관 앞까지 도로가 연결되었다. 선착장이 건설되면서 마을 앞 해변은 선착장을 중심으로 양분되었다. 1986년 9월 26일 기준으로 작은 선착장 22m, 큰 선착장 118m로 총 140m였으며 폭은 3m였다. 작은 선착장과 별개로 길이 38m 폭 3m의 선창과 해안도로 360m를 완공하였다. 아울러 마을회관 아래에 길이 124.5m 폭 5m에 달하는 방파제를 설치하였다.

〈사진 23〉 부두용 뗏목 설치 작업(사진 제공: 김덕조)

    10여 년에 걸친 공사가 마무리될 즈음이었던 1986년 9월에 불어 닥친 태풍과 1987년 7월에 발생했던 태풍 셀마로 선착장은 완전히 파괴되고 말았다. 1987년 태풍 셀마 이후 긴급하게 복구공사를 진행하여 현재 사용하고 있다. 1990년 중앙정부와 경상남도의 지원을 받아 다시 공사를 재개하였다. 태풍으로 파손된 선창은 국비와 도비를 합하여 총 5억 5천만 원의 공사비로 기존 선창을 복구하면서 동시에 연장공사를 시작하였다. 높은 파도를 방지할 수 있도록 '삼발이'로 불리는 테트라포드tetrapod를 설치하여 보강공사를 하였다.[9]

---

[9] 2003년 9월 태풍 '매미'로 선창은 또다시 거의 전파되었다. 2013년 안전행정부로부터 비진도 내항 항

이처럼 선착장은 엄청난 재원과 노동력이 투입되는 사업이지만 태풍으로 순식간에 사라지기도 한다. 2021년 현재 안선창이 있었던 해안은 매립하여 물양장으로 사용하고 있으며, 물양장 바깥으로 긴 방파제를 건설하여 안전한 항구를 만들었다. 마을 앞 중앙에는 약간 사선으로 선창을 건설하고 선창 끝부분에 테트라포드를 설치하여 파도를 막아주고 있다. 선창 안쪽에는 뗏목으로 가설 부두를 설치하여 조수와 관계없이 선박이 안전하게 접안할 수 있도록 하였다.

  한편, 선창은 동제와 별신제, 그리고 용왕제나 뱃고사를 지내는 의례적 공간이기도 하다. 의례적 공간인 선창 안에 있는 나무들은 보호의 대상이다. 이곳에는 아름드리 활엽수와 상록수들이 우거져 있으며, 천연기념물 제63호 팔손이나무 자생지이기도 하다. 선창 안에는 이곳이 팔손이나무 자생지임을 알리는 비석이 두 개 있다. 하나는 일제강점기에 세운 비석이며, 다른 하나는 1962년 대한민국 정부에서 세웠다. 일제강점기에 세운 비석의 전면에는 '천연 제63호天然 第六三號'라는 글귀와 함께 '巨濟ノやつで 自生(地)'라는 글자가 음각되어 있다. 조사 당시 비석 하단부의 마지막 글자('地')는 시멘트 바닥에 묻혀 있어 식별하기 어려웠다. 후면에는 '조선총독부朝鮮總督府'라고 새겨져 있다. 대한민국 정부에서 세운 비석의 전면에는 '(천연기념물 제63호) 팔손이나무 自生地', 후면에는 '지정일 1962년 12월 3일, 소재지: 경상남도 통영군 한산면 비진리 산 51, 면적 159.030평, 소유자: 사유'라는 글귀가 음각되어 있다. '천연기념물 제63호' 라는 글자는 판독이 어려울 정도로 마모되어 있었다. 두 비석은 설립 시기와 주체가 서로 다르지만, 모두 팔손이나무가 천연기념물 제63호라는 사실과 비진도가 팔손이나무 자생지임을 알리는 내용을 고지하고 있다.[10]

　　만공사에 교부금 10억 원이 배부되었다(경남신문, 2013.12.30.).
10　2021년 현재 일제강점기에 세운 비석은 선창 안의 숲 아래쪽 울타리 바깥에 있고, 대한민국 정부에서 세운 비석은 울타리 안쪽 비탈진 사면에 있다.

〈사진 24〉 일제강점기에 세운 비석   〈사진 25〉 대한민국 정부에서 세운 비석

    1940년대까지 안선창 안쪽에는 팔손이나무가 울창한 숲을 이룰 정도로 거목이 많았다고 한다. 하지만 1950년대 이후 사람들이 팔손이나무를 몰래 캐가면서 자생지인 비진도보다는 외지에서 흔히 볼 수 있게 되었다. 1960년대 이후 팔손이나무가 정원수 혹은 관상수로 호평을 받으면서 비진도의 팔손이나무는 도벌과 관리 부실로 거의 멸종 상태에 이르렀다. 이와 같은 사실은 1966년 3월 20일 발간된 신문 기사에서도 확인된다.

    통영군 한산면 비진도를 비롯 욕지면 국도를 원산지로 자생해 온 이 나무는 1938년 5월 3일 당시 조선총독부령에 의해 천연기념물 제63호로 지정 알뜰히 관리 보호되어왔으나 해방과 더불어 당국의 관리 소홀해지자 인근 주민들에 의해 80년 생 이상의 아름드리나무가 도벌되었고 부산 마산 등지의 정원사들에 의해 3·4년생이 마구 도취되어 현재에 이르렀다. 20여 년 전 이곳 국도와 비진도에는 아름드리 팔손이나무가 하늘을 가릴 듯 무성했으나 신경통 등 가종 고질병에 특효약이 된다는 낭설에 의해 마구 도벌된 것인데 현재 비진도에 3·4년생 5·6주가 뒤늦게 통영군 교육청에 의해 보존되고 있으며 국도에 80여 주의 애숭이 나무가 당국의 아무런 보호도 없이 산비탈 곳곳에 버려진 채 자생하고 있는데 당국의 시급한 보호책이 강구되지 않는 한 멸종이 우려되고 있어 이의 대책이 아쉽다. (마산일보, 1966.3.20.)

천연기념물로 지정된 팔손이나무는 두릅나무과의 상록활엽수이며 잎이 어긋나고 잎 자루가 길다. 성장하면서 잎이 8~9갈래로 갈라진다. 11월 무렵에 백색 꽃이 핀다. 과실은 콩 모양이며 5월에 검게 익는다. 현재 팔손이나무는 통영군의 군목으로 지정되어 있다. 팔손이나무는 남부 지역에 흔히 자라고 있으며, 재배가 용이하여 널리 보급되어 있다. 따뜻한 해안 지역 산기슭과 골짜기에 자생했던 식물로, 한국에서는 통영군과 거제군 일대에 널리 분포하고 있다. 일본에서는 기후가 온난한 규슈 지역에 자생하는 식물로 알려졌다. 일제강점기에 규슈 지역보다 북쪽인 비진도와 욕지도에 팔손이나무가 자생하고 있음이 특이하다 하여 천연기념물로 지정되었다고 한다.

이처럼 선창은 선박을 피항하거나 수리하고 정박시키는 중요한 시설일 뿐 아니라 동제와 뱃고사를 지내는 의례적인 장소이기도 하다. 의례적 장소로서의 선창은 신성한 공간으로 간주된다. 오랫동안 마을 차원에서 선창 안의 팔손이나무와 여타 거목들을 보호하였지만, 해방 이후 무분별한 채취로 팔손이나무와 그 자생지가 크게 훼손되기도 하였다. 현재는 두 개의 비석과 별도로 통영시에서 안내판을 세워 이곳이 팔손이나무 자생지임을 알리고 있다. 팔손이나무 자생지 외곽에는 철제울타리를 설치하여 사람들의 접근을 차단하고 있다.

제7장

지선어장과 어촌계

1. 공유재산과 마을공동체

최근 한국 사회는 산업화, 도시화, 인구증가, 무분별한 자원개발, 환경오염 등으로 자원이 고갈되고, 자원 이용에 사회적 비용과 환경비용이 급격히 증가하고 있다. 특히 어촌사회는 지속적인 남획과 환경오염으로 자원이 고갈되면서 거의 재난에 가까운 상황에 노출되고 있다. 어촌의 공유재산인 지선어장地先漁場, 즉 마을어장도 예외는 아니다.[1] 일부 학자들은 어장을 공유하고 있는 마을공동체가 비자본성, 영세성, 전근대성으로 인하여 낙후되고 정체되어 있다고 진단한다(김재천 1993: 46; 박광순 1996: 46, 1998: 64; 최재율 1996: 277). 이와 같은 상황을 탈피하기 위해서는 자본제적 생산관계 혹은 사유화가 도입·실시되거나(박광순 1996, 1998 등), 수협의 하부조직인 어촌계를 통한 국가의 개입이 필요하다는 주장(강원식 1970; 권정호 1987; 김우성 외 1985; 장수호 1979 등)이 대두

---

1   마을어업의 법적 근원은 일제강점기인 1911년 제정·공포되고 1912년에 시행된 어업령에서 찾을 수 있다. 1929년 제정된 조선어업령은 일정 지구 안에 거주하는 어업자의 공동이익을 보장하면서 마을어업의 성격을 규정하였다. 해방 이후 1953년 제정된 수산업법은 조선어업령을 그대로 답습하였다. 단지 전용어업이 공동어업으로 명칭만 바뀌었다. 이후 공동어업은 제1종 공동어업으로 바뀌었다가 1995년 마을어업으로 변경되었다. 제1종 공동어장은 일정한 지선수면의 어업권을 전용한다고 하여, 지선어장으로 불리기도 한다. 여기에서는 정보제공자들의 용어 사용법에 따라 지선어장으로 표기하고 있다.

되었다.

이런 입장은 공유재산은 파탄에 이를 수밖에 없으며, 파탄을 피할 수 있는 대안은 공유재산의 사유화 또는 강제적인 법집행 및 조세징수를 통한 국가기관의 통제뿐이라는 주장(Hardin 1968)과 일맥상통한다. 즉 개인의 이익과 집단 전체의 이익 사이에는 공존할 수 없는 갈등이 존재한다는 것이다. 공동자원을 운영함에 있어 개인의 자유는 모든 사람에게 피해를 가져온다는 이론은 정부의 개입을 촉구하고 있다. 공유재산 파탄이라는 개념은 점차 정부가 인구, 사회, 그리고 환경 문제에 적극적으로 개입해야 한다는 주장으로 발전되었다(McCay & Acheson 1987: 5). 어업에 있어 국가 개입의 대표적인 사례로는 어업 허가제도, 어획량 규제, 세금부과, 어종별 면허제도, 어로기간 또는 금어기간 설정 등이 있다.

일제강점기에 제정되었던 각종 수산 법령은 1950년대에 와서야 정비되거나 개정되었다. 1953년 수산업법이 제정되었으며, 1962년 수산업협동조합법이 제정되었다. 수산업협동조합법 제정으로 어민의 최하부 협동조직체로 어촌계가 탄생되었다. 어촌계는 자연 촌락 단위의 어촌 주민들이 서로 협력하여 생산력을 증진시키고, 경제적 및 사회적 지위 향상을 도모하려는 목적으로 구성되었다. 어촌계는 각종 해조류와 어패류의 서식처인 제1종 공동어장의 이용과 관리의 주체가 되었다.

어촌계 설립의 표면적 이유는 영세 어민들이 공동어장의 자원을 공동으로 관리하고 이를 생산·분배함으로써 어민들의 생활이 향상될 수 있다는 것이었다. 그러나 어촌사회의 특수한 역사적 배경과 관습, 문화적 가치와 제도의 유형을 간과한 채 획일적으로 제정된 법령은 어촌사회에서 주민들 간 또는 인근 마을 간의 반목과 분쟁을 불러왔다(전재경·이종길 1997 참조). 특히 1963년 수산업법이 개정되면서 어촌사회의 불화는 표면화되었다. 수산업법이 개정되면서 기존의 권리관계가 동요되고 관습에 의해 유지되어 오던 공동어장 사용과 그 범위가 부정됨으로써 지역사회 곳곳에서 분쟁이 발생하게 되었다.

어촌사회는 경계구분이 명확하고 폐쇄성이 강해 구성원들 간의 의무와 기대, 그리고 상호감시가 가능하다. 마을 주민들 혹은 어촌계원은 정부 기관과 수협으로 연결되는 사회정치적 연망의 최하부에 위치한다. 마을 차원에서는 수협이나 정부 기관의 법적 제도적 강제보다 공동체적 규제가 더 강력한 효과를 발휘한다. 어촌계는 마을 어장을 관리하고 이용하면서 단순한 생산효율보다 공동자원의 평등한 접근과 균등한 분배를 우위에 둔다. 자원의 균등한 배분과 이용은 강력한 사회적 자본으로 기능한다. 시장경제에 노출되는 정도가 높아지고 국가의 개입이 증대될수록 오히려 공동체성이 강화되기도 한다. 오랜 기간 축적된 사회적 자본은 마을의 공동체성 강화에 결정적인 역할을 한다. 높은 수준의 사회적 자본은 튼튼한 사회적 연결망, 돈독한 신뢰 관계 및 일반적인 호혜성을 바탕으로 축적된다(김도균 2010: 199).

2. 어촌계 설립과 지선분쟁

1) 어촌계 설립 이전

한산도 지역에는 비교적 빠른 시기에 어업 관련 단체가 설립되었다. 일찍부터 어업 관련 단체가 설립되었다는 사실은 이 지역에서 어업활동이 활발히 전개되었을 뿐 아니라 해산물 또한 풍부했음을 말해준다.

1896년 제주 해녀들이 한산도와 인접한 거제군 동부면 저구리(지금의 남부면 저구리)의 영친왕 소유어장에서 천초(우뭇가사리)와 은행초(도박)를 발견하여 채취하기 시작하였다. 1898~1902년 무렵에는 해녀 100여 명이 저구리에 근거지를 두고 작업하면서 영친왕궁에 사례금 혹은 세금 명목으로 50원을 바쳤다. 1907년 저구리의 해녀와 지역 어민들이 〈모곽전조합〉을 설립하였다. 지역주민과 해녀가 함께 조합원으로 가입하여 채취구역을 나누고 구역의 크기와 생산량에 따라 구역별로 5원에서 70~80원씩 조합에 납부하였다.[2]

---

[2] 『동아일보』(1928.05.05.). 신문 기사에는 융희 원년을 명치 29년이라 표기하고 있지만, 오기라고 판단된다.

1908년 〈거제한산모곽전조합巨濟閑山毛藿田組合〉과 〈거제한산가조어기조합巨濟閑山加助漁基組合〉이 설립되었다.³ 1907년 저구리에서 설립되었던 〈모곽전조합〉과 거제한산모곽전조합은 설립 시기와 관할지역을 미루어 서로 연관성이 있을 것으로 짐작된다. 일부에서는 저구리의 '모곽전조합'이 '거제한산모곽전조합'으로 인가되면서 관할구역이 한산도까지 확대되었다고 추정한다(통영수협 2014: 166). 거제한산모곽전조합과 거제한산가조어기조합은 설립 이후 지역 내 학교 설립 및 교육사업을 적극적으로 지원하였다. 1910년 두 조합은 〈거제한산가조어기모곽전조합巨濟閑山加助漁基毛藿田組合〉으로 합병되었다(박구병 1983; 수산업협동조합중앙회 1980: 7~10).⁴

1912년 11월 3일 거제한산가조어기모곽전조합 한산출장소가 설립되었다. 하지만 1912년 조선총독부에서 어업령(총독부령 제14호)을 제정·시행하면서 거제한산가조어기모곽전조합이 해산되었다.⁵ 거제한산가조어기모곽전조합이 해산되고 2년 후인 1914년 10월 2일⁶ 또는 10월 5일⁷ 한산면어업조합이 설립되었다. 한산면어업조합 창립일이 10월 2일 혹은 10월 5일인지는 불분명하다. 『조선은행회사조합요록』 1937년판 및 1939년판에서는 설립일을 1914년 10월 2일로 기재하고 있다. 한편 조선총독부 관보 〈1930-12-16 제1187호 상업 및 법인등기〉에는 설립 일자가 1914년 10월 5일로 명시되어 있으며, 1934년 10월 5일 창립 20주년을 기념하여 어로 경기를 개최하였다는 신문 기사가 있다(부산일보, 1934.10.11.).

한산면어업조합의 모태는 거제한산가조어기모곽전 조합이라고 할 수 있다. 한산면

---

3 두 조합의 성격을 두고 논란이 분분하다. 한편에서는 두 조합 모두 업종별조합/동업자조합(수산업협동조합중앙회 1980: 8) 혹은 지구별조합/지역별어업생산자단체(김승·최정윤 2013)라고 정의하였다. 다른 한편에서는 거제한산가조어기조합은 지역단위 조합으로, 거제한산모곽전조합은 업종별조합으로 구분하였다(통영수협 2014: 167).
4 어기漁基는 어장, 어조, 방렴 등을 포괄하는 개념으로 고기잡이하기 좋은 장소를 말한다. '모곽毛藿'은 우뭇가사리와 미역을 일컫는다.
5 조선총독부는 1911년 6월 3일 어업령(전문 35조) 및 어업령시행규칙, 어업취체규칙 등을 공포하고, 1912년 4월 1일부터 시행한다고 발표하였다(통영수협 2014: 173).
6 『한산면지』(1992: 118~119).
7 『통영수협100년사』(2014: 184).

어업조합은 공동사업의 어업권 행사 및 자제 교육비 기부 등을 설립 목적으로 하였다. 초대 조합장은 두억리 망곡 출신 김병호金柄鎬였으며, 조합원은 조선인 250명이었다. 한산면어업조합은 설립 당시 두억리 315번지[8]에 조합 사무소를 두었다. 1930년 10월 9일 추봉리 908-1번지[9]의 가정집에 출장소를 두었다가 이듬해인 1931년 추봉리 908-4번지[10]에 목조건물 20평을 건축하여 조합 사무소를 이전하였다. 어업조합 이전 당시 조합장은 비진도 내항의 박종하였으며,[11] 이사는 노익수盧翊守였다. 박종하는 어업조합 설립 이후 감사로 재직하다가 총대회에서 조합장으로 선출되어 세 차례 (1931.07.22.~1934.5.24., 1938.01.11.~1941.01.10., 1944.10.28.~1947.10.27.) 조합장을 역임하였다 (통영수협 2014: 186). 두 번째 임기는 한산면장 신분으로 조합장에 선출되었다.[12] 한편, 1939년 '한산면어업조합'에서 '한산어업조합'으로 명칭을 변경하였다.[13]

한산면어업조합은 1918년 기준으로 조합원은 한국인 250명, 어업권수는 12건이었다. 조합원 중에서 일본인은 없었다. 한산면어업조합은 공동사업으로는 어업권을 행사하고, 수익금 일부를 조합원 자녀들의 교육비로 기부하였다. 한산면어업조합은 설립 이후 꾸준히 성장하여 1926년에는 조합원수 651명에 총어획고 101,635원, 총판매고 4,953원으로 늘어났다. 어업자금을 총 32명에게 6,770원을 대부하였다. 조합보유 어업권의 종류와 건수도 늘어나 정치 4건, 정소 1건, 전용 15건에 이르렀다. 1927년도 기준 조합원 659명, 어선 317척, 총어획고 55,950원, 기금 1,561원, 사업자금 2,291원, 구휼자금救恤資金 1,558원, 총자산 5,410원이었다. 조합이 보유하고 있는 어업권은 제1종 4건을 포함하여 총 17건이었으며, 수입은 843,040원이었다.[14] 해방 직후인 1947년

---

8 현재 두억리 대촌 마을 입구의 논으로 사용되고 있는 곳이다.
9 현재 추봉리 봉암 마을회관 앞 건물 자리이다.
10 현재 추봉리 봉암 마을회관 자리이다.
11 비진도 내항에서는 조합 사무소 이전 당시 조합장이었던 박종하를 초대 조합장으로 기억하고 있다.
12 1937년 11월 20일 박종하는 한산면장 신분으로 한산면어업조합장으로 선출되었다(매일신보사, 1937. 11.24.).
13 공식적으로 1939년 1월 26일 한산면어업조합에서 한산어업조합으로 명칭이 변경되었다(조선총독부관보 1939-3-17 제3646호 상업 및 법인등기)
14 1938년 한산어업조합에서 추원리 해안 2만 5천여 평에 (투석식) 굴 양식을 시도하여 우수한 성적을 거

도 말 기준으로 조합보유 자산은 건물(기와집) 45원, 차입금 3,860원, 대부금 6원, 위탁판매고 18,088원, 공동구입고 1,892원이었으며, 손익수입 1,909원, 손익지출 1,909원, 사업비 495원이었다. 1955년 당시 조합원 수는 975명이었다(한산면지편찬위원회 1992: 119).

1962년 수산업협동조합법 및 동법시행규칙에 따라 1962년 4월 21일 한산어업협동조합이 설립되었으며, 통영군 한산면 일원을 관할구역으로 삼았다.[15] 설립 당시 한산어업협동조합 정관을 살펴보면 다음과 같다.

> 제1장 총칙
> 제1조(설립과 명칭) 본 조합은 수산업협동조합법 제16조의 규정에 의하여 설립되며 한산어업협동조합이라 한다.
> 제2조(목적) 본 조합은 조합원의 공동이익을 증진하여 그 경제적·사회적 지위를 향상시키고 어업 생산력의 증강을 도모하여 국민경제 발전에 기여함을 목적으로 한다.
> 제3조(구역) 본 조합의 구역은 통영군 한산면 일원으로 한다.
>
> 제2장 어촌계
> 제11조(어촌계) ① 본 조합은 본 조합의 하부조직으로써 어촌계를 둘 수 있다.
> ② 어촌계의 규약을 따로 정한다.
> 제12조(어촌계의 대표) 본 조합장은 어촌계를 대표한다.

한산어업협동조합이 설립되면서 관내 전 어장과 정치망은 한산어업협동조합이 소유권을 보유하게 되었다. 한산어업협동조합 산하 어촌계는 일정액의 조합비(사용료)를 지불하고, 어업협동조합으로부터 사용권을 인정받는 형태로 운영되었다. 수산업협동

두었다(부산일보, 1938.03.13.).
15　한산어업협동조합은 1972년 7월 31일 욕지어업협동조합과 함께 통영군어업협동조합으로 합병되었다.

〈사진 26〉 해산 직전 한산어업협동조합 건물과 직원들(사진 출처: 통영수협백년사)

　조합법이 제정되면서 마을공동체를 대신하여 어촌계라는 수협(또는 국가)의 하부조직이 지선어장(제1종 공동어장)의 법적인 주체가 되었다. 즉, 어촌계가 공동어장 사용권의 주체로 설정되면서 정부 혹은 수협이 어촌 공동체를 장악하게 되었다고 할 수 있다(이완근 1990: 121).
　1963년 비진리 내항에도 어촌계가 조직되었다. 당시 지선어장에서 경제적으로 가치가 높았던 해조류는 우뭇가사리와 미역이었다. 해동초海東草 또는 석화채石花菜로 불리는 우뭇가사리는 1890년대 이후 일본으로 수출되면서 가격이 대폭 상승하였다. 우뭇가사리의 가격이 가장 높았던 1930년에는 미역 가격의 1,066배에 달할 정도였다(김수희 301~302). 해방 이후에도 우뭇가사리는 마을의 주요 생산품이었다. 비진도의 미역은 조선시대 통제영에 '진상'을 했다고 한다.[16] 한 주민은 비진도 미역을 통제영에 '진상'했었다는 사실을 강조하면서 "비진도의 미역은 비곽比藿이라는 이름으로 불릴 정도로 질이 좋기로 소문이 났었다"고 자랑스레 말하였다. 마을의 성원권은 마을 지선어장에서의 모곽전 채취권을 의미할 정도로 우뭇가사리와 미역은 마을 사람들에게는 생계의 밑천이 되는 해산물이었다.

　모곽전이라는 한정된 자원을 효율적으로 이용하기 위하여 외부인에게는 채취권을 허용하지 않고 내부적으로도 입호제도를 두어 성원의 수가 늘어나는 것을 방지하는 장치를 두었다. '모곽전'이라 일컬었던 지선어장의 분배와 추첨은 주민들에게 아주 중요하고 공평을 요구하는 일이었다. 모곽전 추첨은 동회에서 공개적으로 진행되었으며, 반채권半採權 허가와 잡해조 처분은 공고를 게시한 다음 공개입찰 방식으로 채취권을 빈매濱賣하였다. 빈매는 공동어장 내 서식하는 해산물에 대한 채취권을 판매하는 것을 일컫는다. 빈매는 지선어민들이 해조류나 어패류를 직접 채취하거나 포획하는 것이 기술적으로 어렵기 때문에 나잠업을 전문으로 하는 어촌계원 또는 외부인들에게 공개입찰 또는 수의계약 형식으로 입어행사권을 위임하여 행사하게 하는 방식이다(박경용 1990: 41 참조).

　공개입찰을 하지 못하거나 마을의 사정이 곤란한 경우에는 수의계약을 통해 어업권 혹은 채취권을 처리하였다. 모곽전은 대개 10곳에서 13곳으로 나누어 운영했다. 모곽전 이외의 해조류 채취권은 마을 주민에게 빈매하고 수심이 깊은 해역에 서식하는 해산물은 나잠업자에게 반채권 형태로 빈매했다. 반채권은 수확량의 절반은 마을에 귀속시키고 나머지 절반은 나잠업자가 가지는 것을 말한다. 채취된 해조류는 한산어업협동조합이나 개인 중매업자를 통해 판매하였다. 양식미역이 생산되기 전까지 미역 한 단의 가격은 쌀 한 말 가격과 같았다고 하였다.

16　조선 후기 미역은 소금과 더불어 중요한 수세(균역세)의 대상이었다. 균역법 시행으로 정조(正祖) 연간에 통영지역의 어염(魚鹽)과 곽전(藿田)에 대한 국가의 통제가 더욱 심해졌다고 한다(이종길 1997: 87). 따라서 통제영 관내였던 비진도의 미역밭은 일찍부터 국가의 간섭 아래 있었던 것으로 짐작된다.

〈사진 27〉 씨릿대

마을 사람들은 갯바위나 수중 암반에 달라붙어 서식하는 따개비와 잡초 등의 수생생물을 '씨릿대'를 이용하여 긁어내는 작업을 하였다. '씨릿대'는 긴 장대 끝에 넓적한 쇠붙이를 붙인 도구이다. 미역이 자생할 갯바위를 닦는 작업을 일컬어 '기세' 혹은 '쩍 씰는다'고 하였다. 기세 작업은 겨울철 바닷물이 많이 빠지는 다섯 혹은 여섯 물에서 열한물까지가 적기였다. 배정받은 구역의 크기와 상태에 따라 여러 날 동안 기세를 하기도 하였다. 기세는 미역 포자가 잘 부착하도록 서식 환경을 깨끗이 청소하여 차후 미역 생산량을 늘리기 위한 일종의 정지 작업이다. 따라서 육지의 파종 전 '밭갈이'와 유사한 과정이라고 할 수 있다.

지선어장에서 미역 이외에 해조류는 마을 주민들에게 빈매를 통해 채취권을 이양하고, 수심이 깊은 곳에 서식하는 어패류는 채취기구와 어선을 소유하고 있는 나잠업자 (해녀배)에게 선불로 일정액을 지급받거나 수익의 절반을 나누어 가지는 반채권 방식으로 빈매하여 수확하였다. 내항의 '리동재산수지부里洞財產收支簿'를 보면 1959년 이전부터 곽전(일본의 영향으로 '和布'로 기록)은 마을 구성원들에게 채취권을 주어 채취케 하였으나 우뭇가사리('天草'로 표기)는 빈매한 것을 알 수 있었다.

비진 마을이 내항과 외항으로 분동되기 전에는 지금의 동사무소, 즉 동사洞舍는 내항에 있었다. 당시 외항은 작은 마을로 큰 마을인 내항에 부속되어있는 형태였다. 공동 어장은 전 주민이 지금의 동사무소에 모여서 추첨식으로 모곽전을 분배하였다. 마을 주민들은 추첨으로 배당된 구역의 조장에게 채취료를 지불한 다음 해당 구역에서 해산물을 채취할 수 있었다. 하지만 1959년 이전의 비진도 마을의 모곽전 분배에 대한 기록은 사라호 태풍으로 어촌계 관련 서류들이 유실되어 자세한 내용은 알 수 없다.

마을 주민에 따르면 내항의 모곽전 분배 방식은 1943년에 작성된 외항의 동계洞稧 문서와 모곽분배기毛藿分配記에 기술된 방식과 마찬가지였다고 한다. 1943년 마을이 분동되면서 독자적인 행정 단위체로 승격된 외항은 기존 비진리의 동규와 모곽전 분배 방식을 그대로 모방 혹은 답습했을 것으로 유추할 수 있다. 다음은 1943년(昭和 8)에 작성된 외항의 동규칙洞規則 중에서 모곽전 분배와 관련된 조항이다.

① 본동민에게는 본동 지선 모곽 채취권을 지급한다(제8조).
② 분가시에는 만 1년이 경과한 후에 모곽 채취권을 지급한다(제9조).
③ 타 부락에서 본동에 전입한 자에게는 모곽채취권을 불급한다(제12조).
④ 모곽 채취요금은 호당 십엔拾円이며 신가입자는 배액으로 결정한다.

외항의 동규칙에는 "본 동민에게는 본동 지선모곽 채취권을 지급(제8조)하고, 분가시에는 만1년이 경과한 후에(제9조), 타 부락에서 본동으로 전입한 자에게는 모곽채취권을 불급할 사(제12조)"라고 명문화하고 있다. 당시 모곽채취요금은 호당 10엔이었으며 신규가입자는 배액(20엔)을 마을에 납부해야 했다. 외항의 동규칙과 모곽분배기를 미루어 보면, 내항에서도 외부인의 이주와 분가를 제한하고 신규가입자의 진입을 어렵게 만들어 공동어장에 대한 분배권을 일정 규모로 유지해왔다고 짐작할 수 있다. 1943년 당시 외항의 모곽전은 추첨식으로 7개의 구역에 59호가 참여하였으며 가사리는 7개 구역에 58호가 참여하였다. 이들 중 57호가 채취료를 완납하였다고 기록되어 있다. 1945년 제3차 대동회에서도 모곽의 채취요금은 호당 10엔이었으며, 신규가입자는 배액으로 책정하였다.

공동어업권은 지선어민들이 지선어장의 수산자원을 공동으로 이용·관리하여 생산력의 지속적인 유지 및 공동의 이익을 증진하기 위해 설정된 어업권이다. 지선어장은 구수산업법의 제1종 공동어장을 일컫는다.[17] 어촌계는 지구별 조합원으로 구성된다. 지구별 조합은 행정구역상의 시 또는 군을 조직의 단위로 삼아 설립된다. 이에 비해 어촌계는 원칙적으로 자연마을 단위로 조직된다. 하지만 앞에서 살펴보았듯이 어촌계가 법적으로 공동어장의 사용권을 허가받기 이전부터 마을 주민 전체가 공동어장에 대한 배타적 이용과 관리를 담당해왔다. 즉 법적 어촌계 설립 이전에도 어촌 공동체는 입호제도에 의하여 구성원들의 배타적 권리를 보호하고, 마을 공동어장의 사용과 생산물의 처분 및 분배에 관한 제도적 장치를 마련하여 갈등을 방지하고 구성원들의 평등한 이용을 추구해 왔다.

2) 지선분쟁

1962년 수산업협동조합법이 시행된 이후에도 지선어장 사용권은 마을 전체가 공동소유하는 형태로 운영되어왔다. 전 지선은 지형에 따라 구역을 분할한 다음 해조류의 풍흉도에 따라 구역별 인원을 배정해 놓고, 추첨을 통해 개별 가구의 채취구역을 배정하였다. 구역의 숫자는 해조류의 풍흉도에 따라 10~13개 정도로 매년 조정하였다. 1962년도의 경우 13개의 구역에 80호를 추첨을 통해 배정하였다. 당시 신규가입자는 3호였다. 신규가입자는 가입금을 납입해야만 성원권을 인정받았다.

마을에서는 어촌계 설립과 상관없이 모곽전 분배 및 해초전 경매 등 지선어장과 관련된 사항은 모두 동회를 통해 결정되었다. 마을 주민은 통영군수산업협동조합의 조합원 가입 여부와 관계없이 모곽전 분배권을 부여받았을 뿐 아니라, 신규가입자 허용과 가입금의 규모 역시 동회를 통해 결정하고 징수하였다. 동회를 통해 결정된 사항이었지만 공문서와 제반 서류에는 어촌계장의 이름으로 기록하였으며, 제1종 공동어장의 어업권을 수협이 소유한다는 수산업협동조합법에 따라 일정액의 어업료(행사료)를 어촌계에서 수협에 납부했다. 그리고 어촌계 설립을 위한 구성요건을 충족하기 위

---

17 어촌계는 크게 양식어업, 정치망어업 및 마을어업권을 보유하고 있다. 1996년 개정된 수산업법 제8조 7항에 따르면 마을어업은 '일정한 수심 이내의 수면을 구획하여 패류·해조류 또는 해양수산부장관이 정하는 정착성 수산동식물을 관리·조성하여 포획·채취하는 어업'이라고 규정하고 있다. 또한 마을어업은 어촌계 또는 지구별 수산업협동조합에 한하여 면허한다고 명시하고 있다.

해 조합원으로 가입한 마을 주민들의 가입금과 각종 부과금을 마을에서 대신 납부하였다.

1963년 어촌계를 설립하고 이듬해인 1964년에 개최된 정기 대동회(2월 3일, 음력 12월 20일) 기록에 따르면, 어촌계 설립 이전과 마찬가지로 모곽전 분배를 추첨으로 결정하였으며 모곽을 제외한 잡해조류는 반채허가 또는 빈매로 처분하였음을 알 수 있다. 1964년 이후 정기 대동회 기록을 살펴보면, 모곽전 분배 구역의 수는 일정하게 고정된 것이 아니라 해마다 바뀌고 있다. 또한 마을 공동의 자금을 마련하기 위해서 모곽전을 구성원들에게 분배하지 않고 전 구역을 빈매로 처분하기도 하였다. 빈매가 발생했었던 사례는 사라호 태풍 이후 마을 공동자금이 바닥나자 기금을 마련하기 위해, 그리고 비진국민학교 건물을 신축할 재원을 마련하기 위해 마을의 전 지선을 빈매로 처분하였다. 즉 어촌계 설립 이후에도 공동어장은 법적 조직체인 어촌계의 자산이 아니라 여전히 마을 공동의 재산으로 간주되었다.

한편, 1943년 비진리가 내항과 외항 두 개의 행정마을로 분동되면서 지선어장도 양분되었다. 외항은 내항에서 10여 호가 이주하여 마을을 개척한 연후에 해주 오吳씨가 들어와 마을의 주요 성씨가 되었다고 한다. 외항의 밧섬 산의 소유자 대부분이 외항 사람이 아닌 내항 사람들인 점으로 미루어 외항이 내항보다 나중에 개척되었음을 알 수 있다. 공동어장의 지선을 분할할 당시 외항에 비해 내항의 인구가 많고 큰 동네라는 이유로 지선이 균등하게 분할되지 않았다.

어촌계 설립 이전 두 마을의 지선어장 구분을 지도에 표시한 것이 〈그림 7〉이다. 내항은 안섬 구역 중 외항 뒷등의 한 구역을 뺀 안섬 전체와 밧섬(바깥섬)의 노리여 구역을 차지하였다. 노리여는 질 좋은 미역이 자생하는 양질의 어장이었다. 반면 외항은 노리여 구역을 뺀 나머지 밧섬 전체를 지선어장으로 할당받았다. 당시 개인 명의로 등재되어있었던 충북섬은 내항에서 관리하고 있었다. 충북섬에서 생산된 해산물 수입은 비진 국민학교의 재원으로 충당되었다.

1963년 수산업법 개정에 따라 비진도 인근의 작은 섬 소지도小知島를 두고 분쟁이 발생했다. 당시 소지도는 산(육지)은 비진도에서 관리하고, 물(해초)은 산양면(산양읍) 곤

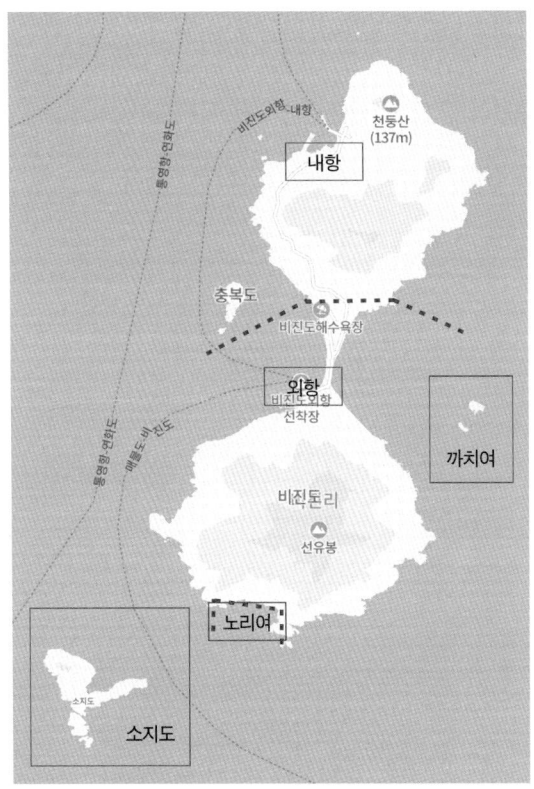
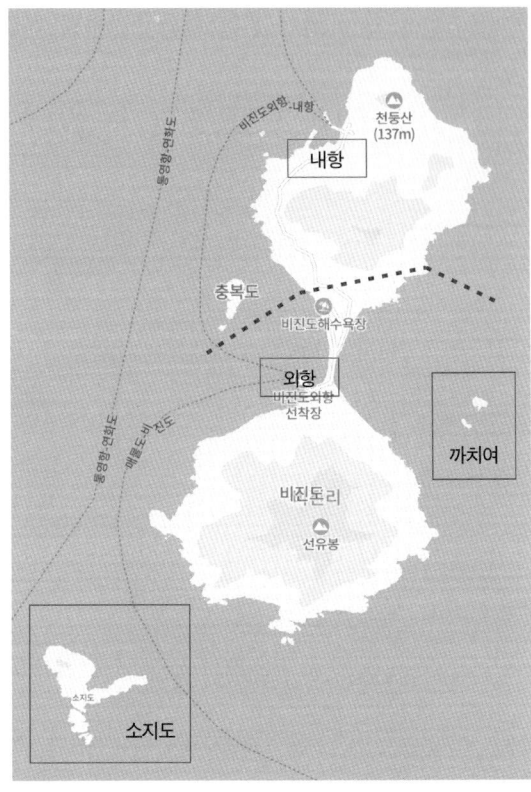

〈그림 7〉 어촌계형성 이전   〈그림 8〉 지선분쟁 이후

리도에서 관리해 왔다.[18] 행정구역(비진리 소지도)에 따른 지선행사권 즉 제1종 공동어업권 면허를 한산어업협동조합에서 취득함에 따라 소지도의 지선내 해초채취권을 한산어업협동조합에서 행사하게 되었다.

　소지도의 제1종 공동어장이 한산어협으로 이관되자 외항에서는 소지도 어장을 비

---

18 『한산면지』(1992: 868)에 따르면, 산양면(현 산양읍) 곤리리, 연화리, 저림리 3개 마을에서 소지도의 해산물 채취권을 행사했다고 한다. 곤리도 주민들은 외부지도, 내부지도, 소지도 등지의 해산물 채취를 독점하는 대가로 통제영에 전복과 홍합 등을 진상하였다. 곤리도에서는 남자(해남)들이 해산물 채취를 전담하였다고 한다.

롯한 비진도의 전 지선어장의 재분할을 요구하였다. 당시 소지도에는 3호가 거주하고 있었다. 어촌계 설립 이후 일시적으로 외항과 내항이 소지도를 반분하여 윤번제로 지선을 관리하였다. 외항에서는 지속적으로 지선 분할의 부당성을 주장하였다. 또한 소지도의 주민 3가구를 회유하여 소지도 전 지선의 소유권을 주장하였다. 분쟁의 와중에 소지도 주민들이 내항으로 이주하면서 갈등의 골이 더 깊어졌다.

지선분쟁은 동네 간 싸움으로 이어져 서로 다른 마을로 배를 타고 가서는 돌을 던지는 것은 물론 대창까지 준비하는 등 몸싸움까지 초래해서 양 동네에서 100여 명이 구속되는 사태로 나아갔다. 마을의 정보제공자는 당시 마을 간 싸움을 두고 '무기 없는 전쟁이었다'고 회상하였다. 동네 간 싸움에는 같은 성씨도 없고, 친정에도 가지 못하는 등 집안보다는 동네가 우선이었다고 하였다. 지선분쟁 당시 내항의 주도적 인물 중 한 명이었던 김태용의 딸이 외항의 대표를 맡았던 오주진의 부인이었으며, 외항의 공점영의 고모가 내항 박문하의 당숙모였다. 하지만 지선분쟁 중에 이들은 서로 대화도 하지 않았을 뿐 아니라 친인척 간이었음에도 왕래도 없었다고 한다. 개인적으로는 서로 간에 다툼이나 싸움이 없었지만, 마을 간에 분쟁이 발생하면서 각 마을의 대표자였던 이들은 공식적인 대면 이외에 만남을 서로 회피하였다고 한다.

마을 간 싸움은 1965년부터 1966년까지 무려 2년 동안 격렬하게 진행되었다. 외항에서는 25년 전 분동 당시 내항 사람들의 유형 혹은 무형의 억압이 있었다고 주장하였다. 분동 당시 호수는 내항은 83호 외항은 64호였기에 상대적으로 내항에 유리하게 지선이 분할되었다는 것이었다. 1966년 기준으로 내항은 79호 외항은 83호로 외항의 인구가 더 많았다. 그런데도 외항에서 단일 어촌계를 제의했지만, 내항에서 이를 반대하였다는 주장이었다. 내항 측에서는 1960년 항만 수축비로 지급된 4백만 환 중에서 외항에서 내항 몫을 착복했다고 의심하면서 갈등이 증폭되었다. 내항에서는 외항 몫 학교 운영비를 8년 동안 지급하지 않았다는 사실과 소지도 지선을 외항에서 독점하려 소지도 주민을 회유하였다는 점을 강조하였다.

두 마을 간의 분쟁이 가열되면서 양측에서 변호사를 선임하여 법정 대결로 치달았다. 당시 법정 분쟁과 소송을 이끌었던 사람은 외항에서는 오주진, 오혁진, 신현택이 있었고, 내항에는 박종우, 박영규, 박순진, 공석호 등이 있었다. 상대적으로 내항에 젊은 사람이 많아 싸움에 유리했다고 한다. 법정 다툼에서 패배하자 외항에서는 아이들을 학교(내항 소재)에 보내지 않는 등 심하게 반발하였다.[19]

내항과 외항의 지선분쟁을 두고 한 주민은 다음과 같이 말했다. 마을 사람들은 당시 "싸움은 동네 간의 싸움이었지, 개인들 간의 싸움이 아니었다."고 주장하고 있다. 마을의 중요 정보제공자 역시 "동네 간 싸움에는 씨족도, 처가도, 아제비도 없이 싸웠지만, 개인들끼리 만나면 전과 같이 대했다. 대표자들끼리는 서로 의논을 하기도 하고, 바다에서는 서로 싸우기도 하였다"고 말하였다. 하지만 실제 상황은 사뭇 달랐다. 지선분쟁이 종결된 후에도 한동안 감정의 골이 남아 있었다. 이는 내항의 지선어업 허가권 경매에 외항 어촌계원은 입찰할 수 없으며, 허가받은 어업허가권을 외항 어촌계원에게 양도할 수 없다는 내항의 동회 문건에서도 잘 드러난다. 심지어 외항에서 지선분쟁을 주도했던 오혁진 소유의 멸치잡이 권현망 어선들이 내항의 우물에서 물을 길어 가지 못하도록 막아서기도 하였다. 외항은 식수가 부족한 마을이었다.

두 마을 사이의 지선분쟁이 격화된 배경에는 오랜 세월 내항으로부터 수모를 받아왔다고 여기는 외항 주민들의 열등감이 작동하고 있었다. 무엇보다 분동 당시 불합리한 지선 분배, 소지도에 대한 소유권 문제, 학교 건물 이전과 건립을 둘러싼 두 마을 간의 분담금 문제 등이 중첩되면서 갈등의 골이 증폭되었다. 1963년 어촌계 설립으로 촉발된 두 마을 간의 갈등은 지선분쟁으로 폭발되었다. 마을 간 분쟁이 가열되자 두 마을 지도자들이 모여 지선어장 관리를 두고 약정서를 체결하였다. 1966년에 체결된 약정서 내용은 다음과 같다.

▫ **1966년 1월 24일 약정서**
1. 소지도 이용 구역을 양분한다. 육상관리는 공동으로 한다.

---

19 비진 내항과 외항 사이에 지선분쟁이 발생하면서 외항의 국민학생 98명이 1967년 3월부터 등교를 거부하고 교사 3명이 사표를 제출했다는 기사가 『동아일보』(3.24), 『부산일보』(3.24), 『국제신보』(3.25) 등에 3단 기사로 실렸었다.

2. 노리여는 외항으로 이전한다.

3. 작도는 내항으로 소속한다.

4. 충복도의 육상임야는 학교림으로 등기이전한다.

5. 비진국교 관리비는 내항과 외항이 6:4로 분담한다.

참석인

내항: 어촌계장 박종원, 이장 천경철, 박영규, 박순진

외항: 대표 신현택, 어촌계장 공필주, 이장 오한춘, 공영일, 오주진

두 마을 지도자들이 모여 체결했던 약정서는 마을 사람들의 반대로 수용되지 못하고 결국 법정 소송으로 이어졌다. 지선분쟁은 1967년에 가서야 겨우 종식되었다. 1967년 5월 17일 양쪽 대표자들의 합의로 마침내 지선분쟁이 봉합되었다. 양측의 합의 결과, 〈그림 8〉과 같이 내항은 충복도, 작도(까치여), 소지도 및 안섬의 전 지선 중에서 외항 쪽의 오유진 소유 논 아래에 있는 비진암 정상 140° 이남을 제외한 구역을 관할하게 되었다. 외항은 오유진 논 아래 비진암 정상을 기점으로 140° 이남에 있는 안섬의 일부 지선과 밧섬의 전 지선을 관리하게 되었다.

요컨대, 지선어장의 경계를 둘러싼 분쟁이 법정으로 확대되어 결국 국가권력의 힘을 빌려 그 경계가 확정되었다. 이처럼 공동어장의 경계를 나타내고 공동어장의 배타적 사용을 결정하는 것은 지역성이다. 지역성은 공유재산의 분배와 사용, 이전에 관한 규제와 통제의 토대가 된다. 공동의 자원에 대한 접근과 사용을 제한하는 사회체계는 생태적으로 적절한 경제발전과 사회적으로 용납될 수 있는 인식의 틀 안에서만 가능하다. 즉 지역성은 공유재산을 분리하는 근거가 되며, 특정 집단의 사람들만이 공동재산을 배타적으로 사용하고 통제하는 사회적 장치로 작동하였다.

3. 어촌계 직영화와 공동규제

1) 지선어장의 어촌계 직영

1960년대 후반까지 마을에서는 지선어장 내 모곽전 분배에 중점을 두고 공동체 규제, 구성원들 간의 배분, 외부인의 접근 제한 등에 관한 사회적 장치를 발전시켜왔다. 1963년 어촌계가 설립되었지만, 지선어장의 관리는 여전히 '마을공동체'가 담당하였다. 지선어장의 채취권 경매는 이장과 어촌계장 공동명의로 공고하였지만 어촌계장의 지위는 사실상 유명무실한 상태였다.

지선어장은 지리적 경계에 따라 구역을 나누어 채취권을 양도하거나 분배하였다. 해조류의 종류에 따라 '잡초전雜草田'과 '해초전海草田'으로 구분하여 관리하였다. 잡초전은 본섬 지선어장의 김海衣, 참갈파래靑苔, 톳鹿尾菜, 참몰眞菜, 그리고 소지도, 작도 및 소당여 어장의 합자전蛤子田 등이 포함된다. 해초전에는 본섬 지선어장의 미역과 우뭇가사리天銀草, 그리고 소지도 지선의 곤포전이 여기에 속한다. 하지만 잡초전과 해초전 구분은 일정치 않았다. 잡초전은 경매를 통해 개인에게 채취권을 이양하였으며, 해초전은 구역별로 인원을 배정하여 추첨을 통해 채취구역 및 인원을 할당하였다. 해초전의 주 생산물은 우뭇가사리와 미역이었다. 수심이 깊거나 지형적으로 접근하기 어려운 곳에 서식하는 미역은 반채권 형태로, 소지도 지선어장의 천은초와 곤포(다시마)는 완전 채취권 형태로 마을의 나잠업자에게 경매를 통해 이양하였다. 〈표 19〉는 1967년도분 반채권 및 채귀권 경매 공고 내용이다.

〈표 19〉 1967년도분 본리 소관 지선 반채권 및 채귀권 경매 공고

지선명	해채 종류	예정가격(원)
천하-옥랑	화포 반채권	40,000
청등-세탄	화포 반채권	60,000

고품탄-광탄	화포 반채권	70,000
작도	화포 반채권	40,000
장탄 지선	화포 반채권	50,000
소지도	화포 반채권	40,000
소관 지선 일원	천초·은초 채취권	20,000
소관 지선 일원	곤포 채취권	10,000

-. 반채취권 또는 채취권 유효 기간

　서기 1967년도에 한함(10월 31일까지)

-. 입찰장소: 본리 사무소

-. 입찰일시: 서기 1966년 10월 30일 오전 11시

-. 개찰일시: 서기 1966년 10월 30일 오후 3시

-. 응찰 자격자는 본리 주민으로 한하고 만일 타他에 그 권리를 양도할 시에는 무조건 무효 처분을 당함

-. 어촌계의 지시사항을 무시할 수 없음을 원칙으로 함

-. 입찰자는 입찰금액에서 일할 해당 보증금을 납입하여야 하며, 이에 위배될 시에는 무효로 간주함

-. 낙찰이 결정된 사람은 전액 납입 기일을 서기 1966년 11월 10일로 정하는 바, 기일까지 납입치 못할 시에는 일할 보증금도 반환치 않고 무효되며 재입찰함

특약사항

-. 반채권을 인수한 권리자라 할지라도 해초류 번식 보호상 한 개의 지선에 단일 나잠어선이 작업에 종사할 뿐, 수척의 나잠어선이 동시 입어 채취는 사전 양해 없이 용납할 수 없으며 또 나잠업자가 채취불능으로(하다고) 인정되는 지선(지역) 수심도는 부득히 증산을 목적하고 기주는 잠수기 어선을 입어 채취케 할 수 있다. 단 여하한 경우에는 관계자 간에 사전 협의하여 진행한다.

우기 사항을 준수 이행키로 하고 자에 공고함.

서기 1968년 10월 25일
내항 이장 김태용
어촌계장 공찬영

반채권은 전문적인 기술이나 기구 없이 채취 불가능한 수심에서 서식하는 해조류를 채취하기 위하여 전문 나잠업자에게 경매를 통해 채취권을 이양하는 방식이다. 계약에 따라 나잠업자가 해당 구역에서 채취한 해조류 생산량의 50%를 마을에 돌려준다. 수심이 깊어 해녀가 작업할 수 없을 경우에는 잠수기 어선을 동원할 수 있도록 허용하고 있다.[20] 반채권 입찰 자격은 마을 주민에게만 허용하고 경매를 통해 획득한 채취권을 다른 사람에게 양도하는 것을 원칙적으로 금하고 있다.

1977년 수산업협동조합법 개정 이전까지 어촌계는 서류상의 조직에 지나지 않았다. 지선어장 관리는 전적으로 동회에서 결정하고 운영하였다(박정석 2001b). 1970년대까지 어선어업과 양식어업이 활발하게 진행되었지만, 이후 국제유가 상승과 양식 미역의 가격폭락이 겹치면서 점차 쇠락하게 되었다(박정석 2001a: 267). 1970년대 들어서 국제유가 폭등 및 어선어업 쇠퇴 같은 외적 요인과 인구의 노령화, 지역 어장의 어족자원 고갈, 전복과 소라 같은 자연산 어패류의 가격상승, 잡는 어업에서 기르는 어업으로의 정부 정책의 전환 등과 맞물려 공동어장의 중요성이 커지자 어촌계 직영으로 운영방식이 바뀌었다. 직영 방식으로의 전환은 공유재산과 그것을 이용하는 주체들의 관계가 상황에 따라 바뀔 수 있다는 사실을 보여준다.

---

[20] 어촌계 관리 규약 제9조 ①항에, "1종 공동어장은 계원이 공동으로 행사하여야 하며, 특정 계원과의 행사계약을 금한다. 다만, 수심이 깊어 공동행사가 곤란한 경우에는 다음 각호의 생산수단을 이용하여 계가 어장을 직영할 수 있다. 1. 잠수기 허가어선, 2. 해녀 고용"으로 명시되어 있다.

1978년까지 비진도에서는 마을의 행정업무와 어촌계 업무가 서로 분리되지 않은 채 함께 처리되었다. 바꾸어 말하면 어촌계가 실질적으로 별도의 조직체로 존재한 것이 아니라, 서류상으로만 존재하는 마을공동체의 형식적인 조직이었다. 1978년 청장년층을 중심으로 서류상으로만 존재하고 있던 기존 마을 어촌계를 활성화하고, 동시에 전 지선을 직접 경영하자는 의견이 대두되었다. 이에 따라 1979년 공동 작업선을 구입하였으며, 지선어장의 해산물 채취를 위해 해녀를 마을 어촌계에서 직접 고용하여 지선어장을 관리하고 운영하기 시작하였다.

마을 어촌계는 1977년 천병순이 어촌계장을 맡으면서 적극적으로 직영화가 추진되었다. 마을 회의를 거쳐 1979년부터 마을의 전 지선어장을 어촌계가 직접 경영하는 체제로 바뀌었다. 1977년 당시 전 지선어장의 톳 예상 수확량을 30층(1층 60kg)으로 계산하여 지선어장의 해초채취권을 70만 원에 빈매로 처분하려 하였다. 이에 어촌계장이었던 천병순이 빈매를 저지하고는 마을에서 톳을 직접 채취하여 처분해 보자고 제안하였다. 마을에서 직접 톳을 채취한 결과 총생산량은 120층이었으며, 이를 판매한 수익은 500만 원이 넘었다. 마을 사람들은 이와 같은 결과에 크게 자극을 받아 1978년도에 어촌계 조직을 재정비하고, 해조류뿐만 아니라 지선어장 전체를 공동으로 경영하자고 결의하였다.

공동경영 결정에 따라 1978년 지선어장의 패류 채취권을 500만 원에 빈매 방식으로 처리하려던 결정을 취소하였으며, 통영수협으로부터 패류 양식장 허가를 취득하여 어촌계 직영사업을 시작하였다. 아울러 어촌계 직영에 필요한 공동 작업선을 구입하였으며, 해산물 채취 작업에 필요한 해녀를 어촌계에서 직접 고용하였다. 1979년도부터 지선어장에서 전복, 성게, 해삼 등을 채취하였지만, 사업 첫해(1979)는 적자를 면치 못했다. 적자의 원인은 공동어장의 어패류를 기르면서 채취를 한 까닭에 수확량이 적었고, 공동 작업선 구입을 비롯하여 초기비용이 많이 지출되었기 때문이었다.

여기에 더하여 해녀들과 어촌계의 수익분배 구조를 달리했던 것도 하나의 원인으로 작용하였다. 민간업자들은 해녀와 업자 간의 배분 비율을 대개 3:7 혹은 4:6 체제로 운영하고 있었지만, 어촌계는 해녀:어촌계의 수익배분 비율을 5:5로 조정하였다. 어촌계에 고용된 해녀 대부분이 마을 주민(부인)이라는 점을 고려하여 주민들에게 더 많은 혜택이 갈 수 있도록 배려한 결과였다. 이처럼 해녀의 수익 비율을 높인 것은 해녀들이 단기 수익을 위해 어자원을 남획하지 못하도록 하면서 장기적으로 어장을 보호하면서 지속 가능한 상태로 유지하려는 의도가 내포되어 있었다. 해녀들의 연간 수입은 작업 일수와 능력에 따라 차이가 있다. 1989년 기준으로 연간 수입은 최고 600만 원이었으며, 대개는 400~500만 원 정도였다.

어촌계의 지선어장 직영화는 당시 어촌계장이었던 천병순의 지도력과 추진력이 중요한 요인으로 작동하였다. 천병순은 마을의 양대 성씨인 공씨와 박씨 집안과 인척관계에 있었다. 그의 어머니는 마을의 공씨 집안 출신이었고, 친동생 중 한 명이 박씨 집안 여성과 혼인하였다(〈그림 11〉 참조). 이처럼 천병순은 마을의 양대 성씨와 인척 관계를 맺고 있었고, 마을 내부에서 경쟁 관계였던 양대 성씨에 속하지도 않았기에 상대적으로 견제가 적었다. 또한 당시 마을의 주축 세력이었던 비진국민학교 제1회 졸업생들의 전폭적인 지지가 있었다. 개인적으로 대형 어선어업을 했던 경험이 있었을 뿐 아니라 수년간 새마을지도자를 역임하였다. 새마을지도자의 공로를 인정받아 1976년 대통령 표창을 받았을 정도로 내외에 널리 알려진 인물이었다. 이와 같은 대내외의 신망과 개인적인 추진력을 바탕으로 어촌계 직영화를 추진할 수 있었다. 공동어장의 직영화는 마을 주민들의 이해와 협력을 바탕으로 이루어진다. 다양한 이해관계를 지닌 주민들을 조율하고 단합시키기 위해서는 강력한 지도력이 필요하다. 따라서 마을 사람들의 협동을 끌어내기 위해서는 집단 내에서 영향력이 있었던 천병순 같은 인물이 적임자였다고 할 수 있다.

어촌계가 지선어장 직영을 추진하게 된 배경에는 내부적인 요인과 외부적인 요인이 복합되어 있었다. 내부적으로는 인구의 노령화가 급격하게 진행되면서 어선어업을 할 수 있는 재력과 인력이 줄어들었다. 외부적으로는 한일 간 무역분쟁과 국제적인 유류파동이 겹치면서 어선어업이 타격을 받았다. 이처럼 내외부에서 동시에 악재가 발생하면서 주민들의 입장에서는 새로운 경제적 수입원이 절실했던 시점이었다. 결정적으로 이런 상황을 타파하고자 했던 젊은 지도자의 헌신과 노력이 있었다. 하지만 어촌

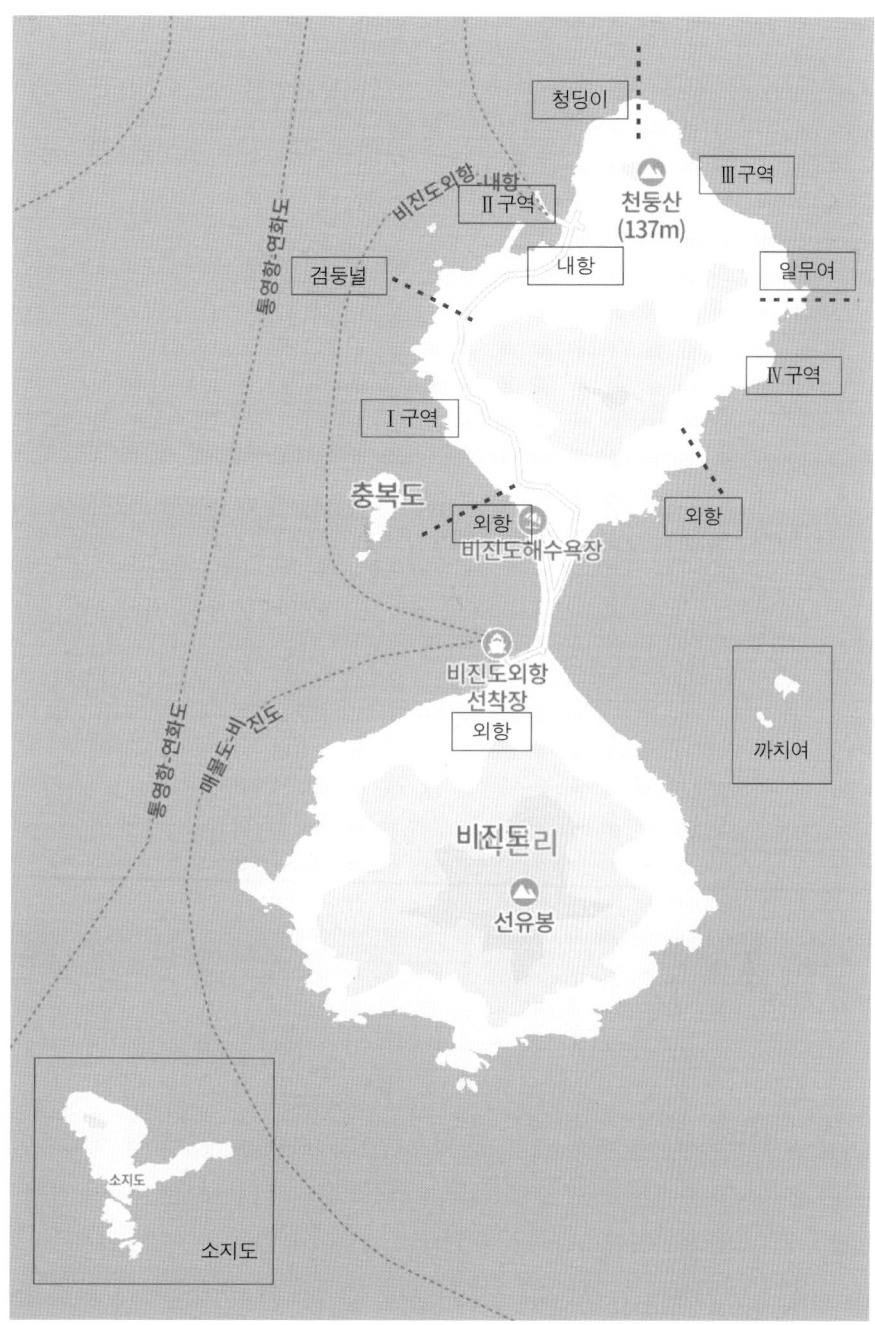

〈그림 9〉 지선어장 구역도

계가 마을의 지선어장을 직영하게 되면서 부정적인 현상도 발생하였다. 지선어장의 어촌계 직영은 기존 나잠업자의 사업영역 축소로 이어졌다. 기존 나잠업자들은 작업 가능한 어장을 잃었을 뿐 아니라 수익배분 구조에서 상대적으로 열세에 몰려 어촌계와 경쟁을 할 수 없게 되었다. 결국 나잠업자들은 일부 폐업을 하거나 다른 어장을 찾아 통영으로 이주하였다.

비진도의 마을 공동어장은 크게 두 가지로 구분된다. 첫째는 제1종 공동어장이라 불리는 지선어장이다. 둘째는 국가 또는 지방자치단체로부터 허가를 받은 양식어장이다. 마을에서는 1980년도부터 제1종 공동어장의 모곽전 배분 방식을 변경하였다. 먼저 들쭉날쭉했던 지선어장의 구역 개수를 4개로 고정하였다. 아울러 구역 배분을 추첨방식에서 윤번제로 전환하였다. 마을의 행정구역 수와 동일하게 지선어장을 4개의 구역으로 나누었다. 행정구역인 4개의 반班이 차례로 4개의 지선어장 구역을 돌아가면서 순환방식으로 해조류를 채취하게 하는 방식이다. 예를 들면, 〈그림 9〉에 표기된 공동어장 제1구역부터 제4구역까지 시계방향으로 제3반 – 제1반 – 제4반 – 제2반 순으로 매년 구역을 바꾸어 가면서 지선어장의 해산물을 채취하고 관리하였다.

지선어장을 4개 반班이 4개의 구역을 돌아가면서 관리하고 생산 분배하는 방식은 한편으로는 지선어장 내 공동자원을 보호하고 남획을 막는 효과적인 기능을 하면서, 다른 한편으로는 행정조직인 반이 하나의 작업단위가 됨으로써 구성원들 간의 단결과 협동을 가져오는 중요한 역할을 하게 되었다. 4개의 구역 이외의 공동어장(즉, 소지도, 작도, 충복도 등의 부속 섬과 여)의 해조류 채취 및 지선어장 전 구역의 어패류는 공동작업선을 이용하여 어촌계 소속 해녀들이 채취하고 있다. 해녀들이 채취한 전복, 소라, 해삼, 성게 등은 매일 통영수협을 통해 공판한다.

한편, 1970년대 이후 비진도 수역에서 미역양식이 가능해지면서 자연산 미역의 가격경쟁력이 크게 하락하였다. 그 결과 상대적으로 경제성이 높은 톳이 지선어장의 중요한 생산물로 등장하였다. 1970년대 이후 지선어장의 주요 생산물은 톳이었다. 1986년 기준으로 마을에서 생산된 톳은 총 7,770kg이었으며 수입액은 21,072,240원이었다.[21] 각 반에서 채취한 톳은 반별로 건조작업을 한다. 반별로 건조작업이 끝나면 생산한 톳의 품질과 등급을 무시하고 한 곳에다 적재한 다음 마을 공동으로 판매한다. 생산한 톳을 한데 섞어버림으로써 중간 상인들이 품질을 빌미로 구매가격을 낮추려는 시도를 사전에 차단한다. 가격경쟁에서 어촌계가 중간 상인보다 유리한 입장을 견지하려는 전략적인 수단이라고 할 수 있다. 각 반은 자신들이 생산한 톳의 총량에 따라 판매금액을 배분받는다. 배분된 금액은 반원들에게 공평하게 분배한다.

어촌계에서 공동으로 채취한 톳은 어촌계 수입으로 처리된다. 1989년도 어촌계 총생산액은 1억 4천만 원 정도였다. 총생산액 중에서 1억 2천 5백만 원은 해녀 작업선에서 생산했으며 1천만 원은 어촌계 직영 톳 생산 수입이었다. 기타 수입은 공동작업선의 용선 수입 및 멍게 양식장의 임대료 등이었다. 어촌계 공동사업의 수익금으로 지선어장 곳곳에 전복 치패를 살포하였다. 치패 살포는 전복이 자랄 수 있는 서식처를 조성하고 전복생산을 지속 가능케 하기 위한 장기투자인 셈이다. 수익금 중 일부로 마을의 선착장을 보수하고, 지하수를 개발하여 마을의 급수시설을 개선하는 등 마을 전체의 이익과 편리를 위해 사용하였다. 나머지 수익금은 매년 마을 주민에게 분배하였다. 분배 대상자는 입호를 기준으로 제한하였다. 1989년도에는 호당 약 300만 원씩 분배하였다.

이와 같은 사례는 자원의 공동소유가 자원의 남용과 낭비를 가져오는 것이 아니라, 자원을 효과적으로 보호하고 또 이익을 공동체 전체에 고루 분배하는 최적의 제도적 장치가 될 수 있음을 보여준다고 하겠다. 마을의 행정단위였던 반班이 지선어장의 구역별 작업 집단으로 고정되면서, 매년 지선어장 구역을 나누고 또 추첨을 통해 지선어장 구역마다 가구를 배정했던 번거로움을 해소할 수 있었다. 작업반이 고정됨으로써 생산의 효율을 높이는 것은 물론 구성원들 간의 업무와 역할이 자연스레 분담되는 효과를 가져왔다. 요컨대 그동안 형식적인 조직에 불과했던 반班이 마을의 공유재산

---

21 1986년 7월 2일자로 작성된 반출증에 '품명: 톳, 수량: 7,770kg, 단가: 2,712원, 금액: 21,072,240원. 상기 품명 및 수량은 통영군 한산면 비진리 내항 어촌계 생산품으로 정히 반출함'이라고 표기되어 있다. 반출증 작성자는 내항 어촌계장이었다.

을 관리, 분배, 통제하게 되었으며 공동경영의 결과를 구성원 모두가 함께 파악하고 누릴 수 있는 체계로 바뀌었다.

1999년 현재 어촌계 수입으로 마을 이장(연 420만원), 어촌계장(연 200만 원), 새마을지도자 겸 어촌계 간사(2년 50만 원), 작업선 사공(연 600만 원), 어촌계 감사(2명, 1인당 연 10만 원)에게 보수를 지급하고 있다. 마을 주민들에게는 총 7,000만 원을 할당금으로 지급하였다. 할당금은 설 명절(30~50만 원)과 추석(100만 원 정도) 두 차례로 나누어 지급된다. 어촌계 소유의 선박 1척(4.5톤)이 있다. 어촌계에서는 지선어장과 별도로 2건의 정치망 허가권을 보유하고 있다. 1999년 현재 1건은 운영 중단 상태였으며, 다른 1건은 3년간 300만 원의 행사료를 받고 타지역 어민에게 운영권을 위임하고 있었다.

2) 입호제도와 공동체 규제

공유재산에 대한 배타적 이용과 사용권은 입호제도라는 사회적 장치를 통해 구성원의 자격을 제한하고 마을이라는 지역성에 의해 공유재산의 경계가 확정된다. 지역성은 '우리'라는 공동체 의식에 의해 뭉쳐지고, '공동의 기억'에 의해 공동체가 강화된다. 공동체 규제는 내외부의 상황변화에 따라 강화되기도 하고 느슨해지기도 한다. 공동체 규제는 동회라는 사회적 제도를 통해 강제된 동의의 형태로 구성원들을 효과적으로 통제한다. 이런 점에서 공동체 규제는 공유재산을 균등하고 효율적으로 이용할 수 있는 바탕이 된다.

배타적 이용관리가 가능한 연안 어장은 관습적으로 그 어장과 마주하고 있는 어촌이 이용하고 또 관리하였다. 배타적인 어장 사용권은 입호제도에 의해 유지되어왔다.[22] 입호제도란 공동어장을 기반으로 생산활동을 하는 어촌에서 전입자나 분가자에

---

22 박광순(1998: 47)은 한국어업이 소상품 생산적 어가어업이라는 영세성을 벗어나지 못하는 원인이 입호제도에 있다고 주장한다. 이와 같은 주장은 입호제도가 공유재산의 사용권을 특정 집단에게 부여하고 타인들을 배제하는 중요한 장치이며, 공동재산에 대한 접근을 제한함으로써 자원을 효율적으로 사용하는 공동체 규제라는 사실을 과소평가하고 있다.

대해 마을 공동어장을 이용할 수 있는 자격을 제한하거나 부여하는 제도적 장치이다(박금화 1987: 56-57). 입호된 주민은 어촌계 가입 여부와 별도로 공동어장에 참여하여 사용권을 행사한다.

앞에서 기술한 바와 같이 어촌계 설립 이전 내항의 입호제도에 관한 문건은 현재 남아 있지 않아 자세한 상황은 알 수 없다. 1943년 3월에 발기한 외항의 동규칙은 외부인의 진입을 원천적으로 봉쇄하고 있다. 또한 신규가입자의 모곽전 채취요금은 기존 가입자의 배액으로 결정하여 신규가입자의 증가를 억제하고 있다. 여기에 더하여 마을 주민으로서의 자격요건을 가옥을 소유한 자로 제한함으로써 분가로 인한 성원의 증가와 이주민의 유입을 억제해왔다. 섬 지역은 지형적으로 가옥을 신설하거나 증설할 수 있는 대지가 한정되어 있다. 따라서 마을 공동어장의 경제적 가치가 높아지면, 자연히 마을 내 가옥의 가격이 상승했다.

1960년대까지 비진도 마을에서 집 1채를 팔아 통영(충무)으로 이사할 경우, 비슷한 규모의 집 3채를 살 수 있었다는 말에서 알 수 있듯이 신참자가 마을 내에 새로 가옥을 건립하거나 구매하는 일은 쉽지 않았다. 가옥의 중요성은 1959년 사라호 태풍으로 집을 유실했던 마을 주민의 성원권 박탈에서도 잘 드러난다. 당시 태풍으로 집을 유실한 강모 씨는 많은 논란 끝에 마을 성원은 집을 가져야 한다는 규정에 따라 결국 1961년 모곽전 분배에서 제외되었다. 경제생활의 기반이었던 모곽전 분배에서 제외된 강씨는 마을을 떠나 먼 친척이 살고 있던 부산으로 이주하였다.

입호제도 이외에도 공유재산을 운용하기 위하여 마을공동체는 다양한 규제장치를 마련함으로써 공유재산에 대한 접근과 분배에 평등성과 호혜성을 강조하고 있다. 공유재산은 공동의 재산에 대한 공식적, 비공식적 생산활동은 물론 공동재산 사용을 제한하고 벌금 부과와 제재 등과 같은 제도적 장치를 포함한다. 공유재산과 공공의 활동이 개인들의 이기적이고 편협한 삶을 뛰어넘어 서로 돕는 호혜적인 기능을 하고 또 그렇게 함으로써 개인의 이익은 물론 집단 전체의 이익을 가져다주고 자원을 둘러싼 충돌을 해결해 주기 때문에 공동체의 규제가 사회적인 동의로 이어질 수 있다.

공동어장 이용에 대한 규제는 지선어장 사용 및 입찰 자격에 제한을 두는 장치를 통해 이루어지기도 한다. 수심이 깊어 특수한 기술이나 장비 없이는 채취할 수 없는 미역밭과 퇴비로 이용되는 해초를 채집하는 낙조전에 대한 입찰자격을 어촌계원으로 제한하고 있다(地先海藻類田處分內譯簿 內項漁村契 참조). 지선어장 내에서 해태(김), 청태(파래), 잔 밤숭어(성게) 등 해산물의 채취도 톳나물 밭으로 배정된 개별 구역 내에서만 채취 가능하며, 타구역을 침범하여 임의로 채취했을 경우에는 지선 입어권을 상실하며 마을의 어떤 혜택도 받을 수 없다고 규정하고 하고 있다. 톳 채취도 마을에서 '영'을 놓을 때까지는 채취를 금함으로써 해산물을 보호하고 톳이 성숙한 시기에 채취하도록 유도하여 마을 전체의 수익을 높이려 하고 있다.

이처럼 공동체 규제는 공동어장에 대한 평등한 접근이 이루어지도록 하는 동시에 자연의 재생산력을 보전하는 장치로 작동된다. 공동체 규제를 통해 제도적으로 개별적인 접근을 차단하여 자원의 남획을 방지하고 몇몇 개인의 이익보다는 전체의 이익을 극대화하고 있다. 어패류 및 해조류 채취와 관련된 규제는 마을 차원의 공동체 규제와 더불어 정부 차원의 강제적 개입으로도 이루어진다. 정부에서는 어패류의 산란기나 생식기에 채취를 금지하거나 포획할 수 있는 크기를 제한함으로써 해산물의 경제적 가치를 높이고 자원이 재생산될 수 있도록 통제하고 있다.

한정된 자원 사용에 대한 점증되는 압력과 제한된 자원을 보다 효율적으로 이용하려는 다각적인 시도와 갈등의 결과는 공유재산 제도로 발전된다. 즉 공동체 규제를 통해 효과적이고 효율적으로 공유재산에 대한 사적인 접근을 제한하고 있다. 정부 차원에서 어로를 규제하려는 시도들은 대개 어로 기간 및 어로 구역 설정, 그리고 어로 장비에 대한 규제로 나타난다. 반면 공동체 내에서의 규제는 비공식적인 규범과 규제 장치에 따라 작동된다. 즉 정부 차원의 통제가 아닌 전통적인 관습과 체계를 통해 내부인을 통제하고 외부인을 배제한다. 예를 들어, 그동안 비진도에서는 지선어장 내 모곽전을 제외한 해조류와 어패류는 어촌계원들에게 입찰을 통하여 빈매해 왔다. 낙찰을 받은 자가 낙찰받은 구역을 포기하면, 낙찰포기자는 재입찰은 물론 타인을 통해서도 입어를 할 수 없게 규제하고 있다. 즉 낙찰받은 자가 쉽사리 낙찰을 포기하지 못하도록 하는 규범적 강제인 셈이다. 낙찰을 포기한 사람을 일컬어 '오줌싼 사람'이라 부르고, 낙찰자가 포기한 구역을 '오줌싼 구역'이라 한다.

공동체의 규제와 결정은 항상 엄밀한 경제적 계산에 따라 이루어지는 것은 아니다. 여러 가지 대안이 있을 때 가장 이로운 것을 선택한다. 하지만 선택한 방식이 적절치 못하면 곧바로 다른 방안을 개발한다. 공동체 규범을 위반했을 경우, 개인에게 책임을 다하도록 하는 규제는 강제를 동반하는 사회적인 합의이다. 상호 강제는 관계되는 사람들 대다수가 동의하는 혹은 최소한 동의를 전제로 하는 강제이다. 성원 개개인들의 협동을 통한 자체적인 통제가 공유재산의 지속적인 이용에 있어서 정부의 통제보다 유연하고 효과적이다. 비진도에서는 공동어장에 관한 각종 규제와 통제가 마을 총회를 통해 결정됨으로써 '동의된 강제'가 형성된다.

마을에 어촌계가 설립된 이후 형식상 어촌계원의 자격 요건이 입호제도를 대체하게 되었지만, 그 규정은 크게 다르지 않았다. 1990년 현재 어촌계원의 자격 요건은 '마을에 거주하고 있는 자로서 집(가옥)을 가진 자라야 한다. 타지에서 이주해 온 자는 집은 구입한 후 만2년이 경과한 이후부터, 본동 주민 중 분가자는 당해 연도에 어촌계원으로 가입할 수 있다'라고 규정하고 있다. 마을의 인구가 점차 줄어들고 상대적으로 마을로 이주해 들어오기가 쉬워졌다. 하지만 마을에서 해녀 일을 하다가 단독으로 정착하는 가구가 생기면서 어촌계 성원권 자격 부여를 두고 논란이 일어났다.

1988년 12월 21일 동회를 통해 60세 이상 노인이 단독으로 이주해 오는 가구에 대해서는 어촌계원 자격을 주지 않는다는 규정을 신설하였다. 마을 주민들이 단독이주 가구에게 성원권 자격을 부여할 수 없다는 결정에는 공동체의 이해관계가 작동하고 있다. 즉 마을 주민들이 지금까지 마을 내 선착장 건설, 수차례의 교사 이전과 건립, 지선분쟁 등 마을의 공유재산을 지키기 위하여 노력한 결과를, 타지역에서 살다 온 노인에게까지 나눠 줄 수 없다는 인식이 반영된 결과라고 할 수 있다.[23] 즉 마을에서

---

23 1990년 현재 마을에서 어촌계원의 자격을 갖춘 가구는 총 65가구이지만, 완전한 어촌계 성원권을 향유하고 있는 가구는 64가구이다. 나머지 1가구는 해녀 단독가구로, 이주한 지 10년이 넘었음에도 여전히 성원권을 부여받지 못하고 있었다.

〈사진 28〉 마을어촌계와 마을회관 현판

어렵고 힘든 시기를 같이 겪었다는 '공동의 경험과 기억'이 없는 사람들을 쉽사리 공동체 성원으로 받아들이지 않는다. 이런 인식은 '굴러 온 돌이 본 돌 깬다'는 속담과 '본 토박이가 억울하다'는 말로 표현된다.

여기에서 어촌계원이라 함은 수협의 하부조직으로서의 어촌계의 일원이 아니라 마을 공동체의 성원으로서의 어촌계원을 말한다. 그러나 수협의 하부기관으로서의 어촌계는 수협의 통제 아래에 있다. 이런 사실은 1978년 2월 21일 '어촌계 총회(마을 총회)' 회의록에서 잘 드러난다. 회의록 제목을 '어촌계 총회'라 기록해 놓고 다시 괄호 안에 '마을 총회'라고 표기한 데서 드러나듯이, 마을 총회가 어촌계 총회로 대체되어 있음을 알 수 있다. 회의 내용은 '어촌계에 가입한 자에게만 어로 행사권을 부여하며, 미가입자는 1977년도분 수협출자금까지 어촌계 기금으로 일괄 가입시키며, 1978년도부터는 개인의 기금으로 가입하고 어촌계 탈퇴 시에는 어촌계 출자금을 개인이 권리(를) 행사한다. 그리고 가입하지 않는 자는 본 어촌계에서 행사를 할 수 없으며 공동이익금을 분배하지 않는다'고 명시하고 있다.

마을 총회를 통해 주민들의 어촌계 가입을 독려하고 있었다. 여기서 어촌계는 수협의 하부기관으로서의 어촌계를 말한다. 수협에 출자금을 납부해야 어촌계원으로 가입할 수 있다. 1990년 현재 마을 주민 총 64호 중 46호만이 수협의 하부조직으로서의 어촌계에 계원으로 가입되어 있으며, 이들의 수협 조합원 가입통장은 마을 어촌계에서 일괄 관리하고 있었다. 수협에 조합원으로 가입한 주민들은 개인 자격으로 가입한 것이 아니라, 마을 어촌계가 수협의 하부조직으로 가입하기 위한 절차적 요식행위로 가입한 것이었다. 이런 사실은 어촌계원이 이주할 때 조합원 자격을 주장할 수 없으며, 조합원 자격을 갖추기 위해 적립한 기금은 마을 어촌계 수입으로 처리한다는 마을 내규에서도 확연하게 드러난다.

제8장
어선어업과 양식어업

1. 경쟁과 공생

　현대사회에서 국가는 자원보존과 자원배분에 아주 중요한 역할을 하고 있다. 따라서 공유자원 사용자들은 어촌계와 같은 자조단체는 물론 수협을 비롯한 조직체와 국가기관의 통제를 자발적이든 비자발적이든 수용해야만 하는 처지에 있다. 국가는 어업권 허가제도, 어획 시기와 포획 크기 제한, 세금부과 등과 같은 여러 규제 장치를 동원하여 자원 남용과 과도한 자본투자를 방지한다. 국가의 간섭과 통제는 어업공동체 간의 경계를 확정하고 무분별한 자원 이용을 막아주는 역할을 한다. 공동체 수준의 경영체계가 자원 남용을 막는 데 효과적인 것은 사실이지만, 모든 사회는 국가 안에 존재하고 따라서 국가의 영향에서 벗어날 수 없다. 즉 사유화와 국가의 통제 사이에서 적절한 대안이 모색되어야 한다.
　중앙정부와 지방정부 차원에서 어로를 규제하려는 시도는 어로 기간 및 어로 구역 설정, 그리고 어로 장비를 규제하는 형태로 나타난다. 하지만 어업 현장에서는 국가가 설정한 법률적 규제보다 지역 수준의 비공식적 규범이 공동어장에 대한 접근 제한과 어로 활동을 효과적으로 통제한다. 주민들 사이에는 법적인 소송은 별로 도움이 되지 못할 뿐 아니라 법을 통한 해결은 바람직하지 못하다는 생각이 널리 퍼져 있다

(김가람 2019).

　마을 공동어장에 대한 자체적인 규제 장치는 공동재산을 구성원 모두가 평등하게 이용하고 동시에 자연의 재생산력을 보전하는 역할을 한다. 또한 무차별적인 접근을 차단함으로써 자원의 남획을 통제하고 전체의 수익을 최대화하는 데 규제의 목적을 두고 있다(김세건 1993; 이경아 1997; 이태호 1998; 정근식 외 1995 등 참조). 어업은 어로 기술과 어종의 변화, 수산물의 가격 변화, 관련 법규의 제정 등에 따라 변천을 거듭하고 있다. 인구이동과 인구구성의 변화 역시 어업 형태에 커다란 영향을 미치고 있다. 특히 청장년층의 이주와 인구의 고령화는 대규모 어선어업보다는 상대적으로 노동력과 자금이 덜 소요되는 소규모 어선어업으로 전환하게끔 이끄는 주요 동인이다.

　어업을 생활의 기반으로 삼고 있는 섬마을에서는 경제적 영역과 사회적 영역이 별도로 이루어지는 것이 아니라 서로 얽혀 있다. 그렇다고 해서 경제가 사회적 관계에 온전히 '묻혀'(칼 폴라니 1995: 65; Granovetter 1985: 482) 있는 것이 아니다. 이들은 한 영역에서의 변화가 다른 영역의 변화를 불러일으키는 상호의존적인 관계로 존속하고 있다. 어촌사회의 구조적 변화는 자원 분배방식의 변화, 양식업의 발달, 어자원의 고갈 등과 같은 경제적인 요인, 인구의 노령화와 대규모 이주 등 인구구조의 변화, 그리고 마을 운영에 대한 국가의 통제 확대 등 외부적인 요인에 의해 복합적으로 이루어진다(정근식·김준 1993: 301~302). 또한 어종의 풍흉에 따라, 시장가격의 변동에 따라, 유류파동 등 외부적인 요인에 따라 그 흥망성쇠를 달리한다.

　한정된 자원을 효율적으로 사용하고 열악한 환경에 적응하기 위해서는 나름대로 전략과 제도적 장치가 필요하다. 내항에서도 경제적인 이익을 추구하기 위하여 한편으로는 공동어장이라는 공유재산 제도를 통하여 마을 전체의 이익을 도모하고, 다른 한편으로는 개인의 이익을 추구하기 위하여 어선어업과 같은 사적 소유를 극대화하고 기업가적인 경영방식을 도입하였다. 경제적으로 부침이 심한 어업의 변화는 섬사람들의 사회적 관계에 지속적으로 영향을 끼치고 있다. 어업의 흥망성쇠는 개인의 경제적 위치는 물론 사회적 위치에도 변동을 불러온다.

　지역사회에서 지선어장으로 불리는 마을어장은 마을 내부의 사회경제적 관계를 결정하는 중심축이라고 할 수 있다. 토지의 사적 소유를 기반으로 하는 농촌과 달리 마을어장을 공동소유하고 있는 어촌은 상대적으로 공동체성이 강하다. 어촌계는 법적으로 마을어장의 소유권자이며 실질적인 관리 주체이기도 하다. 마을어장을 기반으로 어촌계는 강력한 영향력을 행사한다. 어장의 균등한 이용과 소득분배는 주민들과 어촌계의 관계를 돈독히 한다. 마을어장은 전통적으로 가족 중심으로 노동하는 공간이었으며, 주민들에게 생계를 보장하는 경제적 안전망 역할을 하였다(김 준 2011). 하지만 어촌의 인구구성 변화 및 노령화, 어선어업의 쇠퇴, 수산물의 시장가격 변동, 국제유류 가격 상승 등의 영향으로 지선어장에서 어패류를 단순 채취하는 방식에서 벗어나 점차 양식어업으로 전환되었다.

2. 어선어업

일찍부터 한반도 도서지역 및 남해안의 풍부한 어족자원은 일본 어민(왜구)의 침탈 대상이 되기도 하였다. 1441년 고초도孤草島[1] 조어규약 체결 이후 일본 어민들이 '합법'적으로 고초도로 왕래하면서 거제도, 매물도, 세존도, 욕지도, 사량도 등지의 섬들을 드나들었다(박구병 1966: 256~261). 일본 어민들은 어로 허가구역인 고초도를 넘어 한반도 서남해안 일대를 횡행하면서 어장을 침탈하였을 뿐 아니라 섬 지역주민들의 생명과 안전을 위협하였다. 1510년 삼포왜란 및 1653년 일본 도쿠가와 막부의 해금海禁 정책으로 19세기 중반까지 일본 어민들의 조선해 진출은 공식적으로 중단 상태에 있었다. 하지만 불법 어로는 계속되었다. 밀항밀어密航密漁 형태로 일본 어민들은 한반도 연해로 지속적으로 출어하였다(박구병 1975: 199~200). 일본 어민들의 어장 침탈에 대한 조선 정부의 대응은 미미하였다.

---

[1] 고초도의 정확한 위치는 불분명하다. 학자에 따라 고초도를 전남 초도와 장도(박구병 1966: 252) 혹은 거문도(김승·김연수 2010), 또는 초도와 손죽도(주철희 2012)에 비정(比定)한다.

한반도 남해안을 횡행했던 일본 상어잡이 어선의 잔학함은 비진도에서 구전으로 전해 온다. 한 정보제공자는 옛날 '모주리(모조리)' 배가 온다는 말에 우는 아이도 울음을 멈출 정도로 공포의 대상이었다고 했다. 모조리 혹은 모주리는 상어의 일종이다.[2] 모주리 배가 사람을 잡아다가 산 채로 어창에 가둬 놓고 죽을 때까지 살점을 한 점씩 떼어내어 상어 미끼로 쓴다는 소문이 널리 퍼져 있었다. 그래서 '모주리 배가 떴다'는 소리가 들리면 마을에 있던 아이들과 여자들은 재빨리 산으로 피신했다고 한다.

일제강점기 이전 비진도의 어업 수준은 해조류와 어패류를 단순 채취하고 소형 무동력 어선으로 낚시를 하거나 그물로 포획하는 수준에 머물고 있었다고 한다. 주요 어획물은 미역, 천초, 톳, 파래, 김 등 해조류와 전복, 고동, 홍합 등 어패류와 감성이(감성돔), 망싱이(망성어), 뽈래기(뽈락), 멸치 등의 어류였다. 단순한 어로 기술에도 불구하고 해산물과 어족자원이 풍부해서 어획량이 많았다고 한다. 이런 정황은 우리나라 최초로 어업 관련 단체가 한산도 일대를 기반으로 설립되었다는 사실에서도 잘 나타난다(제7장 참조).

전통적 방식의 기존 수산업은 1904년 통어조약 이후 물밀듯이 몰려들어 온 일본 어민들의 영향을 받아 빠르게 변모하였다. 1910년 강제병합 이후 일본인들이 들여온 건착망巾着網, 박망縛網, 대부망大敷網, 각망角網, 걸망傑網 등 새로운 어구와 어법은 한국의 수산업에 커다란 영향을 미치기 시작했다(이진영 1992: 255; 사단법인수우회 1987: 제6장 참조). 일본식 그물과 어선, 그리고 새로운 어법이 도입되면서 한산도 일대의 어업에도 일대 변화가 일어나기 시작하였다. 특히 면허어업은 지역 내 유력자들에게 허가가 집중되는 경향이 나타났다.

비진도의 어업 역시 일본의 영향을 많이 받았다. 이런 정황은 1914년 11월 11일 부산에서 개최된 〈경상남도물산공진회〉를 통해서 짐작할 수 있다.[3] 공진회에 수산품을

---

2   1908년 발간된 『한국수산지』 I권에 따르면, 모조리 상어는 서남해, 제주도, 거문도, 어청도 근해에서 많이 어획되었다고 한다(한국수산지 I-1, 2010: 235).
3   일본은 조선물산공진회를 통해 한편으로는 식민지 조선의 수산 근대화를 추진하면서, 다른 한편으로 국가 주도의 식민 수탈을 노골화하였다(이기복 2006).

출품했던 총인구 및 출품개수는 조선인 996명/1,126개, 일본인 713명/1,126개였다. 통영 어민들은 수산품 분야에 최다로 출품하였다. 통영에서 공진회에 수산품을 출품했던 조선인은 516명/559개, 일본인 286명/421개였다. 조선인 출품자 중에서 통영 어민이 전체의 52%, 출품개수로는 56%를 차지하였다. 조선인과 일본인의 출품개수는 1,126개로 동일하였지만, 1등과 2등은 대부분 일본인에게 돌아갔다. 조선인 수상 물품은 총 587개였으며, 그중 4등이 477개였다(김유경 2021). 공진회에는 한산면 어민들도 다수 참여하였다. 출품자 중에는 비진도 출신으로 짐작되는 주민도 여러 명 있었다. 〈경상남도물산공진회〉 자료에는 출품자의 출신지를 '면' 단위로 표기하고 있어 정확한 거주지는 알 수 없다. '공진회'에 수산물을 출품하여 수상했던 사람 중에서 비진도 출신으로 추정되는 인물은 공덕윤(화포, 3등상), 박문섭(해채, 4등상), 공덕원(해채, 4등상), 박문첨(미역, 4등상), 박문두(석화채, 4등상) 등이 있다(조선총독부경상남도 1915: 217~246).

1920년대 후반부터 비진도에서도 여러 명이 어업허가를 취득하기 시작하였다. 구체적으로 살펴보면 다음과 같다. 박종관, 박문삼은 멸치 건착망, 박능실은 부망, 오화수는 멸치 건착망과 물메기 분기망, 김여성은 물메기잡이, 공원준은 석조망, 박현규와 박종견은 멸치 유망, 박성묵과 박능모는 물메기잡이, 김덕주·김재석·김봉주·오태현·김덕만·김여성·공석찬은 멸치잡이 어업허가를 받았다(통영수협 2014: 227~228). 이들 대부분은 당시 비진도의 유력인사였다.

각종 해산물이 풍부했던 비진도 근처 해역에는 마을 주민뿐만 아니라 인근 지역에서도 어선들이 몰려와 다양한 어법으로 어로 활동을 하였다. 바다에서 어로 활동은 친인척 간에도 경쟁이 치열하였다. 그래서 육지에서는 '아재비'이지만, 바다에서는 '쇠아들놈'이라 일컬을 정도로 어로작업 중에는 일상의 위계와 서열이 무시되기도 하였다. 마을 주민들이 '등(고개) 너머 뛰는 것이 고기였다'거나 고기가 '허들시럽게 많았다' 또는 '물 반 고기 반이라 해도 과언이 아니었다'는 말로 당시를 회상하였다. 마을의 주요 어선어업을 시기별로 살펴보면 다음과 같다.

1) 챗배와 들망

비진도에서 일찍부터 성행했던 어선어업은 분기초망으로 불리는 챗배와 들망이었다. 챗배는 야간에 불빛을 이용하여 멸치 떼를 유인하여 그물로 싸서 잡는 어법이다. 멸치는 표층에 무리를 지어 다니며 불빛을 잘 따르는 주광성 어류이다. 이런 멸치의 습성을 이용하여 불빛으로 멸치를 유인하여 긴 자루 모양의 그물로 몰아 잡는다. 챗배는 1척의 배에 선원 5~7명이 조업하였다. 대개는 가족과 친척들끼리 운영하였다. 뱃머리에 긴 장대(7~8발 정도의 길이)를 부착하고 장대 끝에는 불을 매달아 멸치를 유인한 후 장대를 서서히 배 몸통 쪽으로 옮겨 멸치를 포획한다. 당시에는 멸치가 '무진장'으로 많아 처치가 곤란할 지경이었다고 하였다.

챗배를 하다가 경제력이 나아지면 챗배보다 어선 수가 많고 규모가 큰 들망으로 전환하였다. 들망은 큰 배 1척에 그물 배 2척 그리고 불배 2척으로 작업을 하는 비교적 규모가 큰 어업이다. 들망은 큰배를 해류나 조류를 가로질러 선수와 선미 양쪽에서

〈사진 29〉 들망 어선(사진 출처: 통영시립욕지도서관)

닻을 내려 고정시킨 다음, 그물배가 선수와 선미 양쪽에서 그물을 V자형으로 펼치면 불을 밝힌 불배가 멸치 떼를 유도하여 그물 안으로 모은 후 한꺼번에 포획하는 어로 방법이다. 들망은 무동력선이었으며, 대개 12~13명이 함께 조업하였다. 큰 배에는 5명, 작은 배에는 각각 2명이 승선하였다.[4]

어선의 수는 시기에 따라 일정치는 않지만, 마을 사람들은 챗배는 15척 정도였으며 들망은 다섯 틀이 있었다고 기억한다. 비진도에서 들망을 크게 했던 사람은 박종임(박종하 형), 공석우(공평영 부), 박성렬(박종민 조부), 공석한(공석장 형), 공현준(공성권 부) 등이었다. 챗배를 하다가 형편이 나아지면 들망으로 바꾸었다. 반대로 들망을 하다가 경제 사정이 좋지 못하면 챗배를 하거나 다른 들망의 선원으로 일하기도 하였다.

챗배나 들망으로 잡은 멸치는 마을 앞 갯가에 설치된 어막魚幕에서 삶은 후 건조하였다. 마을 앞 갯가에는 개인 소유의 여러 어막이 설치되어 있었으며, 봄철에는 작은 멸치를 잡아 건조품으로 만들기 때문에 선도유지를 위해 하룻밤에도 여러 차례 조업 후 귀항하였다. 멸치를 삶고 건조하는 일은 주로 집안의 노인들과 부녀자들 몫이었다. 큰 멸치는 젓갈을 담거나 생멸치를 그대로 말려 '육산치'(멸치를 생으로 말린 것)를 만들었다. 멸치는 주로 음력 2월 그믐에 시작해서 음력 5월 20일 무렵에 작업을 마쳤다.

챗배나 들망에 사용된 불은 초기에는 관솔가지를 이용하다가 일제강점기에는 카바이드 불로 멸치를 잡다가 한국전쟁 이후에는 군부대에서 흘러나온 소형발전기로 불을 밝혔다고 한다. 들망이나 챗배를 막론하고 먼저 닻을 놓은 어선이 조업을 개시한 뒤에 나중에 온 배가 투망을 하는 것이 불문율로 지켜졌다고 한다.

마을에서 어선어업이 성행하게 된 시기는 일제강점기였다고 한다. 일제강점기 후반에는 들망으로 '이와치'를 잡았다.[5] 이와치는 기름을 짜는 어류로 비싸게 팔렸다고 한

---

4 구한말 일본인들이 한반도 남해안으로 진출할 무렵의 챗배와 들망 등의 한국의 어로 형태에 대해서는 이진영(1992)을 참고바람.
5 이와치는 청어목 청어과의 물고기로 몸길이가 약 25cm이다. 몸 빛깔은 등쪽이 암청색이고 옆구리와 배는 은백색이다. 한국, 일본, 타이완 등지에 분포한다. 정어리와 비슷하나 옆구리에 검은 점이 없다. 북한에서는 무점(無點) 정어리라 부른다.

다. 비진도 근해에는 들망 어선이 수십 척 몰려들었을 정도로 이와치 어장이 형성되었다. 음력 2월 그믐이나 3월 초에 시작하여 음력 5월 20일까지 이와치를 잡았다. 이와치는 기름기가 많아, 먹으면 설사병도 나왔을 정도였다고 하였다. 이와치 어장이 시들해지면 들망으로 멸치를 잡았다고 하였다.

'대동아전쟁' 이후 물자가 귀해지면서 어업에도 많은 타격이 있었다고 한다. 물자가 귀해 어장을 할 수 없을 정도였다. 일본인들이 물자를 통제했기 때문에 물자를 몰래 빼돌려 조업하기도 하였다. 어떻게라도 물자를 얻으려면 일본인들에게 '아부'해야 조금이라도 얻을 수 있었다. 하지만 전쟁이 막바지에 이르면서 불을 켤 수가 없었다. 밤에는 소등消燈해야 했던 시기였다. 배급으로 살았는데, 배급받은 식량은 먹을 수 없는 것이 태반이었다. 바다에서 톳과 미역을 캐서 곡물과 섞어 밥을 지어서 먹고는 목숨을 부지하였다고 하였다. 일본이 미국과 전쟁을 하면서, 공습경보가 울리면 모두 산으로 피신하였다. 한 정보제공자는 해방 직전에 B-29가 자주 나타났으며, 공출물을 실은 일본 상선이 비진도 앞바다에서 B-29의 사격으로 격침되었다고 기억하였다. 전라도 지방에서 공출물을 싣고 오던 수송선이라고 하였다.

2) 멸치 권현망

챗배와 들망은 '오게드리'라 불리는 권현망權現網 어업이 등장하면서 점차 밀려났다. 권현망은 일본인들이 도입한 어법으로, 챗배와 들망과 달리 밤이 아닌 낮에 조업한다. 일반적으로 권현망 한 틀(통)은 발동기 1척, 그물배(풍선) 2척, 멸치 삶는 배(풍선) 1척, 뎀마(풍선) 1척, 줄매는 배(풍선) 2척 등 총 7척으로 구성된 선단이었다. 뎀마는 '물선주'라 부르는 어로장 혹은 망쟁이가 타는 배이다. 발동기가 도입되기 이전 권현망 선단은 예선(히키부네) 2척, 그물배(오오부네) 2척, 망뗌마(어탐선) 1척, 가공선(이리야) 1척, 오가이다 1척, 나마가이다 1척, 뒷배 1척 등 총 9척으로 구성되었다고 한다(김상현 2021: 34). 최근에는 기계 기술이 발달하면서 본선 2척, 가공운반선 2척, 어탐선 1척 등 5척으로 어로작업을 하고 있다. 권현망은 어로작업과 어획물 처리가 동시에 이루어진다는 장점이

〈사진 30〉 무동력 권현망 어선(사진 출처: 기선권현망수협100년사)

있어 챗배나 들망보다 멸치의 신선도를 유지하는 데 훨씬 유리한 어법이었다.

한 정보제공자(박종원, 남, 75세)에 따르면, 해방 무렵 마을에서 권현망을 운영했던 사람으로는 공홍기, 공원준, 박종관, 천세빈 등이 있었다. 권현망 한 틀의 가격은 4만 8천 엔에서 5만 8천 엔이었다. 해방 직전에는 식량난이 아주 심각했다. 그 당시 정보제공자의 큰형이 일본 '이끼섬老岐島'까지 식량을 구하러 간 적이 있었다고 했다. 식량 보급은 콩 깻묵이 전부여서, '야메(뒷거래)'로 보리를 구해 선원들을 먹여 살려야 했다. 하지만 몰래 식량을 구입하다 들키면 선주가 영창을 가야 했다. 당시 큰형이 고용했던 권현망 선원들이 40~50여 명이었다. 식량난이 가중되면서 큰형은 권현망을 팔고 기계선(잠수기선)을 구입하려 하였다. 당시 권현망을 소유하고 있었던 큰형, 사촌형, 그리고 추원 사람이 모여 의논하여 권현망을 처분하고 '기계선(잠수기선)'을 구매하기로 뜻을 모았다. 사촌형 소유의 권현망 한 틀을 5만 8천엔에 팔았다. 사촌 형이 권현망을 팔고 나서 바로 해방이 되었다고 한다.

1959년 사라호 태풍으로 멸치잡이 어업은 큰 타격을 입었다. 어선들이 많이 파손되었으며, 마을 앞 해변에 설치되었던 멸치 어막 역시 대부분 유실되었다. 사라호 태풍 이전에 어막을 보유하고 있었던 사람은 다음과 같다. 박순오(1곳), 공순영(2곳), 김한수(1곳), 박종엽(1곳), 박종대(1곳), 박종권(1곳), 박관성(1곳), 공병곤(1곳) 등이었다. 기존 어막이 유실된 자리를 다른 사람이 함부로 차지하지 못하도록 마을 회의를 통해 결정하였다. 원사용자들에서 빈지濱地 사용 우선권을 부여하고, 신규 사용자에는 소정의 사용료를 징수하기로 가결하였다. 즉, 마을공동체 차원에서 어막의 사적 소유를 제한하였을 뿐 아니라 신규 진입자에 대해서는 별도로 사용료를 징수하였다.

1959년 사라호 태풍 이전까지 마을의 주요 어업은 챗배, 들망, 오게드리 등의 어선어업이었다. 이들과 함께 소규모였지만 문어단지배, 조기주낙배, 정치망定置網 등이 있었다. 한 정보제공자에 따르면, 1960년대까지 주민 중 겨우 1/5 정도가 자급자족하였으며 절반 정도는 중간 계층으로 쌀은 사서 먹고 보리는 자급자족하였다. 그 외 인구는 고용 선원 혹은 임노동에 종사하면서, 지선어장에 생계를 의존하였으며 식량은 전부 사서 먹었다고 한다.

3) 잠수기潛水器 어업

'기계선' 혹은 '모구리'배라 불리는 잠수기 어선은 일본인에 의해 도입된 것으로 허가가 까다롭고 자본이 많이 소요되는 어업이었다. 속칭 '모구리'라 불리는 잠수부가 공기 호스가 연결된 잠수복을 입고 수면 아래에 서식하는 전복, 해삼, 성게, 소라 등과 같은 어패류를 채취하고 심해에 서식하는 미역, 다시마 등 해조류도 채취하였다. 일제강점기 잠수기 어업은 조선인에게 허가가 제한되었던 업종이었다. 잠수기 어선의 가격도 일반 어선에 비해 엄청나게 비쌌다. 일제강점기 비진도에서 잠수기 어선을 소유했던 사람으로는 박종하, 박종대, 박종관 등이 있다.

박종하는 기계선 2척을 소유하였으며, 선창 공사 등을 수주하여 부를 축적했다고 한다. 박종하는 제2구를 어업구역으로 삼았던 〈조선잠수기어업주식회사〉의 중역으로 직책은 감사였다.[6] 조선잠수기조합주식회사는 1923년 설립되었다. 1935년 기준으로

〈사진 31〉 비진도 안선창의 잠수기어선(사진 출처: 통영수협백년사)

자본금 28만 5천 엔이었으며, 주주는 42명 잠수기 어선은 57척이었다. 회사 중역은 9명이었다. 박종하는 세 명의 감사 중 한 명이었으며 유일한 조선인 중역이었다(稻井秀左衛門 1937).[7]

박종대도 일제강점기에 기계선을 운영하였다. 당시 충무에서 수산전문학교 교장의 직위가 가장 높았다고 한다. 박종대는 수산학교 교장의 신임을 얻어, 수전의 잠수기 실습선으로 조업을 하였다. 7주일마다 7명씩 태우고 교대로 실습을 하였다. 수전 명의로

---

[6] 잠수기어업은 1908년 어업법 제정되면서 어장구역이 3개의 구역으로 구분되었다. 잠수기 어선이 증가하자 1929년 제2차 제한이 실시되어 어장구역은 4개의 구역으로 조정되었다. 조선잠수기어업주식회사가 관장했던 제2구는 강원도 주문진부터 전남 여수군 남면 작도까지였다. 즉, 경북 동해안부터 경남 남해안을 아우르는 구역이다(민경택 2021: 180).

[7] 조선잠수기조합주식회사에 가입한 조선인은 3명이었다. 경북 영덕 강구 출신의 김석순金石順, 경남 통영 한산면 출신의 박종하, 그리고 경남 통영읍 출신의 박재연(朴在演)이었다(稻井秀左衛門 1937).

조업을 했기에 어느 곳에서도 문제를 제기하지 못했다. 실습선으로 조업한 생산물은 진해 부대에 부식으로 납품하였다. 박종대의 잠수기 어선은 선주 포함 6명이 보국대 면제를 받았다고 한다. 수산전문학교의 실습선으로 3년 정도 조업을 하다가 해방이 되었다고 한다.

박종원은 자신의 큰형 박종관이 해방 무렵 권현망 한 틀을 5만 8천 엔에 팔아 기계선(잠수기선) 1척을 4만 8천 엔에 샀다고 했다. 기계선의 소유주는 일본인으로, 당시 그는 기계선을 7척이나 보유하고 있었다. 비진도의 주민 중 한 사람은 해방 직전 기계선 한 척을 4만 엔에 구입했지만, 곧이어 해방이 되면서 기계선 가격이 폭락하여 분통을 터트린 사례도 있었다고 한다. 그가 기계선을 구입하고 한 달 뒤에 해방이 되었다. 어떤 사람은 계약금 8~9천 엔을 지급하고 미처 잔금을 지불하기 전에 해방이 되면서 계약금만으로 기계선 한 척을 차지하기도 하였다.

한편, 어선어업으로 재산을 축적했던 사람들은 하동과 고성 등지에 논을 구입하였다. 마을 사람들에 따르면, 해방 이전까지 권현망 선주와 잠수기 어선 선주 5~6명이 고성 평야에 각각 40~50마지기의 논을 소유하고 있었다고 한다. 이들은 현지 주민들에게 소작을 주고, 가을 추수철이면 어선을 이용하여 쌀을 실어 왔다. 마을 사람들이 소유했던 고성의 토지는 일부는 대동아전쟁 이후 유류 가격이 상승하면서 처분하고, 일부는 해방 이후 토지개혁으로 처분하였다고 하였다.

내항에서 잠수기 어업은 1950~60년대까지 성행하였다. 1960년대 마을에서 잠수기 선을 운영한 사람은 6명이었다. 당시 잠수기 어선은 가장 수입이 높은 어업 중 하나였다. 잠수기 어업의 신규 허가권을 얻기가 매우 어려워지면서 잠수기 어선이 실제 가격에 비해 몇 배 비싸게 매매되기도 하였다. 이와 같은 현상은 1990년에도 지속되고 있었다. 마을에서는 1980년대 이후 잠수기 어업이 중단되었다. 현재 잠수기 어업은 통영시와 거제시 등 특정 지역에만 존속하고 있다.

4) 나잠 어업

'잠수배' 혹은 '해녀배'로 불리는 나잠 어업은 제주도 출신 해녀(잠수)를 고용하여 연안 근처 수면 아래에 서식하는 패류와 해조류를 채취하는 어업이다. 해녀 배의 선주는 마을어장의 사용권을 구입하여 작업장을 확보하고 해녀들의 작업에 이용되는 선박을 구비해야 한다. 해녀들은 선주가 마련한 어장에서 작업한다. 해녀와 선주가 3 대 7 또는 4 대 6 비율로 생산액을 배분한다. 선주는 빈매 방식으로 제1종 공동어장의 채취권을 독점하거나 마을과 채취 계약을 맺어 해조류만 채취하는 반채권을 획득하여 자신이 고용한 해녀로 하여금 채취케 한다.

언제부터 비진도에서 나잠 어업이 시작되었는지는 확실치 않다. 하지만 1890년대 후반 거제 저구리에서 우뭇가사리와 은행초 채취를 위해 제주도 해녀들을 데려왔다는 사실(김수희 2007: 305; 통영수협 2014: 166)과 1908년 거제한산모곽전조합이 설립되었다는 기록으로 미루어, 1890년대 후반 늦어도 1908년 이전에 제주도 해녀들이 비진도를 비롯한 한산면 일대에 진출했을 것으로 짐작된다. 일제강점기부터 한산면 일대에는 나잠 어업이 성행하였다. 1925년~1930년대부터 해녀들이 들어와 용호도, 비진도, 죽도, 매물도 등지에서 미역, 천초 등 해조류와 소라, 전복, 홍합 등 어패류를 채취하였다(통영수협 2014: 230).

초기 비진도에서 '잠수배'를 운영했던 사람은 박종평, 박종견, 박재삼, 박해구, 천세규, 공순영 등이었다. 1960년대에 잠수배를 운영했던 사람은 박기봉, 강승호, 공성용, 천세갑 등이 있었다. 1970년대에도 3~4명이 나잠 어업에 종사하였다. 하지만 1978년 어촌계 직영화로 마을의 나잠 어업자들은 일부는 폐업하고 일부는 다른 지역으로 이전하였다. 1988년 마을에 마지막으로 남아 있던 나잠업자가 근거지를 충무로 옮기면서 1990년 현재 어촌계가 직영하는 나잠 어선 1척만 남아 있었다. 어촌계가 고용하고 있는 해녀들은 대부분 마을 주민이다. 어촌계와 해녀는 5 대 5 비율로 생산액을 배분하고 있다. 마을 어촌계는 상대적으로 다른 나잠업자에 비해 해녀의 배분 비율이 높은 편이다. 한편 나잠 어업과 잠수기 어업은 서로 경쟁적인 관계에 있지만, 상대적으로 잠수기 어업이 심해에서 조업하고 나잠 어업은 수심이 낮은 연안에서 작업한다는 차이가 있다.

5) 오징어잡이와 꼬막잡이 어업

1960년대부터 근해 어선어업이 활기를 띠기 시작하였다. 이때부터 어선들이 대형화되고 동력화되었다. 또한 마을 가까운 곳에서 작업하던 방식에서 벗어나 동해안과 서해안 등지로 조업을 나가는 등 어선어업이 늘어났다. 1960년대 말까지 상어잡이 어선이 있었지만, 가장 성행했던 어선어업은 울릉도, 속초, 주문진 등 동해안으로 출어했던 오징어잡이('이까발이')였다. 마을에서 오징어잡이 어선을 운영했던 사람들은 10여 명에 이른다. 기존의 어선어업에 비해 오징어잡이는 상대적으로 투기성이 강한 근해어업이다.

오징어잡이 어업은 신흥세력들에게 자본을 축적할 수 있는 기회를 제공하였다. 당시 오징어잡이 배를 운영했던 선주들은 젊고 사업가 기질을 가진 사람들이 대부분이었다. 특이한 사항은 챗배와 들망은 선주의 이름으로 기억하고 있었지만, 오징어잡이는 선주의 이름보다는 선명으로 기억하고 있다는 것이다. 이것은 근해어업에서는 선주 개인보다 어선이 더 중요한 특성으로 자리 잡아 가고 있음을 보여준다고 할 수 있다.

1960년대 초반 동해안에서 오징어잡이를 했던 어선은 청강호(천형순), 장천호(천병순), 영진호(박기봉), 척진호(박순진), 양진호(공양철), 금성호(공작지) 등이 있었다. 이후 오징어잡이가 사양길에 접어들면서 서해안 꼬막 채취(꼬막발이)로 바꾸었다. 마을에서 꼬막잡이를 했었던 어선(선주)으로는 복윤호(박순진), 남일호(천복순), 태양호(박중연), 대원호(공평영), 해성호(공석우) 등이 있었다. 1970년대 말 신력호(추형옥), 신흥호(공재곤)가 등장하였다. 꼬막잡이 어선은 충청도, 전라도, 연평도 바다로 진출하였다. 서해안으로 진출했던 인물은 박순진, 공정택, 공재곤, 박욱이(박낙규 아들), 천병순, 김기곤, 박중연 등이었다.

1970년대까지 서해안 어장에 꼬막이 무진장이어서 출어하는 어선마다 많은 수입을 올렸다. 그러자 여러 곳에서 꼬막잡이에 뛰어들고 남획하면서 꼬막의 가격이 하락하고 생산량도 줄어들어 곧 사양길에 접어들었다. 여기에 더하여 유류 가격이 상승하면서 파산하는 경우가 있었다. 마을 내부에서도 일대 변화가 일어났다. 오징어잡이 또는 꼬막잡이로 돈을 번 사람들은 1970년대 후반부터 충무나 부산 등지로 이주하였다. 한마디로 마을 안에 부가 축적되지 않고 외부로 빠져나가는 결과를 초래했다.

이런 현상을 두고 마을 사람들은 마을의 풍수지리적인 입지 조건 때문이라고 말하였다. 즉 '소쿠리(삼태기)'처럼 마을 앞이 벌어져 있어 소쿠리에 물건이 가득 쌓이면 비워야 하듯이 마을에 부가 쌓이면 바깥으로 빠져나갈 수밖에 없다고 설명한다. 참고로 1970년대 12~13톤 급 어선 1척 값이 600만 원이었다. 어선 한 척 가격으로 충무 시내 주변부에 있는 집 2채, 중심부에 있는 집을 한 채 살 수 있었다고 한다. 당시 충무 시내 2층 건물이 600만 원 정도였다고 한다.

1970년대 중후반 마을의 총 호수는 85호였으며, 인구가 가장 많았던 시기라고 한다. 이때는 오징어잡이와 꼬막잡이 어업이 성행했던 시기였다. 이후 마을 인구는 점차 줄어들기 시작하였다. 어선어업자들이 타지로 이주하고 청년들마저 외지로 나가기 시작하였다. 기존 선주 중 일부는 통영과 부산으로 근거지를 옮겨 어선 사업을 하고 있다.

〈사진 32〉 꼬막잡이 어선
(사진 제공: 공복식)

6) 소형기선저인망(고데구리) 어업

　1970년대 이후 오징어잡이와 꼬막잡이 어업이 쇠락하면서 '고데구리'로 불렸던 소형기선저인망 어업이 성행하기 시작하였다. 소형기선저인망 어업은 그물코가 촘촘한 그물을 사용하여 바다 밑바닥까지 끌고 다니면서 어린 물고기까지 무차별적으로 남획하는 불법 어업이었다. 고데구리 어업은 5톤 이상의 어선이 주를 이루고 있지만, 비진도에서는 2톤 미만의 소형어선으로 조업하고 있었다. 2톤 미만의 소규모 고데구리 어선은 1~2명으로 어로작업이 가능하다. 주민들은 고데구리 어업이 불법인 줄은 잘 알고 있지만, 어자원 고갈, 인력 부족, 자금력 부족 등으로 어쩔 수 없이 고데구리를 하고 있다고 하소연하고 있다. 소형저인망 어업은 정부 당국의 단속이 심해지면서, 서서히 자취를 감추고 있었다.[8]

〈표 20〉 어선어업의 변천 과정

시대 구분 \ 업종 구분	멸치잡이			잠수기	나잠	오징어잡이	꼬막잡이	기선저인망
	챗배	들망	권현망					
일제강점기 이전								
일제강점기								
해방 이후~ 사라호 태풍 이전								
1960년대								
1970년대								
1980년대								
현재								

8　소형기선저인망을 2004년 특별법 제정으로 2005년부터 2006년까지 2,467척의 어선을 정부에서 매입 폐기하면서 어업현장에서 사라졌다.

이상에서 개괄한 어선어업의 변천 과정을 시대별로 정리하면 〈표 20〉과 같다. 멸치잡이 챗배, 들망, 권현망은 일제강점기에 시작되어 1950년대에 거의 사라졌다. 반면 잠수기 어업은 1980년대까지 존속하였다. 나잠 어업은 1978년 어촌계 직영화로 민간 사업자들이 마을이 떠나면서 1990년 현재 어촌계 직영 나잠 어선 1척만 남아 있었다. 1960년대부터 1970년대까지 동해안에서 오징어잡이가 성행하였으며, 1970년대부터는 서해안에서 꼬막잡이가 활발하게 전개되었다. 오징어잡이와 꼬막잡이는 근해어업의 일종이다. 이는 어선이 대형화되고 사업의 규모가 커졌음을 의미한다. 1980년대 이후 소규모 기선저인망이 등장하였지만, 어선 세력은 미미하였다.

한편, 1990년 현재 마을에 등록된 어선 26척 중에서 22척이 2톤 이하의 소형어선이었다. 소형어선 대부분은 채낚기 어업 및 연안통발 어업으로 허가되었지만, 주민들은 어업허가의 종류와 상관없이 각종 어로 활동에 사용하고 있다. 대다수는 계절과 시기에 따라 찾아오는 낚시꾼을 태우고 낚시터를 찾아다니거나 어선 자체를 대여하는 방식으로 운영하고 있다. 낚시꾼 3~4명을 기준을 하루 대선료는 5만 원이었다. 여기에 인원이 추가되면, 1인당 만 원씩 받는다.

3. 양식어업

비진도 내항의 경우 주민과 비주민 또는 어촌계원과 비어촌계원 간의 경계가 뚜렷하지만, 주민들 간의 동질성은 매우 높고 유대가 강하다. 주민들 사이에는 보상의 즉각성과 등가성을 크게 고려하지 않고, 일반적인 호혜적 교환체계가 작동된다. 마을 주민들은 동제와 별신제, 위령탑과 거리지신 비석 등을 통해 공통의 상징체계와 해석틀을 공유하고 있다. 따라서 주민들 간의 신뢰 수준이 높을 뿐 아니라 쉽사리 신뢰관계가 깨어지지 않는다. 공동체로서의 마을은 누적된 경험과 전통을 바탕으로 축적되고 형성된 지역성이 아주 강하다. 강한 지역성은 상호의존적인 인간관계의 토대가 되며 입호제도와 같은 공동체적 규제의 근원으로 작동된다.

1970년대 이후 마을에서는 연근해 어선어업이 쇠퇴하고, 양식어업이 등장하면서 어촌계의 역할이 강화되었다. 양식어업을 하기 위해서는 마을어장 면허권의 법적 주체인 어촌계의 통제와 허가를 받아야 한다. 한마디로 마을어장의 경제적 가치가 높아지면서 어촌계의 역할이 더욱 중요해졌다고 할 수 있다. 지선어장을 중심으로 단순 채취 포획하던 기존 방식에서 벗어나 새로운 형태의 양식어업이 도입되자 공동체적 규제가 오히려 강화되었다.

섬이라는 폐쇄된 공간에서는 구성원들 간의 상호감시가 용이하다. 상호감시를 통해 어촌계의 규제가 구성원들에게 관철되며, 규제를 위반했을 때는 일정한 제재가 가해진다. 어촌계원의 자격이 박탈되거나 일부 권리가 제한되기도 한다. 어촌계는 마을어장이라는 공유자원을 이용하면서, 균등한 배분과 평등한 접근권을 내세워 경제적 행위보다 공동체 유지라는 사회적 규범을 실천하고 있다.

1) 미역양식

전통적으로 마을 지선어장은 어장 내에 서식하는 해조류와 전복, 소라, 해삼 같은 어패류를 단순 채취하는 공간으로 여겨왔다. 비진도에서 언제부터 양식을 시작했는지는 정확히 알 수 없지만, 외항의 대동회 문서에 따르면 1944년에 합자蛤子를 양식했다고 한다. 단순히 기르는 어업이 아닌 인공적인 양식은 1970년대 연승수하식延繩水下式으로 미역을 양식하면서 시작되었다고 할 수 있다. 1968년 한산어협으로부터 미역양식 허가를 취득하였으며, 통영수산전문학교(현 경상국립대학교 해양과학대학)의 기술지원을 받아 1971년 처음으로 연승수하식으로 미역을 양식하였다. 1970년대 이후 마을에서 양식업이 주요 어업으로 등장하였다.

어선어업의 몰락으로 침체되어 있던 마을의 경제가 미역양식으로 다시 살아나기 시작했다. 미역양식은 주민 전체의 참여를 전제로 희망자는 보증금을 내고, 어장과 어장 사이에 설치하는 간선의 간격과 길이, 어장에 사용되는 줄 굵기 등을 규제하여 밀식에 따른 폐해와 한 사람의 잘못으로 파생될 수 있는 피해를 미리 방지하였다. 아울러 어장의 위치에 따른 생산성의 차이를 감안하여 어장에 등급을 부여하여 사용료를 서로 다르게 부과하는 등 양식어장 사용자들 간의 형평성을 유지하기 위해 세심하게 배려하였다.

다른 지선어장과 마찬가지로 미역양식장 역시 5~7개로 구역을 획정하여, 양식 희망자를 대상으로 공개입찰 방식을 통해 자리를 배분하였다. 수하식 미역양식은 기초 설치비와 관리비용이 높아 위험부담이 큰 사업이었다. 초창기에는 희망자가 많지 않아 수의계약 방식으로 양식장을 배분하고 운영하였다. 점차 희망자가 늘어나면서 나중에는 마을 주민 전체가 참여하는 방식으로 전환되었다. 미역양식 희망자가 많아지면서 갈등과 부작용이 발생하였다. 다음은 수하식 어장 운영을 둘러싼 논쟁을 기록한 1973년 '새마을추진회의 및 부락동회'의 일부이다. 참고로 마을의 대동회의는 1973년부터 새마을추진회의로 명칭이 바뀌었다.

- 어촌계장 : 4월 30일 공고하여 5월 10일까지 미역수하식 희망자와 희망량을 파악하여 할 수 있는 양과 희망량을 조정합시다(일동찬성).
- 박○진 : 미역수하식 어장 수의계약은 과거에는 폐단이 있기는 하였으나, 개인의 독점을 막기 위하여 공동으로 이익을 높이기 위하여 봉암리(한산면 추봉리)의 예를 들면 장소마다 예정가격을 결정하되 추첨으로 적당한 가격을 하면서 전어촌계원이 (참여)하도록 합시다.
- 어촌계장 : 추첨으로 하면 개인이 불리한 것이 있지 않습니까?
- 박○민 : 모든 동민이 전부하는 것을 원칙으로 합시다.

마을 회의에서 미역양식장은 마을 주민 모두가 참여하는 '협업'어장 형태로 운영하기로 결정되었다. 이에 따라 예상되는 지선어장과 양식어장과의 충돌, 수하식 어장의 줄 간격, 배당받은 수하식 어장의 양도권 등에 관한 공동규제가 마을 회의라는 형식을 빌려 합의되고 문서로 강제화되었다. 다음은 1973년 5월 28일 개최된 '부락 임시 회의'록을 발췌한 것이다.

1. 개회사

이장 : 새마을 사업마무리(보고). 미역수하식 양식장 처리문제(안건상정)

2. 미역수하식 관계

① 미역수하식 양식어장은 지선권보다 우선으로 하여 지선에서는 이의할 수 없다.

② 미역양식을 희망하는 자는 6월 5일까지 동사무소에 보증금 10,000원을 납부하며 6월 5일이 경과될 시에는 희망하지 않는 것으로 한다.

③ 간선과 간선의 거리는 4m를 원칙으로 한다.

④ 본 부락에 거주하는 희망자 이외에는 절대 양도할 수 없으며 타 어촌계원에게도 양도할 수 없다. 만약 양도할 경우에는 부락에서 몰수하며 차기 협업사업에 일체 참여시키지 않는다.

⑤ 배당된 시설량 이외는 추가로 징수한다.

⑥ 양식장의 등급은 A, B, C로 구분하여

A급 : 작은 소당여

B급 : 등너머

C급 : 충복도, 검덩널, 통강정, 청딩이 앞

⑦ 각 등급별 가격(1m당)은 다음과 같다.

A급 : 40원, B급 : 35원, C급 : 30원

1975년부터 미역양식장을 4~6곳으로 나누어 예정가격을 제시하고 입찰방식으로 공동양식장 사용권을 위임하였다. 1976년 미역양식장은 통강정, 소당여, 영끝, 어등구미로 나누어 입찰 공고하였다. 마을 회의를 통해 어장을 설치하면서 항해에 지장을 초래한다고 정부에서 문제를 제기하면 마을 차원에서 시설을 변경할 수 있도록 조치하였다. 하지만 곧이어 미역 가격이 폭락하면서 미역양식에 참여했던 주민들이 큰 손해를 입게 되었다.

1975년 이후 대량생산과 가격폭락으로 미역 양식업은 서서히 쇠락하였다. 이런 경향은 미역양식 사용료의 하락에서 잘 드러난다. 1973년에는 양식 어장 줄을 기준으로

〈사진 33〉 1970년대 건조한 미역(사진 출처: 내항 마을회관)

1m당 A급이 40원, B급이 35원, 그리고 C급으로 분류된 곳은 30원이었다. 하지만 1976년에는 미역양식 어업권 입찰이 유찰되어 선착순으로 미역 양식권을 불하했으며, 1979년에 이르러서는 마을의 미역양식장 5곳 중에 2구역에서는 희망자가 없어 아예 양식을 하지 않았다는 사실에서 잘 드러난다.

1978년에는 통강정(215,500원), 소당여(144,000원), 영끝(142,000원), 소 어등구미(50,000원), 대 어등구미(40,000원) 등 5개의 어장에 5명이 미역양식을 하였다. 1979년도에는 통강정(121,500원), 소당여(135,000원), 영끝(입찰자 없음), 소 어등구미(27,500원), 대 어등구미(입찰자 없음), 넓늘(55,000원) 등 6개의 어장에 4명이 미역양식을 신청했으며, 입찰금 역시 전년도에 비해 현저하게 축소되었다. 다음은 1981년도 미역양식장 및 낙조전落藻田 입찰공고이다.

〈1981년도 미역양식장 및 낙조전 입찰공고〉

입찰요령

-. 입찰일시: 1980년 8월 31일 정오

-. 개찰일시: 1980년 8월 31일 정오 이후

-. 입찰금의 보증금: 낙찰금의 2할 이상

-. 낙찰금의 불입일자: 1980년 9월 15일까지

-. 보증금이 낙찰금의 2할 미만일 때는 낙찰을 무효로 함. 보증금도 반환치 않음.

-. 입찰 보증금이나 낙찰금은 필히 현금이나 은행에서 발행한 자기앞 수표만이 된다.

-. 본 입찰에서 유찰이 있을 시에는 개발위원회에서 조정 집행한다.

-. 입찰 용지는 응찰자의 임의로 하되 필히 서명날인해야 한다.

-. 고의로 유찰하거나 낙찰된 구역을 포기할 시에는 수의도 재입찰도 일체 할 수 없다.

-. 위의 각 항을 위배시에는 입찰 자격을 상실하며 낙찰을 무효로 하며 이에 엄격히 준수하여 입찰에 응할 것을 자에 공고함.

내항 이장

어촌계장

1976년을 기점으로 미역양식에 대한 주민들의 호응은 사그라들기 시작하였다. 미역양식의 쇠퇴는 사용료 삭감에서 잘 드러난다. 1981년 및 1982년도 미역양식 사용료는 1m에 20원이었다. 1983년도에는 1m에 10원으로 삭감되었다. 마을 개발위원회는 입찰방식에서 선착순으로 바꾸어 미역양식장 사용을 허가하였다. 1984년도 낙조전은 입찰방식으로 사용권을 이양하였지만, 미역양식은 희망자와 수의계약하는 방식으로 변경하였다. '낙조落藻'는 바닷가에 밀려온 해조류를 말하며, 낙조전은 낙조를 걷어 갈 수 있는 구역을 일컫는다. 이처럼 해조류를 채취하는 어장은 물론 먹지도 못하는 해조류가 밀려드는 곳도 '밭田'으로 표현하고 있다. 낙조는 한데 모았다가 삭혀서 농작물의 거름으로 사용한다. 다음은 어촌계장과 이장 명의로 게시된 1984년도 미역양식장 및 낙조전 입찰공고 내역이다.

⟨1984년도 미역양식장 및 낙조전 입찰 공고⟩

1. 입찰일시: 1983년 10월 3일 정각 11시
2. 입찰 보증금: 낙찰 금액의 1할 이상
3. 낙찰금불입 일시: 1983년 10월 20일
4. 보증금이 낙찰금액의 1할 이하일 때는 낙찰을 무효로 한다.
5. 입장 용지는 임의로 하되 필히 서명 날인한다.
6. 고의로 유찰하거나 낙찰된 구역을 포기할 시는 수의로 보증금을 포기함과 동시에 재입찰을 실시한다.
7. 미역 수하식 어장에 대하여는 희망자에 한하여 수의로 구역을 결정한다.

1984년도 미역수하식 및 낙조전 낙찰 내역은 다음과 같다. 낙조전은 5개 구역으로 나누어 예정가를 공지한 다음 입찰을 통해 사용권을 이양하였다. 마을에서 상대적으로 접근하기 쉽고 해조류가 많이 밀려오는 서편과 동편은 입찰 예정가도 높았을 뿐 아니라 3배 이상 높은 가격으로 팔렸다. 서당여(혹은 소당여)는 마을 바로 앞에 있지만, 선박을 이용해야 접근할 수 있는 구역이다. 그래서 입찰 예정가가 낮게 책정되었지만, 예정가의 3배에 가까운 금액으로 낙찰되었다. 마을에서 고개를 넘어가야 하는 청등과 어등구미는 상대적으로 경쟁이 치열하지 않았다. 청등은 입찰 예정가로 낙찰되었다. 1984년도 낙조전 낙찰 내역은 〈표 21〉과 같다.

〈표 21〉 1984년 낙조전 낙찰 내역

지선명	예정가(원)	낙찰자	낙찰금액	보증금	잔금
서편	20,000	공석대	61,200	10,500	50,700
동편	20,000	박종민	65,500	10,000	55,500
서당여	3,000	천병순	8,500	5,000	3,500
어등구미	7,000	박종형	10,250	5,000	5,250
청등	2,000	공병곤	2,000	2,000	0
계	52,000		147,450	32,500	114,950

한편, 미역 수하식은 아예 양식 희망자가 없었다. 결국 마을에서 미역양식 희망자를 직접 섭외하여 수의계약 방식으로 미역 양식어장 허가권을 이양하였다. 1984년도 미역 양식어장의 낙찰 내역은 〈표 22〉와 같다.

〈표 22〉 1984년 미역 양식어장 낙찰 내역

지선명	예정가격	시설자	대금
통강정	1m당 7원	추형옥	20,000

1984년 이후 마을에서 미역양식이 중단되었다. 미역수하식은 수의계약으로 바꾸고 희망자가 직접 구역을 결정할 수 있도록 변경하였지만 점점 사양길로 접어들었다. 1984년에는 통강정 어장에 단 1명이 미역양식을 했으며, 어장 사용료는 1m에 7원으로 책정되었다. 1985년에는 미역양식을 신청한 가구가 아예 없었다. 이후 1990년까지 마을에서 미역양식을 했던 사람은 아무도 없었다.[9] 양식 미역이 대량으로 생산되면서

미역가격이 하락하고, 자연산 미역의 생산량마저 줄어들면서 지선어장 내 미역밭의 가치도 떨어졌다.

2) 멍게 양식

수하식 미역양식이 중단된 1985년부터 멍게양식이 시작되었다. 1985년 통강정 1곳에 어장허가를 받아 어촌계원 세 사람에게 양식장 사용을 허가하였다. 양식장 200m 1줄에 20,000만 원의 행사료를 부과하였다. 멍게양식은 미역양식과 양식방식이 크게 다르지 않지만, 양식 기간이 2년으로 생산주기가 길고 상대적으로 초기비용이 많이 소요된다. 1987년도 기준으로 멍게양식 한 줄(200m) 설치에 소요된 품목 및 비용은 다음과 같다. 포자대금 400,000원(10×40,000원), 어장설치비 150,000원(200m×1줄), 봉줄 100,000원(200m×5,000원), 부자 24,000원(20개×1,200원), 부자 줄 44,000원(3.5×1마루)이었다. 1985년 처음 3명이 시작했던 멍게양식은 1986년-1987년도에는 13명으로 늘어났으며, 양식어장 역시 총 16줄로 규모와 시설도 증가하였다. 그 결과 마을에서 부과하는 행사료도 줄당 50,000원으로 증액되었다.

해를 거듭할수록 멍게양식을 하겠다는 희망자가 늘어나자 마을 공동으로 양식장을 설치한 후 구역과 줄의 위치를 추첨으로 배정하는 방식을 도입하였다. 1986년도에는 참여자가 증가하면서 통강정 어장은 15줄로 확대되었으며 희망자에 따라 2줄을 배당받기도 하였다. 통강정 어장과 별도로 마을 앞(집 앞) 어장에 1줄짜리 어장이 새로 조성되었다. 집 앞 어장은 1년을 단위로 허가료 50,000원이었다. 1987년도에는 3곳의 양식장에 49명이 참가하였으며, 줄당 행사료는 150,000원으로 3배나 증액되었다. 다음은 1987년도 기준 마을 주민별 멍게 양식장 위치이다. 1번부터 외해에서 시작된다. 1987년도 멍게 양식어장 배치 및 줄 순서는 〈표 23〉과 같다.

---

9   1999년에 마을에서 허가받은 미역양식장은 2ha였으며, 3년간 6,000만 원의 행사료를 받고 운영권을 양여하였다.

<표 23> 멍게 양식장 줄 배치(1987.7.4.)

제1조	순서	이름	제2조	순서	이름	제3조	순서	이름
오곡도 쪽	1번	이주원	바다 쪽	1번	공구영	바다 쪽	1번	박기봉
	2번	김철부		2번	공준근		2번	공성권
	3번	박문하		3번	추형열		3번	천병순
	4번	박승렬		4번	공봉영		4번	김둘선
	5번	추형윤		5번	공종영	집 앞	5번	천맹곤
	6번	공복식		6번	백진휘		6번	공태근
	7번	양찬실		7번	박문도		7번	지연근
	8번	박주연		8번	김경모		8번	김갑수
충복도 옆	9번	박승수		9번	정명연	지선 앞	9번	공경조
	10번	추양호	통강정	10번	박태연			
	11번	천용기		11번	공기영			
	12번	박종두		12번	천봉기			
	13번	박일남		13번	김태용			
	14번	천경순		14번	박종민			
	15번	김세갑		15번	공인용			
	16번	박평진		16번	공복권			
	17번	천성기		17번	이진영			
	18번	공석대		18번	박종형			
지선 앞	19번	공성택	지선 앞	19번	공정래	지선 앞		
	20번	공명곤		20번	박종대			

　　1987년 멍게어장의 배정 및 처분에 관한 마을 차원의 규제를 별도로 마련하였다. 멍게어장은 세 곳으로 어장 크기별로 인원수를 할당해놓고 추첨으로 개인의 구역과 멍게 어장줄의 위치를 배정하였다. 1조 어장은 오곡도 앞에서부터 충복도 옆에 형성된 어장으로 할당 인원은 20명이었다. 2조 어장은 통강정 앞에 마련된 어장으로 할당

인원은 20명이었고, 마지막 3조 어장은 마을 앞에 형성된 어장으로 할당 인원은 9명이었다. 하지만 3조의 어장은 정식으로 허가받은 구역이 아니었다. 멍게 양식을 희망하는 주민이 늘어나면서 허가구역과 별도로 추가 어장을 개설하였다. 멍게어장은 호당 1줄로 제한하였다. 멍게어장의 사용과 관련된 규제는 1987년 7월 4일자 어촌계 회의록에 잘 나타나 있다. 다음은 어촌계 회의록 내용이다.

1. 각 개인 어장은 절대 양도할 수 없다.
2. 3조(집 앞) 멍기(멍게)줄 양식은 동네서 책임지고 상부에서 말썽이 있을 시 이식을 하여준다.
3. 멍기 양식을 하는 사람은 타 곳에 이주할 시에 인건비를 제외하고 원금만 지불한다.
4. 멍기양식 기간은 어촌계 회의하에 실시한다.
5. 행사료는 150,000원으로 2년간 한다.
6. 멍기양식을 하면서 도채를 하여 발각시에는 어촌계 탈퇴와 동시에 동네혜택을 주지 않는다.
7. 멍기어장안에 낚시나 들이, 자망 등을 일절 못한다.
8. 1조, 2조, 3조 사고시에는 그 조에서 공동경비를 부담한다.
9. 멍기판로시에는 어촌계원 합의하에 판다.
10. 멍기봉줄은 3.5m로 하고 200봉 이상은 절대로 넣지 못한다.
11. 이외 사고시에는 각 조에서 합의하에 한다.
이상 위의 사항을 준수치 않을 시에는 어촌계 조합원 탈퇴와 동시 모든 혜택을 취소한다.

개인에게 배당된 어장을 다른 사람에게 양도할 수 없게 규정함으로써 모든 가구의 공평한 참여를 보장하고, 어장의 사유화 혹은 독점화를 배제하고 있다. 즉 경제적 차이에 따라 어장의 크기나 숫자를 달리할 수 없게 하고, 사고가 발생할 경우에는 마을에서 공동으로 대체함으로써 개인의 피해를 최소화하고 있다. 양식장 허가가 없는 3조의 어장에 대해 마을에서 전적으로 책임을 지고 이식을 약속함으로써 제한된 허가 면적으로 인한 경쟁에서 벗어날 수 있는 대체 방안을 마련하였다. 그리고 이주시에는 양식장 설치에 투입한 원금만을 보상한다고 규정함으로써, 공동재산의 소유가 마을이라는 사실을 명확히 하고 있다. 즉 자원에 대한 개인적 권리는 공동체의 권리에 종속된다는 점을 보여준다.

양식 기간과 판매를 어촌계원들의 합의로 결정한다고 규정함으로써, 개인들 간의 경쟁을 미연에 방지하고 판매를 둘러싼 잡음을 회피하는 것은 물론 중간 상인들과의 가격경쟁에서도 유리하게 대응할 수 있게 하였다. 멍게 봉줄과 봉의 숫자를 제한함으로써 밀식에서 나타날 수 있는 폐해를 방지하고, 개인의 이익보다는 공동어장 전체의 이익을 극대화하는 장치를 마련하고 있다. 즉 공유재산을 사용하는 개인들이 서로 협조하고 자원의 남용과 제한된 자원을 둘러싼 개인들 간의 경쟁과 갈등을 최소화하고 있다. 그리고 '도채'라는 일탈행위에 대해서는 어촌계원의 자격을 박탈할 뿐만 아니라 마을에서 부여하는 각종 혜택을 주지 않는다고 강력하게 규정함으로써 구성원들의 일탈 행위를 제도적으로 통제하고 있다. 공동어장의 사용을 둘러싼 여러 규제를 문서의 형태로 기록하고 명시함으로써, 사회적으로 '강제된' 합의의 형식으로 제도화하였다.

마을에서 너도나도 멍게양식을 하겠다고 신청하면서 멍게양식은 곧바로 유망어업으로 떠올랐다. 하지만 연이은 적조현상으로 멍게가 폐사하고 태풍으로 어장이 유실되면서 피해가 속출하자 멍게양식에 대한 열기도 식어버렸다. 멍게양식 희망자가 줄어들자 1989년도부터 어장 사용료를 30,000원으로 낮추었다. 멍게양식은 어장 시설에 투입되는 기본비용이 많고 자금회전이 길다. 따라서 한 해라도 생산에 실패하거나 태풍 또는 사고가 발생하면 소자본 어민들은 돌이킬 수 없는 파산으로 이어지기도 한다.[10]

---

10 1999년 재조사 당시 비진도에서는 멍게어장 6ha(4ha 1건, 2ha 1건) 허가권을 보유하고 있었다. 4ha 어장은 허가 면적이 원래 7ha였지만 사용 면적은 4ha로 축소하여 운영하고 있었다. 4ha 어장은 3년간 1,500만 원, 2ha 어장은 3년간 700만 원의 행사료를 받고 있다.

제9장

마을 정치와 사회관계

1. 지배 세력과 이장

　마을은 단순한 사회적 또는 지리적인 단위체가 아니라 정치·경제·의례 등의 관계가 중층적으로 얽혀 있는 공동체이며, 다양한 형태의 상징으로 정체성과 역사성을 표현하고 있다. 사람들은 자신들이 살아가는 환경에 스스로 의미를 부여하여 사회체계와 규범이 돈과 권력에 의해 왜곡되는 것을 방지하고 긍정적인 방향으로 나아가게 한다. 사회경제적 환경 변화에도 불구하고 지속되고 있는 사회적 규범과 가치체계는 개인적 이해관계를 넘어 사회적 호혜성을 끌어내어 구성원들이 서로 정서적 연대를 맺게 한다.

　사회적 자본으로서의 공동체는 개별 행위자들의 행동을 지시하고 규제하는 기능을 한다. 그리고 행위자들의 행동을 통하여 새로운 관계가 형성되기도 하고 기존의 관계가 의미를 달리하여 변화된 행동유형에 적용되기도 한다. 가부장적 관념체계가 지배하는 전통적 마을 내에서는 재산이 많거나 학식이 높은 사람 혹은 가족이 사회관계망의 중심에서 다른 사람을 움직이고 통솔한다. 개인의 이익 추구보다는 집단 전체의 이익을 우선으로 고려하는 곳에서는 사회체계와 공동체적 규범이 사회적 자본으로 기능하게 된다. 마을에서 사회적 관계는 경제적 기능뿐만 아니라 정치적 영역에도 영향을 끼쳤다. 마을은 단순한 지리적 경계 혹은 행정적 단위체가 아니라 주민들 사이의 유대감과 공동체 의식이 형성되는 생활공동체이기도 하다. 즉 마을은 사회적 관계의 토대이자 주민 자치가 이루어지는 공간이다.

내항에서도 마을 내부에 공적인 권력 집단과 사적인 지배 세력이 공존하였다. 전근대 시기 주민들은 공적 및 사적 권력의 지배에 노출되어 있었으며, 일부는 동회에서 발언권이 제한되기도 하였다. 즉, 마을의 정책 결정에 모두가 평등한 결정권 혹은 공유된 통제권을 보유하지 못하였다. 마을 주민들은 공통의 유대감과 사회적 관계 속에서 살고 있었지만, 마을에서의 지배력 혹은 권력은 공평하게 분배되어 있지 않았다. 사회적 구조는 유교적 원리로 작동되었으며, 권력 배분은 매우 한정되어 있었다. 한 마디로 전근대기 마을 주민들의 삶은 다양성과 복잡성이 결여되어 있었다.

하지만 마을의 지배 세력 혹은 지배 집단은 항상적인 존재가 아니었다. 시대에 따라 세대가 바뀌듯이 지배 세력 또한 바뀌었다. 일제강점기에 시작된 마을 내 지배 세력들 간의 갈등은 해방 이후 증폭되었다. 1943년 외항과 분동 이후 지배 세력들의 공간은 마을로 제한되었다. 특히 1963년 어촌계 설립 이후 시작된 지선분쟁의 와중에 신흥세력들이 등장하면서 마을 내부의 지배층이 교체되었다. 유교적 이념으로 무장했던 구 지배층이 서서히 물러나고, 신학문을 배웠던 청년들이 마을의 주도 세력으로 떠올랐다.

1961년에 발발했던 5·16 군사 쿠테타는 새로운 사상과 이념을 전파하면서 중앙정부가 마을 단위까지 지배하였다. 마을 단위에서는 새로운 세력들이 명목상으로든 실질적으로든 군사정부의 하부구조에 흡수되었다. 곧이어 새마을운동이 시작되면서 청년층들이 주도권을 장악하게 되었다. 마을 단위의 정치권에서도 일대 변혁이 일어났다. 새로운 지도층은 마을을 혁신시켰다. 특히 지선어장을 직영화하여 일종의 기업처럼 경영하면서 마을의 구조와 질서를 변모시켰다. 전통적인 규범과 질서가 민주주의적 체계로 바뀌면서, 주민들의 삶을 실질적으로 개선하고 주민들의 신뢰를 확보하는 것이 무엇보다 중요해졌다. 주민들과 이해 당사자들의 참여를 통해 의사결정의 효율성을 높이고, 집행과정에서 파행을 예방하면서 동시에 갈등을 해결하고, 결과물에 대한 만족도를 높일 수 있게끔 패러다임이 바뀌었다. 다음에서는 시대별로 마을의 정치세력과 사회관계를 개괄하고자 한다.

2. 1960년 이전

전통적으로 마을의 공식적 의결기구는 '대동'이라 불렀던 동회였다. 과거 동회의 중요 의결 사항 중 하나는 미역밭 추첨 및 신규가입자의 가입금 결정이었다. 또한 마을에서 풍기문란 사건이 발생하면, 이에 대한 제제 및 처벌 수위도 대동을 통해 결정하였다. 1930년대까지 '덕석몰이'라는 마을 자체의 징벌이 존속하였다고 한다. 해방 직전까지 대동은 아주 엄격하게 진행되었으며 외부인사, 여성, 뜨내기들은 동사(마을회관) 입구에도 얼씬하지 못하였다고 한다. 마을 주민일지라도 여자는 동사 출입이 금지되었으며, 동네 장부 열람도 제한되었다고 한다. 현재 마을회관 자리가 과거 동사가 있었던 바로 그 공간이다. 1959년 사라호 태풍으로 옛 동사 건물이 유실된 이후 그 자리에다 지금의 마을회관을 건축하였으며 2회에 걸쳐 증·개축되었다.

일제강점기까지 동네는 동사 큰방에 출입하는 노인들의 말이 곧 법으로 통했다고 한다. 유교적 이념으로 무장한 노인들은 '좌목座目'을 통해 규범을 실천하고 강제하였다.[1] 이장은 노인들의 말을 듣고 그대로 행사하는 수준이었다. 마을에서 좋지 못한 행동을 한 사람을 동사로 호출하여 훈계하거나 제재하였다고 한다. 한 정보제공자는 1930년대에 마을에서 '덕석몰이' 징벌을 가한 사례가 있었다고 기억하였다. 덕석은 직사각형 모양이며, 곡식을 말릴 때 쓰는 짚으로 만든 큰 자리이다. 잘못을 저지른 사람을 덕석으로 말아서, 덕석 위에다 몽둥이로 내리치는 징벌을 일컬어 '덕석몰이'라고

---

1 마을의 좌목은 유교적 이념에 따라 제정한 일종의 자치규약이다. 마을의 질서를 유지하기 위해 좌목이 존재하였지만, 1959년 사라호 태풍으로 유실되었다고 한다. 참고로 인근 하포 마을에는 1923년에 제정된 좌목이 남아있다(한산면지 편찬위원회 1992: 663~664).

한다. 덕석몰이는 서로를 잘 알고 있는 한 마을에서 체벌을 가한 사람이 누군지 알아보지 못하도록 하는 수단이었다. 이렇게 함으로써 사후에 발생할 수 있는 사적인 보복을 차단하려는 사회적 제재 장치이다. 정보제공자는 '덕석몰이'를 당했던 당사자의 이름을 밝힐 수는 없지만, 외지에서 이주해 왔었던 사람이었다고 했다.

과거 비진리의 동사 건물(지금의 내항)에는 방이 두 개 있었다고 한다. 그중에서 큰방은 마을 어른들이 항시 차지하고 있었다. 큰 방 안에서도 서열에 따라 앉는 자리가 정해져 있었다고 한다. 자리의 임자가 나타나지 않더라고 함부로 앉지 못하고 비워두었을 정도로 서열이 엄격하였다. 한 정보제공자에 따르면, 동사 큰방의 첫째 자리는 박문첨, 두 번째는 박문삼, 세 번째는 공덕원의 자리였다고 한다.

일제강점기까지 마을의 정치 및 사회적 관계는 박씨 집안이 좌우했을 정도로 위세가 대단했다고 전한다. 박씨 집안의 제일 유력자는 박문첨이었다. 박문첨은 동네 서당의 '접장(훈장)'으로 학식이 높았으며 체구가 건장했다고 전한다. 항상 한 발이나 되는 장죽을 들고 다녔다고 기억한다. 그는 1930년대까지 마을 서당의 훈장이었으며,[2] 재력과 학식을 바탕으로 마을의 대소사를 좌지우지하였다. 박문첨은 동사의 안쪽 첫 자리에 앉아 잘못을 범한 동네 사람을 호출하여 혼을 내기도 하고 미역밭 분배 등과 같은 일을 주도하였다.

마을에서 박문첨에 대항할만한 인물로 성장한 사람은 같은 박씨이지만 촌수가 먼 박종하였다. 박종하의 아버지 박문삼은 학식은 깊지 않았지만, 진취적이어서 일제강점기에 일본, 대만, 만주 등지를 오가며 무역으로 재산을 모았다고 한다. 박문삼은 대한제국기에 마을 동임洞任이었다. 그의 아들 박종하는 일제하에서 신식교육을 마치고 (통영국교 1회 졸업생) 한산(면)어업조합장과 한산면장을 역임하였다. 한산면장으로 재직할 때 면사무소를 두억리 대촌에서 하소리 진두로 옮겼다. 한산면사무소는 1939년 두억리에서 진두로 이전되었다. 두억리에서 진두로의 면사무소 이전은 농업 위주의 '안도(내사리)'에서 어업 위주의 '외도(외사리)' 중심으로 면내의 세력권이 재편되었음을 의

---

2   박문첨은 비진도 인근 용초 마을에서도 접장(接長)을 하였다(한산면지 편찬위원회 1992: 745).

미한다. 한산면은 크게 안도(내사리)와 외도(외사리)로 구분된다. 안도는 두억리, 염호리, 창좌리 등을 포함하는 지역으로 비교적 토지가 많고 수심이 얕은 내해에 자리한 동네들을 일컫는다. 외도는 비진도, 용호도, 죽도, 추봉도 등 한산도 본섬과 격리된 섬들을 가리킨다.

박종하는 신식교육기관인 동광학원을 개설하였다. 일제하에서 박종하의 영향력이 날로 커지자 상대적으로 구세대였던 박문첨은 점차 영향력을 잃고 말았다. 박종하가 마을과 면 단위에서 중추적인 인물로 부상하여 활발하게 움직이고 있을 무렵, 박문첨과 촌수가 가까운 박종우가 유력한 경쟁자로 떠올랐다. 박종우의 부친은 박문첨의 집에서 집사 노릇을 하다가 해산물 중개업을 하여 재산을 축적하였다. 축적한 재산을 바탕으로 마을에서 입지를 구축하였으며 아들 박종우를 신식 학교에 유학시켰다. 박종우는 동광강습소를 수료하고 공옥준, 공석호, 천세균 등과 함께 일본으로 유학을 떠났지만, 관동대지진(1923) 이후 조선인에 대한 학살이 자행되면서 중도에 귀국하였다고 한다. 박종우는 서울에서 중학교 졸업한 다음, 고향으로 돌아와 아버지가 모은 재산을 바탕으로 대형 어선어업을 하는 등 마을에서 박종하에 버금가는 유력한 인물로 자리를 잡기 시작하였다.

마을을 좌지우지했던 박씨들의 위세는 1929년 발생했던 영아嬰兒 압사 사건으로 큰 타격을 입게 되었다. 당시 박씨 문중의 처녀가 아이를 출산했다가 곧바로 압사시켰다는 소문이 퍼졌다. 한산면 주재소[3]에서 3명의 경관이 조사를 나왔다가 박씨 문중 사람들에게 감금당하는 사건이 발생하였다.[4] 감금당했던 경관 중 1명이 탈출하여 통영군 경찰서에 보고하자, 일본인 경찰서장이 경관 15명을 동원하여 경비선을 타고 마을에 진입하였다. 경찰서장과 경관이 도착하자 마을 사람들은 놀라서 도망가고 감금된

---

3 공식적 기록에 따르면, 1933년에 한산면 두억리 대촌 마을에 통영경찰서 한산경찰주재소를 건립하였다고 한다(한산면지편찬위원회 1992: 117). 따라서 1929년에는 별도의 건물 없이 경찰관이 근무했을 것으로 짐작된다. 한산경찰주재소는 한산면 사무소가 이전하면서 1939년 5월 20일 한산면 하소리(진두) 28-7번지에 대지 282평, 건평 25.75평의 청사를 건립하였다. 해방 이후 통영경찰서 한산지서로 개칭되었다.
4 『동아일보』, 1929.12.11.

경관은 무사히 풀려났다. 박씨 문중 사람 10명이 공무집행 방해죄로 압송되었다가 취조를 받고 부산지방 통영지청 검사분국으로 송치되었다. 다음은 당시 사건을 보도했던 신문 기사 내용이다.

> 지난 4일 통영군 한산면 비진도 내항리 박구선朴九先(21)이란 처녀가 영아를 압사하얏다는 정보를 들은 동면 경찰관 주재소 순사 3인이 현장에 달려가 전기 박구선을 체포하랴 할 지음에 동리 주민 백여 명이 달려들어 경관 3인을 감금하얏다는 사실로 수모자 박문숙朴文淑, 박종우朴鍾祐, 박종견朴鍾堅, 박형규朴亨奎, 박중구朴中九, 박필규朴必奎, 박문첨朴文瞻, 박태조朴太祚, 박영규朴永圭, 박성묵朴成黙 등 십 명을 공무집행방해와 불법감금 죄로 검속하야 황黃 사법 주임의 손에 엄중 취조를 마치고 지난 16일 일건서류와 함께 부산지방 통영지청 검사분국으로 송치하얏더라. (동아일보 1929.12.20.)

영아압사 사건으로 체포되었던 사람들은 박문첨과 박종우를 비롯하여 박씨 문중의 유지급 인사들이었다. 마을 사람들은 이 사건으로 기세등등했던 박씨 집안의 위세가 땅에 떨어졌다고 기억한다. 사건 이후 박문첨은 마을 '어른'의 위치에서 물러나면서 힘을 잃고 말았다. 박종우가 영아 압사 사건의 배후자로 지목되자 박종하는 박종우와 가까운 사람들을 모두 죄인 취급하면서 집안의 수치라고 비하하고 폄훼하였다.

박종우는 일본 경찰에게 고초를 당하고 마을을 떠나야 했다. 해방 이후 고향에 돌아온 박종우는 어선어업으로 부를 축적하였으며, 경남범선저인망어업 조합장을 역임하였다.[5] 마을에 밀감나무 재배법을 도입하여 마을 사람들의 수익을 증진시키는 등 마을 발전에도 기여하였다. 한산중학교를 이전 할 때도 신축추진위원장을 맡아 중추적인 역할을 하였다. 한산중학교는 1951년 한산고등공민학교로 개교되었다. 한산국민

---

5 범선저인망(帆船底引網)은 기존의 '타뢰망' 혹은 '우다시' 어업을 가리킨다. 1967년 기준으로 전국에 140여 척, 통영에 23척이 조업하고 있었다. 범선저인망은 수산업법 12조에 스크류를 비치하지 않고 돛대를 사용하는 어업으로 명시되어 있다. 풍력에 의존하는 범선저인망 어업은 어선 1척당 6명이 승선하며, 1회 조업 일수는 대개 7~8일이다(경남매일신문, 1967.02.03.).

학교의 교실 2개를 빌려 사용하였다. 1952년도에는 텐트 1개가 증설되었다. 한산고등공민학교를 모태로 1967년 한산중학교가 설립되었다. 1968년 창동(입정포)에서 진두(현 위치)로 교사를 이전하였다.

한편 일제강점기 박종하는 신식학문을 전파하는 강습소를 개설하였으며 선착장 건설을 지원하는 등 여러 방식으로 마을 발전에 이바지했다. 1990년 당시 그의 자취는 마을회관 입구에 있는 송공비와 동편 안꼴 영끝 바닷가에 세워놓은 비석으로 남아 있었다. 하지만 해방 공간에서 박종하는 친일파로 몰려 배척을 당하고 그의 자손들도 마을을 떠나 타지로 이주하였다. 박종하는 1940년 조선총독부에서 발간한 〈지나사변공로자공적조서支那事變功勞者功績調書〉에 공로자로 등재되어 있다. 그의 공적은 한산면장 재직(1935~1940) 시 군수품 공출, 군인들을 위한 출정식 및 군인 가족에게 위문품 전달이었다. 당시 경상남도의 '지나사변공로자'는 152명이었다. 한편, 박종하는 1940년 4월 19일 삼정종하三井鍾厦로 창시개명하였으며(조선총독부관보 1940-06-11 제4015호 상업 및 법인등기), 동년 6월 12일 다시 삼정계사三井啓司로 개명하였다(조선총독부관보, 1940-07-22 제4050호 상업 및 법인등기).

일제강점기 박문첨과 박종하는 자신들의 사회경제적 지위와 카리스마로 마을의 정치를 좌지우지하였으며, 사회적 관계의 정점에 있었다고 할 수 있다. 박씨 집안의 대표적인 인물이었던 박문첨과 박종하, 그리고 박종하와 박종우간의 경쟁과 알력은 상대적으로 박씨 집안과 세력이 어슷비슷했던 공씨 집안과의 상호 협력으로 나타났다. 두 사람 간의 알력은 파벌경쟁으로 이어졌고, 양 파벌은 마을 내에서 서로 지지 세력을 확장하기 위하여 공씨들에게 우호적인 자세를 취했다고 할 수 있다. 다음 〈표 24〉는 1928년부터 1960년까지 역대 마을 이장의 재임 기간 및 명단이다.[6]

---

6 역대 이장 명단 및 재임 기간은 마을회관에 비치된 자료를 참조하였다. 마을회관 명단은 『한산면지』에 기록된 명단과 재임 기간에서 약간의 차이가 있다.

〈표 24〉 역대 마을 이장(1928~1960)

순서	성명	재임 기간	학력	비고
1	공원준	1928.2.~1931.3.	한학	
2	박영규	1931.4.~1934.3.	한학	
3	공석찬	1934.4.~1935.3.	한학	
4	박영규	1935.4.~1937.2.	한학	
5	박근실	1937.3.~1939.9.	한학	
6	박성묵	1939.10.~1942.2.	한학	
7	천세균	1942.3.~1943.2.	한학	천세빈의 제
8	오혁진	1943.3.~1945.2.	한학	외항 거주
9	박범수	1945.3.~1947.2.	대학	박종하의 자
10	박종견	1947.3.~1948.2.	한학	박문첨의 자
11	박근실	1948.3.~1950.1.	한학	
12	박종원	1950.2.~1952.12.	한학	
13	공석호	1953.1.~1955.2.	한학	
14	박낙규	1955.3.~1956.12.	한학	
15	박종범	1957.1.~1959.1.	고졸	
16	공석장	1959.2.~1960.2.	한학	공덕원의 자

〈표 24〉에서 드러나듯이, 1960년 이전까지 마을 이장을 역임했던 16명 중에서 천씨 1명과 오씨 1명을 제외하고는 박씨(10회)와 공씨(4회)가 이장직을 도맡았다. 제8대 이장이었던 오씨는 외항 사람이며, 내항과 외항이 분동될 무렵에 이장을 역임했다.

마을에서 박씨와 공씨는 서로 경쟁 관계에 있었다. 어업으로 재산을 축적한 공씨와 박씨는 제실 건립을 통하여 부를 표현하였다. 공씨 제실은 1935년도에 건립하였으며, 박씨 제실은 1939년 건물을 짓기 시작하여 1941년도에 완공하였다. 두 성씨 간의 경쟁은 이장 선출을 비롯하여 별신제 또는 동제를 지내면서 제물 진열과 호명 순위 다툼, 그리고 '산지 터' 분리 등으로 나타난다. 공씨는 청딩이에, 박씨는 앞산에 산지터가 있었다. 공씨 집안에서 당산 위쪽 산허리에 묘를 썼다가 박씨 집안의 거센 반발로 결국 파묘를 한 사례도 있었다. 당시 묘를 파냈던 곳은 '명산 판데'라는 이름으로 전해 온다. 하지만 혼인 상대자를 구하기 어려운 섬 지역이라는 특성상 두 집안 간의 혼인이 여러 차례 이루어지고, 두 집안은 사돈 관계로 중첩되어 있어 양 성씨 간의 갈등을 중재하는 기능을 하였다(제4장 참조).

3. 1960~1980년

해방 이후부터 1959년도까지의 마을의 정치와 사회관계는 자세히 알 수 없다. 1959년에 불어닥친 사라호 태풍으로 동사 건물이 유실되면서 동장부를 비롯하여 모든 문서가 사라졌기 때문이다. 마을 사람들에 기억에 따르면, 1928년부터 마을에 이장이라는 행정제도가 실시되었음에도 상당한 기간 마을 내 비공식적 지도자였던 노인들이 마을의 대소사를 결정했다고 한다. 해방 이후 어느 정도 기간이 지난 후에야 공식적인 기구인 이장이 마을 대표자로서 마을의 대소사를 이끄는 위치를 차지할 수 있게 되었다. 마을의 이장은 공식적인 어른으로 대접받는 지위로 마을 주민들이 직접 선출하였지만, 집안의 세력이 없으면 할 수 없는 자리였다고 하였다. 박씨와 공씨의 이장 독점은 1959년도 대동회에서 공식적으로 문제가 제기되었다.[7] 다음은 1959년도 대동회 기록이다.

---

7 마을에 남아 있는 문서는 1959년도 대동회부터 시작된다. 1959년도 대동회는 1960년 1월 18일(월)에 개최되었다. 대동회 회의록은 1961년까지는 단기로 기록되어 있으며, 1962년부터 서력기원으로 기록하고 있다.

〈4292년 음 12월 20일(1960년 1월 18일) 대동회 회의록〉

사회: 박종원, 기록 박종군, 현 이장 공석장

(공)석관: 비진 내항 정실을 보건데 성씨 짜임이 공·박 양 씨가 많으니 이장도 항상 양성에서 나와 불평이 간혹 생生하였으니 올해부터는 타성에서 뽑읍시다.

(박)종대: 씨족적인 반목을 한편 생각해보면 자기 인척을 지나치게 두둔하는 의미가 있어 좋은 면이 있다고 보는 자 많을 것이나 동리 일에 큰 지장이 많으므로 현시대 정신에 입각하여 씨족적인 파벌 근성을 타파하고 이제부터 성씨를 초월하여 상부상조의 미풍이 풍기는 동리가 조성되도록 노력해야 하겠습니다.

(박)종우: [구장區長의 직분의 중요성을 전제하고 난 후] 이장은 관官으로부터 발령을 수受하여야 함은 물론이나 이장 임명에 동민의 총의가 반영되어야 할 것이며, 뽑는 데 있어서도 성씨를 초월한 인물 본위로 골라야만 동리민복同利民福을 위하여 현명한 일이니, 그 방법을 전형위원을 선출하여 추천케 하는 것이 좋겠습니다. 투표제로 하자는 의견이 있기는 하나 그것이 올바른 투표가 되어 유능한 인물이 나오기가 문제되므로 불가하다고 봅니다.

(김)한수: 이장 추천 문제로 여러 의견을 갖고 왈가왈부할 것이 아니라, 속히 결정을 내립시다. 동리 사정으로 봐서 공석장 구장이 유임함이 적당하다고 봅니다. 민주주의 사회인 지금에 있어서 모든 사람은 평등권이 있는데도 공·박 운운한다는 것은 타성의 입장에서 볼 적에는 귀에 거슬리는 서운한 일이니 앞으로 이런 일이 있어서는 안 될 것입니다.

(박)낙규: 전형위원을 9명을 뽑되 공씨 측에서 3명, 박씨 측에서 3명, 타성에서 각 1명으로 구성하여 구정 초까지 이장을 추천키로 합시다.

(공)석장: 전형위원제는 좋기는 하나 민의를 반영하느냐가 의문이니 동민 전체 의사가 일치되는 사람을 뽑도록 합시다.

의장(박종원): 여러 의견이 나왔는데도 구장 선출보다 구장 보수부터 정하는 것이 좋다고 봅니다…. 전형위원제로 채택하여 추천토록 합시다.

(공)찬영: 전형위원제로 하면 전 동민 의사를 대변할 수 없으니 민주주의 원칙에 의하여 투표제로 합시다.[8]

대동회에서 마을 이장을 박씨와 공씨가 아닌 다른 성씨로 선출하자는 의견이 제시되었다. 다른 성씨의 이장을 선출하기 위해 전형위원제가 도입되고, 9명의 전형위원이 선출되었다. 전형위원들은 대동회 폐회 이후 별도로 회합하여 이장을 추천하고 동리 제반사를 논의하였다. 전형위원들은 논의 결과 이장 후보로 박영규와 천진순 두 사람으로 압축하였다. 두 사람을 대상으로 투표한 결과 박영규가 이장으로 선출되었다. 전형위원제가 도입되어 이장을 추천 방식으로 선출했지만 결국 이장은 박씨 집안 사람이었다. 소사는 김한균으로 유임되었다. 소사의 보수는 나맥 50말로 보리 수확기에 갹출하여 지급하기로 결정하였다. 나맥과 별도로 현금 20,000환을 지급하였다.

마을에서는 공씨와 박씨가 이장을 독점했던 폐단을 줄이고자 노력하였지만, 1960년 이후에도 공씨와 박씨가 이장을 도맡다시피 하였다. 양 성씨의 경쟁과 알력 속에서 천씨가 1회, 김씨가 3회 이장을 역임하였다. 〈표 25〉는 1960년부터 1980년까지 이장을 역임했던 사람들의 명단이다.

〈표 25〉 1960~1980년까지의 이장 명단

순서	성명	재임 기간	학력	비고
17	박영규	1960.3.~1961.1.	한학	
18	김태용	1961.2.~1962.1.	한학	
19	공찬영	1962.2.~1963.1.	국졸	
20	박종군	1963.2.~1963.11.	대중퇴	
21	공양명	1963.12.~1964.1.	고졸	

---

8 회의록에는 성(姓)을 빼고 이름만 기록되어 있다. 독자들의 이해를 위해 괄호에 성을 추가하였다.

22	천경철	1964.2.~1965.12.	고졸	천세빈의 손
23	김태용	1966.1.~1967.12.	한학	
24	공봉영	1968.1.~1969.12.	고졸	
25	박장연	1970.1.~1971.12.	고졸	
26	김정곤	1972.1.~1972.12.	고졸	김태용의 자
27	공경조	1973.1.~1974.12.	고졸	
28	공봉영	1975.1.~1976.12.	고졸	
29	공평영	1977.1.~1979.12.	중졸	

제7대 이장이었던 천세균에 이어, 천씨로서 두 번째 이장을 역임했던 천경철은 조부(천세빈) 때부터 부자였다고 한다. 그의 조부는 고성들에 40~50마지기의 논을 소유하고 있었으며 한산도에서 제일 먼저 지폐를 사용했다고 전한다. 권현망 경영과 함께 하동 지역까지 상거래를 하면서 재산을 축적하였다. 하지만 제2차 세계대전 기간에는 기름값 상승으로, 해방 이후에는 토지개혁으로 재산을 많이 잃었다고 한다.

18대 및 23대 이장이었던 김태용과 27대 이장 김정곤은 부자지간이다. 김태용의 아버지는 공씨의 집안의 의붓아들이다. 김태용의 할머니가 공씨 집안으로 개가하면서 전 남편의 아들을 데려왔다. 따라서 김태용은 성씨는 다르지만, 공씨와 한 집안이나 다름없다. 김태용의 딸은 외항 오주진과 혼인하였으며, 아들 중 한 명이 마을 공씨 집안의 딸과 혼인하였다. 오주진은 외항의 이장을 역임하였으며, 지선어장 분쟁 당시 외항 대표자 중 한 명이었다. 김태용의 남동생은 마을의 주도적 인물이었던 박종우의 딸과 혼인하였다. 그녀는 마을 내 젊은 나잠업자인 강승호의 부인과 이복자매지간이다. 김태용은 공씨와 박씨를 아우르는 인척 관계를 맺고 있다. 이와 같은 인척 관계와 함께 개인적인 자질과 능력이 어우러져 이장을 2회 역임하고 아들도 이장으로 선출되었다. 〈그림 10〉은 김태용의 인척관계를 나타낸 것이다.

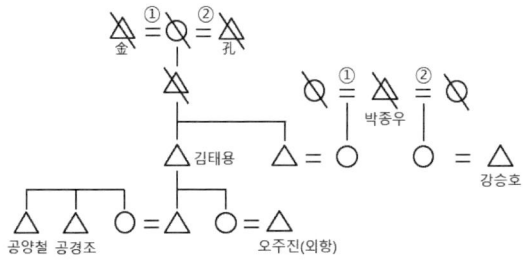

〈그림 10〉 김태용의 인척 관계

한편, 1961년 5·16 군사 쿠데타가 발발하면서 국가 기구의 최하부 단위인 마을까지 군사주의적 체제가 영향을 미쳤다. 1962년도 정기 대동회는 음력 12월 20일(1월 25일) 개최되었다. 연도 표기는 단기에서 서기로 바뀌었지만, 대동회 일자는 여전히 음력을 기준으로 개최되고 있었다. 군사 쿠데타 이후 시대적 상황을 반영하듯이, 마을 단위의 동회에도 개회사 바로 다음에 '혁명 공약 낭독'이 포함되어 있었다. 청년층은 '재건청년회' 이름으로 참석하고 있었다. 재건청년회장은 천병순이었다. '재건청년회'는 5·16 군사 쿠데타 이후 조직된 재건국민운동의 최하부 조직이었다.[9]

재건국민운동 기구는 행정계통에 따라 읍면동 통반에 이르기까지 필수적으로 조직하도록 하였다.[10] 1962년 11월 20일 제3차 개편으로 재건국민운동은 읍면 재건위원회 아래에 리동 재건위원회를 두고 그 아래에 재건청년회 및 재건부녀회를 두었다. 한산면에서 재건국민운동의 성과는 성인교육(문맹퇴치)과 한산면민체육대회 개최였다(한산면

---

9 1961년 재건국민운동 한산면 촉진회가 결성되었으며, 1962년 재건국민운동 한산면위원회로 개편되었다. 면 촉진회장은 박영관, 군 촉진회장은 정한주였다. 한산면위원회 위원장은 김채고였다(한산면지편찬위원회 1992: 133).

10 재건국민운동은 군정 초기 각종 궐기 대회와 계몽운동을 통해 5.16을 혁명으로 합리화하고 국민을 동원하기 조직된 관제 기구였다. 발족 초기 재건국민운동은 각시도에 지부를 두고, 시군구와 읍면동 그리고 마을 단위에 촉진회를 두었다. 최하위 조직으로는 이승만 정권 당시의 국민반을 재건국민반으로 이름만 바꿔 그대로 존속시켰다(김현주 2017: 213). 즉, 마을 단위에서는 이승만 정권이나 군사정부나 별다른 차이가 없었다. 다만 명칭만 바뀌었을 뿐이었다.

지편찬위원회 1992: 134). 1962년 9월 16일 개최된 한산면 재건친목 배구대회에서 비진내항 청년회가 1등을 차지하였다. 상장은 '재건국민운동 한산면 촉진회장'의 명의로 발급되었다.

1963년 제3공화국이 출범하자 야당과 일부 여당 측에서 재건국민운동 폐지 혹은 기구 축소를 주장하였다. 1964년 8월 14일 재건국민운동은 공식적으로 폐지되고, 대신 민간기구인 재건국민운동중앙회 산하에 시도 및 시군구 단위로 위원회가 조직되었다. 비진도 내항의 박종군은 관변기구인 재건국민운동의 한산면 간사였을 뿐 아니라, 민간기구로 재편된 재건국민운동중앙회 통영군 위원회의 사무장을 역임하였다. 재건국민운동은 1970년대 새마을운동에 흡수되었다.

1962년 1월 25일 개최되었던 대동회에서 가장 문제가 되었던 안건은 '기산(동제)'이었다. 노년층에서는 기산을 하자고 주장하면서 스님이 하는 것에는 반대 의견을 피력

〈사진 34〉 운동회와 메구패(사진 출처: 내항 마을회관)

하였다. 청년층에서는 농악대로 메구를 치는 것으로 대체하자는 의견을 제시하였다. 결국 기산은 하되, 대신 간단히 하기로 합의하였다. 이장 선출을 두고도 장년층과 청년층은 의견이 갈렸다. 청년층은 5·16 쿠데타 이후 등장한 현대식 사무 제도를 언급하면서 추천 방식을 제의하였다. 장년층에서는 투표로 선출하자고 주장하였다.

(장년층) 좌우간 투표를 해봅시다. 그 길이 제일 속할 것입니다. 앞으로 이장될 사람은 비치 장부 관리에 철저해야 할 것임을 미리 주지하여 주십시오. 특히 회계 사무에 있어서 정확을 기하여야 할 것이며, 금년부터는 면에서 사무감사를 하도록 될 모양이니 그리 아이소.
(현 이장) 이장 선출 전에 기회를 타서 한 말씀 드립니다. 제 생각 같해서는 우리 동네에서는 현대식 의결기관이 있어서 거기서 제반 일을 의논하면 좋겠습니다. 그것은 상·하 두 가지 의결기관을 두고 상원에 나이 많은 분을, 하원에 청년층 해가지고, 국회 운영식으로 해나가면 좋겠습니다…. 또 한가지는 이장 밑에 재정 지출 사무를 보는 재무제를 두고 이장은 수입 지출에서 손을 떼므로서 부정 같은 것이 안 생길 것입니다. (전원 찬의 표명, 가결)

1962년 3월 6일 개최된 동회를 통해 마을에 양원제가 도입되었다. 특이한 사항은 60세 이상 주민은 의원으로 참여할 수 없다고 규정한 점이다. 50세 이상 60세 미만 상원과 50세 이하 참사원으로 나누어 각각 10명의 의원으로 구성하였다. 즉 청장년층이 마을의 제반사에 의견을 피력하고 참여할 수 있는 제도적 장치를 마련하였다. 또한 이장의 권력 남용을 감시하고 방지하는 제도를 도입하여 마을의 지배구조를 민주주의 체제로 전환하였다. 양원제는 60세 이하 50세 이상을 상원으로 하고 50세 미만을 하원(참사회)으로 삼아 각각 10명씩의 임원을 선출하였다. 이로써 표면적으로는 60세 이상의 노인들은 마을의 정치적 무대에서 사라지고 대신 청장년층들이 대의원 자격으로 마을 운영에 관여하게 되었다. 마을 청년들은 '미풍회', '상조회' 등을 조직하고, 야학을 개설하여 부녀자들과 학교에 진학하지 못한 사람들을 대상으로 글을 가르치고 연극과 독서회를 통하여 마을 사람들을 계몽하는 일에 앞장섰다.
1949년에 졸업한 비진국민학교 1회 졸업생들과 49년 이전 간이학교 출신들은 1960

년대 이후 마을의 변혁을 주도하는 세력으로 성장하였다. 비진국민학교 1회 졸업생은 졸업 첫해에 18명이 중학교에 진학하였다고 한다. 당시 18명은 비진도를 제외한 한산면 전체 중학교 진학생 숫자와 비슷했을 정도였다고 한다. 1회 졸업생은 학구열이 높은 세대로 이들 중 몇몇은 대학에 진학하기도 하였다. 이들과 더불어 현대식 교육을 받은 청장년층은 1960년대 들어 마을의 행정조직 개편과 마을에 야학을 설치하는 등 마을의 발전을 주도하였다.

1960년대부터 시작된 오징어잡이와 꼬막잡이 어업으로 재산을 축적한 신흥세력들의 입지는 더욱 강화되었다. 이들은 1960년대 이후 두 번에 걸친 비진국민학교 건물의 이축과 증축에 필요한 부지 매입 및 건물을 짓는 데 소요되는 자금을 기부하고, 상수도 개발과 해안방파제 건립을 주도하는 등 마을 발전에 기여하였다. 청장년층은 마을의 사회경제적인 영역에서뿐만 아니라 의례 활동에서도 적극적으로 개입하여 갈등의 소지를 없애고 융화를 도모하였다. 1964년과 1969년에 거행된 마을 공동의례인 별신제에서 시설, 안내, 청소 등을 청장년층들이 도맡아 처리하고 있다. 이들은 마을의 전위대이기도 하였다.

청장년들은 어촌계 설립 이후 발생했던 외항과 내항의 지선분쟁에서 주도적인 역할을 하였다. 마을의 젊은이들이 어선을 동원하여 외항으로 가서는 돌을 던지거나 몸싸움을 하는 등 분쟁을 이끌었다. 마을 사람들은 당시 내항이 외항에 비해 젊은 사람들이 많고 동원할 수 있는 어선이 크고 숫자가 많아 싸움에 유리했다고 하였다. 마을 간의 지선분쟁은 청장년들이 100여 명이나 구속되고 외항에서는 학생들의 등교를 거부하는 등 극단으로 치닫다가 결국 법정 다툼으로 옮겨갔다. 1967년 5월 17일 표면적으로 지선분쟁이 종식되었다.

어촌계 설립에도 불구하고 1970년대까지 이장이 마을의 행정은 물론 재정을 전담하였다. 마을의 수입과 지출은 분기별로 감사를 받았다. 이장이 수입과 지출을 담당하는 '회계인'이었으며, '입회인'은 마을의 유지들로 구성되었다. 마을회관에 비치된 '리동재산수지부里洞財産收支簿'에 따르면, 1959년 11월 14일(음)부터 1969년 2월 23일(음력 1월 7일)까지 마을의 회계는 '입회인立會人'으로 표기된 5~9명이 감사 역할을 하였다.[11] 1969년 5월 1일(음력 3월 15일)부터 '입회인'은 '지방유지地方有志'로 명칭이 변경되어 1970년 12월 27일까지 존속되었다. 지방유지의 규모도 최소 8명에서 최대 14명까지 증가하였다. 참고로 1971년 이장 '수수료' 혹은 '수당' 명목으로 월 10,000원이었다. 이장의 수당은 해마다 증액되어 1974년에는 '월급' 명목으로 18,000원이 지급되었으며, 1979년에는 월 30,000원이었다.

마을 공동으로 여러 신문을 정기 구독하면서 주민들에게 각종 정보를 제공하였다. 마을에서 정기 구독했던 신문으로는 '대한상공일보', '동아일보', '부산일보', '대한일보', '한국종합신문', '현대경제일보', '한국일보', '매일경제신문', '주간신문' 등이 있었다. 또한 1971년에 마을 공동으로 미역양식을 시작하면서, 수하식 관리선을 공동자금으로 건조하였다. 1972년에는 85개의 문패를 마을 기금으로 마련하여 전 가구에 문패를 달게 하였다.

1971년 정부 방침에 따라 쥐잡기 사업을 시행하면서 마을에 고양이를 사육하기 시작하였다. 1971년 7월 18일 개발위원 회의록에 고양이 1마리를 1,000원에 분양하였다고 기재되어 있다. 고양이를 키우기 위해 마을 차원에서 주민들이 기르던 개를 없애기도 하였다. 1973년 12월 23일 대동회를 통해, 개가 고양이에게 피해를 줄 뿐 아니라 도로가 불결하다는 이유를 들어 마을 내에서 개를 '없애기'로 결정하였다. 1980년까지 고양이 키우기는 마을 공동사업으로 진행하였다.[12]

1970년대 이후 새마을운동과 함께 성장한 청장년층들이 마을의 운영과 발전을 주도하였다. 다음 〈표 26〉은 1972년부터 1990년까지 새마을지도자를 역임했던 사람들이다. 초대 및 2대 새마을지도자는 상대적으로 장기간 재임하였으며, 이후 이들은 마을과 면 단위에서 유력한 정치적 인물로 성장하였다. 새마을지도자를 역임한 다음에는 이장으로 선출되기도 하였다. 마을에서 새마을지도자 경험은 상대적으로 지지기반

---

11 마을회관에 비치된 '리동재산수지부(里洞財産收支簿)'에는 1962년 6월 10일 화폐개혁으로 화폐의 단위를 '환'에서 '원'으로 바꾼 금액으로 환산하였다.
12 동원장에는 1980년 12월 5일 고양이를 구입하기 위해 주민 3명이 충무에 출장을 다녀왔다고 기록되어 있다.

이 미약했던 인물들이 정치적으로 성장할 수 있는 계기가 되었다.

〈표 26〉 1972~190년까지 역대 새마을지도자

순서	성명	재임기간	학력	비고
1	천병순	1972.1.~1976.12.	중졸	
2	공성택	1977.1.~1982.12.	국졸	
3	박근봉	1983.1.~1983.12.	중졸	
4	공경조	1984.1.~1984.12.	고졸	
5	박종형	1985.1.~1985.12.	중졸	
6	추형옥	1986.1.~1986.12.	국졸	
7	박영원	1987.1~1987.12.	고졸	
8	천성기	1988.1.~1991.12.	고졸	천병순의 자

　초대 새마을지도자였던 천병순은 미역양식과 같은 혁신적인 사업을 끌어내고 자가발전기를 도입하여 전기를 공급하는 등 마을 발전을 주도하였다. 당시 새마을지도자는 이장과 함께 마을을 운영하고 대외적으로는 마을을 대표하는 역할을 하였다. 새마을운동은 정부의 역할 못지않게 마을 단위에서 활동했던 새마을지도자들의 역할이 중요했다. 새마을운동의 일선에 있었던 지도자들은 정부와 주민 사이의 가교역할을 하였다. 마을 환경개선과 소득증대를 위해 힘썼던 역대 새마을지도자들 점차 마을의 핵심적 '지도자'로 성장하였다.

　마을에서 새마을지도자로 활약했던 천병순은 대통령 표창을 받으면서 지도력을 인정받게 되었다. 새마을지도자를 그만두고 어촌계장으로 선출되었던 그는 마을 내부의 갈등을 조정하고 협력을 끌어내어 어촌계 직영화를 추진하였다. 그에게 '새마을지도자'는 지도자로서의 경험과 경력을 안겨주었다. 새마을지도자는 이장과 달리 발전주의적 신념을 전파하고 행동으로 옮기는 일종의 기업가적 자질을 요구하였다. 마을 내

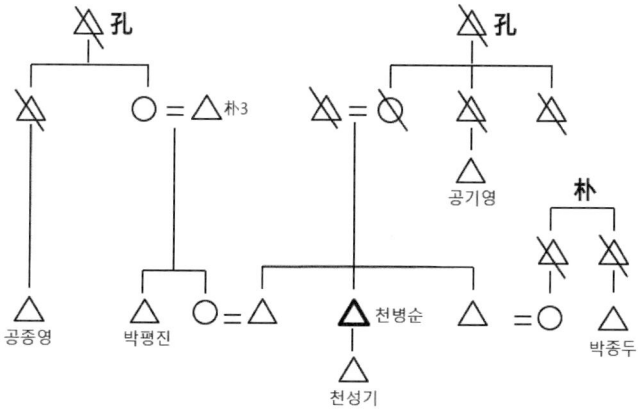

〈그림 11〉 천병순의 인척 관계

연장자나 이장 등 전통적 지도자들과 달리 새마을지도자는 효율성, 목표달성 등 근대적 합리주의에 노출된 사람들이었다(한도현 2010: 269).

〈그림 11〉은 천병순의 인척 관계를 표시한 것이다. 천병순은 마을의 양대 성씨인 공씨 및 박씨와 인척 관계를 맺고 있었다. 그의 모친이 공씨이며, 남동생 중 한 명이 박씨와 혼인하였다. 다른 남동생은 나잠어업자였던 풍기 박씨(박3)의 딸과 혼인하였다. 박3의 부인은 마을의 공씨였다. 즉, 천병순은 공씨 가문의 외손이면서 동시에 박씨 집안과 사돈 관계에 있었다. 천병순은 이와 같은 인척 연망 속에서 개인의 능력과 경험을 바탕으로 마을에서 혁신적인 지도자로 성장할 수 있었다.

4. 1980년대

1970년대 이후 어선어업이 쇠퇴하기 시작하였다. 어선어업의 쇠퇴로 이주가 늘어나면서 마을의 인구는 감소하고 남아 있는 인구는 상대적으로 노령화되었다. 이와 같은 변화와 함께 어촌계가 지선어장을 직접 운영하게 되었다. 마을 행정조직이 의례조직과 공동어장의 작업조직으로 전환되었다. 즉, 마을의 행정조직, 의례조직 및 경제조직이 일원화되었다. 1980년대 마을공동체는 행정, 경제, 그리고 의례 기능을 포괄하면서 그 기능과 역할이 확대되었다.

1970년대 후반부터 마을에서 정치적, 사회적, 그리고 경제적으로 주도적인 역할을 담당했던 청장년층 일부는 마을을 떠나 외부로 이주하였다. 이주의 주요 원인은 자녀들의 교육 문제와 어선어업의 경기 하락이었다. 어선의 동력화 및 고속화, 어로 장비의 고급화는 인근 도시에 거주하면서도 어업에 종사할 수 있는 여건을 부여하였다. 즉, 기술 발달이 도시로의 이주를 부추겼다고 할 수 있다. 청장년층의 이주는 마을의 사회적 관계 및 의례 활동에도 많은 영향을 미쳤다.

주민들의 이주는 장례를 치르기 위해 조직된 여러 상여계의 해체를 가져왔다. 상여계는 노부모를 모신 사람들이 부모의 장례를 위해 조직하여 계원들 모두의 부모장례가 끝날 때까지 지속되는 조직이다. 1978년 당시 마을에는 총 7개의 상여계가 조직·운영되고 있었다. 당시에는 장례에 필요한 비용이 만만치 않아 가구당 2~3개, 많게는 5개까지 가입하여 장례를 대비하기도 하였다. 기존 상여계는 대개 20여 명 전후로 구성되었다. 원칙적으로 상여계는 모든 구성원의 부모가 돌아가실 때까지 지속되어야 한다. 하지만 부모상을 모두 마친 한 계원이 타지로 이사를 가면서 문제가 발생하였다.

1978년 큰 꽃상여계의 계원이었던 백진소가 계가 종료되기 전에 욕지도로 이주하려 하자 그때까지 차례가 남아 있었던 계원들이 자신들의 임금과 경비를 지불하라고 요구하였다. 백씨 부모의 장례에 지출되었던 총경비와 계원들의 임금은 백씨가 이사를 가기 위해 처분한 집값을 포함하여 그의 전 재산을 초과하는 액수였다. 사태의 심각성을 파악한 마을 사람들 사이에서 불필요한 경비를 줄이고 마을 공동으로 장례를 치루자는 방안이 제기되었다.

1978년 2월 7일 전 동민이 하나의 상부계를 구성하기로 결의한 다음, 그때까지 마을에 존재하고 있던 총 7개의 '꽃생이계 혹은 꽃상여계花喪輿契'를 모두 해체하여 마을 공동의 '위친상부계'로 통합하였다. 마을의 전 가구가 '위친상부계'라는 하나의 조직으로 통합하고, 마을의 행정단위였던 4개의 반班에서 장례에 필요한 인원을 차례로 동원하였다. 마을 사람 중에서 누구라도 상을 당하면 상주를 제외한 전 가구에서 500~1,000원씩을 거두어 장례에 필요한 각종 경비를 부담하고, 잔액과 장례시 노자금으로 들어온 수익금은 적립하였다.

당시 장례에 사용했던 꽃상여는 1회용으로 소모품이었다. 그래서 매번 구입해야 하는 값비싼 꽃상여 대신 반영구적인 목조 상여를 제작하여 허례허식을 없애자고 의견을 모았다. 목조 상여 구입을 위해 마을 주민 2명이 천안까지 2박 3일 출장을 다녀왔다. 〈표 27〉은 위친상부계 결성 당시 해산된 상부계와 그 내역을 보여주고 있다.

〈표 27〉 위친상부계 입출금 내역

일시	내역	금액(원)	비고
1978.2.7	제1 화상여계에서 입금	45,000	
	제2 화상여계에서 입금	45,000	
	제3 화상여계에서 입금	45,000	
	제5 화상여계에서 입금	45,000	
2.10	정유(丁酉) 화상여계에서 입금	45,000	
2.12	큰 화상여계에서 입금	40,000	
2.17	상조(相助) 화상여계에서 입금	30,000	
	총수입	295,000	
2.17	목조 상여 2층 특품 1좌 대금	210,000	
	영여(靈轝) 1좌 대금	40,000	
	대채(방틀) 1조 대금	15,000	
	천안까지 경비	25,600	2인*2박 3일
	총지출	290,600	

새로 주문한 목조 상여가 마을에 도착한 다음 당시 90세로 최장수 노인이었던 공양석의 부친을 상여에 태우고 상여 놀이 의례를 하면서 잔치를 거행하였다. 위친상부계

가 구성된 이후 마을에 장례가 발생하면 제1반부터 차례로 운상運喪을 하고 음식까지 준비하였다. 다음은 위친상부계 활동과 관련된 기록이다.

> 서기 1978년 무오년 위친상부계
> 記 1978년 무오년 2월 9일에 약간의 주안을 준비하여 전 동민이 의식을 하였다. 10시에 90 노인이신 공양석 씨 부친을 목조 상여에 모시고 종일 잘 놀았다.
> 記 1. 무오년 음 정월 16일(2월 25일)자 계원 공석제 씨 모친이 별세하여 4일장으로 동년 동일 19일(2월 28일)자 본산에 안장하였다.
> 　 2. 출역 인부 동원을 1반에서 하고 중식 제공도 반원 천병순 댁에서 하였다.
> 　 3. 노자전路資錢 48,000원 중에서 여가자轝歌者 강연오姜連五에게 15,000원, 앰프 사용료 4,000원을 제하고 잔殘 29,000원을 반분하여 상가에 14,500원을 지급하고 잔금 14,500원을 계중契中 수입으로 하였다.

위친상부계는 노자전[13]과 별도로 마을의 전 가구에서 1,000원씩 부의금을 각출하였다. 총 85호 중에서 상가를 제외한 84호에서 지급한 부의금 84,000원 중에서 인건비와 쌀값, 반찬값 등으로 77,600원이 지출되었다. 부의금 잔금 6,400원과 노자금 잔금 14,500원은 상부계의 수입금(20,900원)으로 삼았다. 수입금 중에서 20,000원은 마을 주민 2명에게 각각 10,000원씩 대부하고 나머지 900원은 고원이 보관하였다. 위친상부계가 구성된 1978년에는 3건의 상례가 있었고, 1979년에도 2건이 있었다.

1979년 하반기부터는 상을 당한 사람이 속한 반에서 장례에 필요한 모든 경비를 지출하고 인원을 동원하는 방식으로 바뀌었다. 명목상으로 구성되어 있었던 행정조직이 의례적 기능을 담당하게 되었다. 하지만 목조 상여가 너무 크고 무거워 운구하는 데

13　'노자전'은 '노잣돈'으로 불리며, 상두꾼들이 상여를 메고 장지까지 운구하는 동안 상주들이 상여 앞에 있는 새끼줄에 지폐를 끼워 넣어 망자의 가는 길이 순조롭기를 기원하는 돈이다. 상두꾼들은 길모퉁이나 개천을 건널 때마다 상여를 멈추었다가 상주들이 노잣돈을 걸면 상여를 움직인다. 노잣돈은 상두꾼들의 수고비와 각종 경비로 사용하고 일부는 상가에 주기도 한다.

어려움이 있다는 불만이 쏟아져 나왔다. 실제 운구를 담당했던 청년층의 반발이 심해지면서, 목조 상여는 구입한 지 10년 만에 폐기되고 다시 꽃상여로 환원되었다.

한편, 1980년대에 들어와서도 이장은 공씨가 3회, 박씨가 2회, 그리고 천씨가 1회 역임하였다. 1980년부터 1990년 현재까지의 이장 명단은 〈표 28〉과 같다.

〈표 28〉 1980~1990년까지의 이장 명단

순번	이름	재임기간	학력	비고
30	박장성	1980.1.-1980.12.	전문대	
31	공경조	1981.1.-1981.12.	고졸	새마을 지도자 역임
32	박종형	1983.1.-1985.12.	중졸	〃
33	공석대	1986.1.-1987.12.	중졸	
34	천경순	1988.1.-1989.12.	중졸	
35	공명곤	1990.1.-1991.1.	고졸	

〈표 28〉에서 공경조(제31대)와 박종형(32대)은 새마을지도자를 역임한 다음 이장으로 선출되었다. 1960년대 중반 이후 마을 이장의 학력이 대부분 고졸 이상이었을 정도로 마을 내 고학력자가 많았다. 1970년대 어선어업의 발달과 지선어장의 직영화로 경제적으로 여유가 생기면서 고학력자 및 신흥 부자들이 외지로 많이 이주하였다.

1980년대 이후 마을의 수입과 지출은 월 단위로 작성하였다. 수입과 지출은 '동원장洞源帳'에 매달 기재하였다. 주요 수입원은 구판장 사용료, 어촌계 수입금, 찬조금, 어선에 공급한 식수 대금 등이었으며, 지출은 마을 공동작업에 소요된 각종 경비를 포함하여 이장 출장비, 부조금 등이었다. 1980년 기준으로 수입 총액은 3,227,700원이었으며, 지출 총액은 3,594,967원이었다. 1989년에는 수입 총액이 7,173,000원이었으며, 지출 총액은 7,301,200원이었다. 참고로 1980년 10월 수입·지출 명세서를 살펴보면 〈표 29〉와 같다.

〈표 29〉 1980년 10월 수입지출　　　　　　　　　　　　　　　　　　　　　　단위: 원

날짜	세부사항	수입	지출	이월금
1	전월분 이월금			31,805
3	이장 군출장(국민투표지도 교육시)		3,000	
4	풀베기 작업시 막걸리 2통		4,500	
4	야간 풀베기 작업시 연초대(은하수 15갑)		4,500	
6	풀베기 작업시 연초대(은하수 2보루)		6,000	
6	한산농협 출장(절간 고구마출하장 보고차)		3,000	
7	풀베기 작업시 연초대(은하수 15갑)		4,500	
8	퇴비 심사위원 방문시 접대비(연초대)		4,500	
9	면 출장(면직원 접대비 포함)		26,000	
9	공동퇴비 심사관 배 대절비		10,000	
10	구판장 사용료(10월분)	151,000		
11	이장 면 출장(국민투표지도교육시)		3,000	
11	중앙정보부 요원 면까지 대절료		3,500	
12	민방위대상교육(군회의실국민투표정신교육)		8,000	
15	취로사업 설계차 면 출장		2,000	
15	구판장 세금(80년도 4/4분기)		28,200	
18	한산지서 이장 출장		3,000	
20	어촌계로부터 입금	100,000		
24	박종우씨 초상시 조화대		14,000	
26	박종우씨 초상시 부조금		30,000	
28	인구주택 센서스 교육차 충무출장		8,000	
29	면 출장(이장 외 1명 센서스 교육차)		4,000	
	전기요금(10월분) 회관, 초소, 구판장		29,267	
	초소비품대		2,000	

	이장수당(10월분)		55,000	
	구판장 도란스 대		27,000	
	내빈 식사대(6명)		4,000	
월계		251,000	383,297	-132,297
누계		2,897,720	3,013,953	-100,492

　마을 이장은 국가의 하부기구가 주관하는 각종 회의에 참석하여 정부의 정책과 방침을 주민들에게 전달하는 역할을 하였다. 〈표 29〉를 살펴보면, 1980년 10월 22일 실시되었던 국민투표를 앞두고 이장은 10월에만 무려 3차례나 국민투표 관련 교육에 동원되었다. 심지어 중앙정보부 요원이 마을까지 방문하였음을 알 수 있다. 이장의 출장료를 포함하여 중앙정보부 요원의 선박 대절비를 마을에서 부담하였다. 10월에 마을의 주요 사업 중 하나는 전국적으로 실시되었던 공동퇴비 만들기 작업이었다. 마을 간 경쟁이 치열해지면서 야간에도 풀베기 작업이 진행되었다. 공동퇴비 심사위원에게 담배를 사주고 이동의 편리를 위해 마을에서 선박을 마련해주었다.

　1970년대 이후 재력가들과 젊은이들의 이주로 마을의 인구는 상대적으로 노령화되었다. 게다가 남아 있는 사람들은 대개 자본이 영세하여 대형 어선업을 하기 어려운 상황이었다. 그래서 대안으로 제시된 것이 지선 어장의 직영화였다. 1970년대 후반부터 지선어장의 직영화 및 위친상부계 일원화로 마을의 경제적 제도와 의례적 조직이 거주 단위인 반班으로 대체되었다. 어촌계가 지선어장을 직영화하면서 마을의 반班조직이 지선어장 내의 해초를 채취하는 작업조직으로 정착하였다. 반班이 지선어장의 작업조직 역할을 함으로써 분업과 협업이 지속되고 개별 성원 간의 이해관계보다 반 전체의 이익을 우선으로 고려하는 등의 태도 변화가 일어났다. 마을의 행정조직인 반이 의례적인 기능은 물론 경제적인 기능을 함께 함으로써 구성원들은 의례와 경제, 그리고 행정적으로 중첩적으로 연결되었다.

〈사진 35〉 거리지신 비석과 위령탑(1999)
〈사진 36〉 거리지신 비석(2021)
〈사진 37〉 위령탑과 송공비(2021)

    요컨대, 마을은 단순한 거주 공간 또는 상징적인 의미로서의 공동체를 넘어서 의례 조직일 뿐만 아니라 하나의 '제도'로서 기능을 하고 있다. 의례 조직과 경제적 단위가 통합된 공동체로서의 마을은 '또 하나'의 상징으로 전몰장병을 기리는 위령탑을 건립하였다. 한국전쟁과 월남전에 참전했다가 전사한 마을 청년들을 기리는 위령탑이었다. 즉 거리지신과 함께 전몰장병을 마을을 지키는 '영적인 존재'로 받들고 있었다.

동제와 별신제를 통해서 전승되어 온 마을의 상징이 오래된 '과거'로부터 이어져 온 당산과 '거리지신' 비석으로 표현된다면, 위령탑은 같은 시대를 살아왔고 나라를 지키기 위해 목숨을 바친 사람들을 마을의 '지킴이'로 새롭게 창출한 상징물이다. 마을의 입구에 나란히 세워진 '거리지신' 비석과 위령탑은 우리 마을이라는 공동체가 오래된 과거로부터의 비롯되었다는 역사성과 한국전쟁과 월남전쟁에 참여한 '국군장병들'이 살았던 국가체계 속의 마을이라는 정체성[14]을 직접적으로 표현하고 있는 상징물이라 할 수 있다. 위령탑은 마을공동체가 '현충顯忠'의 기능까지 하고 있음을 보여준다.

한편, 1990년 당시 위령탑은 '거리지신' 비석과 함께 마을 입구 제단 위에 나란히 세워져 있었다(〈사진 35〉 참조). 하지만 2003년 태풍 '매미'로 위령탑과 거리지신 비석을 세웠던 기반석이 무너졌다. 이후 이를 복구하면서 거리지신 비석은 마을회관 입구 왼쪽에 세우고(〈사진 36〉 참조), 위령탑과 박종하 송공비는 마을회관 맞은편 경로당 앞에 나란히 세웠다. 즉, 거리지신 비석과 박종하 송공비의 위치가 바뀌었다. 또한 2019년 박종하 송공비 바로 옆에 박종우 송공비가 건립되었다(〈사진 37〉 참조). 살아생전에 알력 관계였던 두 사람이 죽어서는 나란히 서 있는 셈이다. 박종하 송공비는 한자로, 박종우 송공비는 한글로 표기되어 있다.

---

14 집단 또는 지역 정체성 창출로서의 기념탑 및 상징물 건립에 관한 연구로는 정근식(1995), 박명규(1997) 등을 참조 바람.

제10장

마을과 국가

1. 마을, 국가의 하부조직

　마을은 자생적 혹은 자발적으로 형성된 조직체이면서 동시에 국가 조직의 최하부 기구로 편입되어 있다. 즉, 마을은 국가와 주민이 마주치는 최하위 단위체이다. 마을은 국가의 최말단 행정기구인 면面 단위 아래에 편제되어 있으면서도 나름대로 자율성을 갖고 있다. 국가는 마을을 매개로 주민들을 통제하고 장악한다. 하지만 국가와 마을 사이의 관계는 어느 한쪽에 의해 일방적으로 결정되지는 않는다. 국가의 동원력이 마을과 주민에게 미치는 정도는 그것을 수용하는 마을과 주민의 의사 및 의지에 따라 달라진다. 국가의 동원 체계가 주민들의 성원과 동의를 얻어 내기 위해서는 주민을 설득할 수 있는 능력이 요구된다. 여기에서 능력은 물리적, 물질적 자원뿐만 아니라 지적, 도덕적 자질과 비물질적 자원도 포함된다. 국가가 주민들을 설득할 수 있는 자원을 제공하더라도, 그것이 전국적으로 혹은 모든 계층에게 균일하고 동등하게 영향을 미치는 것은 아니다. 지역사회에서 국가의 영향력을 수용하는 정도는 마을 각각의 특성과 주민 개개인의 사회적 지위에 따라 달라진다. 마을의 전통적 규범체계를 바탕으로 마을과 국가 간의 사회적 정치적 관계가 형성되고, 이에 따라 국가 동원에 대응하는 마을공동체 또는 개인 차원의 태도와 실천이 결정된다.

국가는 지속적으로 마을을 국가기구의 끄나풀 조직으로 포섭하였다. 각종 단체와 조직을 이용하여 마을과 주민들을 지배하거나 통제하였다. 가장 전형적인 기구는 행정조직이었다. 일제강점기였던 1914년 지방행정제도가 전면 개편되면서 마을이 국가의 행정단위로 편제되었다. 해방 이후 한동안 일제강점기의 행정조직이 그대로 유지되다가 1961년 5·16 군사 쿠데타로 마을 행정조직은 행정리와 반조직으로 세분화되어 오늘에 이르고 있다. 하나의 행정리는 몇 개의 반으로 구성되거나 제1구, 제2구로 불리는 몇 개의 자연마을을 포함하는 체제였다.

마을의 행정적 및 실질적 대표자는 이장이다. 이장은 마을 총회를 통해 선출된다. 이장은 마을을 대표하는 직책이지만 국가의 정책을 실천하는 최종 단위이기도 하다. 이장은 면사무소와 농협의 업무를 대행하거나 주민들에게 전달하는 업무를 수행한다는 점에서 '핵심 끄나풀' 역할을 한다고 할 수 있다(한국농어촌사회연구소·한국가톨릭농민회 1990). 마을에는 이장으로 대표되는 행정조직과 부인회, 영농회, 청년회, 육성회, 어머니회 등이 있다. 이들 조직은 형식상으로는 민간조직이지만, 실질적으로는 행정기관의 지시와 통제를 받는다는 점에서 일종의 끄나풀 조직이라고 할 수 있다. 1980년대 이후 마을마다 정당 및 각종 정치단체가 구성되어 활동하고 있다. 평상시에는 별다른 활동을 하지 않고 있다가 선거철이 다다르면 마을과 지역사회에서 선거운동을 한다.

마을에는 자발적 조직 혹은 결사체와 더불어 관 주도의 조직체가 결성되어 있다. 이들 조직은 실질적으로 활동을 하기도 하지만 일부는 명목적인 단체에 지나지 않는 경우도 있다. 대표적으로 4H라 불리는 청소년 단체가 있다. 4H는 지Head, 덕Heart, 노Hands 체Health를 신조로 농촌 청소년들의 사회교육 활동을 통해 농촌개선을 이룩하기 위해 조직된 단체이다. 한국의 4H회는 관제 조직으로 출발하였다. 농촌청년구락부(1940년대 후반)로 시작하여 4H구락부(1950~1960년대), 새마을4H구락부(1970년대), 새마을청소년회(1979), 4H(1988년 이후)로 명칭과 조직 체계가 바뀌었다. 시기마다 다소 차이가 있지만, 대개 30세 이하 청소년이 주축이었다. 4H는 농촌계몽의 매개자 역할을 하였으며, 농촌개선과 영농후계자를 육성하는 기능을 하였다.

1970년대에는 범정부 차원에서 시작된 새마을운동과 함께 새마을 부녀회가 결성되었다. 새마을 부녀회는 1978년 각종 여성 관련 단체들을 통폐합하여 조직하였다. 전국 단위의 조직으로 새마을부녀회중앙연합회를 정점으로 하여 읍면동 지역까지 단위 조직을 결성하였다. 부녀회의 주요 사업은 가정새마을운동, 건전생활실천운동, 생활환경가꾸기운동, 농촌살리기운동, 이웃사랑실천운동 등 여성들이 할 수 있는 모든 사업이 망라되어 있었다. 마을 단위에서 부녀회는 관제적인 활동을 하였지만, 일종의 주민 자치 조직으로 기능하기도 하였다.

정부는 각종 국가기구와 관제 조직을 이용하여 여러 조직체를 결성하여 마을 주민들을 지배해 나갔다. 국가는 군대, 경찰 등과 같은 사법기구를 통하여 주민들의 정치적 반발을 통제하였다. 또한 행정조직과 준행정조직을 동원하여 각종 연합조직체(군정자문회의, 민주평화통일자문회의, 지역대책협의회 등)을 결성하고는 이들을 통해 마을 주민들을 정부의 우호 세력으로 편성하였다. 예를 들면, 예비군, 부녀회, 청년회, 개발위원회 등을 통해 주민들을 포섭하고 정치적 목적을 위해 동원하기도 하였다. 국가는 이와 같은 하부 단체를 통해 주민들을 지배하거나 국가 자원의 불균등한 분배를 통해 주민들을 통제하고 참여를 끌어낸다. 한마디로 국가는 공동체적 성격이 강한 마을을 통제하기 위해 마을 안에 '끄나불 조직'을 만들고 이를 통해 주민들을 지배하고 통제하였다. 마을과 국가를 연계하는 정점은 이장, 어촌계장, 새마을지도자가 대표적이라고 할 수 있다.

2. 면리面里제와 이장

조선시대에는 면面의 하부조직으로 리里를 두고, 리에는 존위를 두었다. 존위는 마을의 장으로서 매년 정월에 마을 주민들이 총회를 통해 선출하였으며 임기는 대개 1년이었다. 조선 후기부터 국가의 지방 지배는 면과 리를 통해 이루어졌다. 면리제가 시행되면서 국가의 세금 징수 또한 면과 리를 단위로 배정되었다. 즉 국가에서 징수하는 세금은 총액제로, 먼저 군현 단위로 총량이 배정되고, 다시 면리에 배분되었다.

마을 단위로 부과된 부세는 마을 거주민이 공동으로 납부하는 공동납제가 시행되었다. 면리제와 공동납제는 마을이 독자적인 조직 체계를 갖추고 기능할 수 있는 발판이 되었다(전민영 2016: 136).

하지만 마을 단위까지 포함하는 근대적인 행정체계가 갖추어지기 시작한 것은 식민지 시기였다. 1913년 도부군道府郡의 명칭과 관할구역이 지정되었으며, 1914년 도-부-군-면-동리로 이어지는 체제를 유지한 채, 기존 군·면·동리를 통폐합하여 그 수를 대폭 감축하였다. 1917년 면제가 도입되면서 면을 중심으로 행정이 이루어지게 되었다(윤해동 2006).[1] 대한제국기에도 면이 있었지만, 면장과 면직원이 집무를 볼 수 있는 면사무소를 별도로 두지 않았다. 면장은 자기 집에서 업무를 관리하면서 군수의 업무를 보좌하는 위치에 지나지 않았다. 또한 면장과 면직원은 선발직 공무원이 아니라 군수와 유력인사의 협의로 선임되었다. 일제강점기부터 면장과 면직원을 공무원 선발제도를 통해 임명하였으며, 면사무소를 별도로 설립하여 면 행정을 담당하도록 하였다. 또한 마을의 장을 일컬어 구장區長이라 하였다. 마을 구장의 보조를 받아 일선 행정을 처리하는 면 체제가 구축되었다(박섭·이행 1997: 55). 구장제도가 도입되면서 동리洞里가 면 제도로 완전히 편입되었으며, 하나의 행정 구획으로 획정되었다(윤해동 2004: 148).

일제강점기 초기까지는 기존 마을 연장자나 유지가 마을의 제반사를 결정하고 운영하는 위치에 있었다. 일제는 '장로정치' 혹은 '촌락정치'로 불리는 전통적인 행정 체제를 해제하고자, 1917년 면제와 구장제를 도입하였다. 하지만 면제와 구장제 실시 이후에도 전통적인 정치 구조는 크게 바뀌지 않았다. 행정적으로는 구장이 마을을 대표하는 위치에 있었지만, 실질적으로 마을의 '어른'들이 여전히 정치적 실세였다. 1930년 일제는 '촌락정치'와 마을 운영의 2원 구조를 타개하기 위해 신진 세력들을 '중견 인물'로 양성하려는 정책을 전개하였다. 1931년부터 중견 인물을 양성하려는 계획의

---

[1] 1914년 조선총독부는 말단 행정구역의 균등화를 추진하면서 면과 군의 수와 크기를 대폭 조정하였다. 하지만 인위적인 행정구역 조정은 늘어나는 행정비용과 교육비용으로 불안정성을 드러냈다. 결국 1920년대 후반부터 본격적으로 면의 통폐합 작업이 시작되었다(이명학 2020).

일환으로 보통학교 졸업생 지도사업을 펼쳐나갔다. 일제에 의해 정책적으로 발탁, 육성된 중견 인물들은 일제의 지배정책에 순응하는 교육을 받았던 사람들이었다(윤해동 2004: 195-216). 이들은 일제에 협력하면서 마을의 지도적인 인물로 성장하였다.

이후 마을의 대표자인 구장은 마을 어른에서 중견 인물로 대체되었다. 중견 인물이 행정 권력의 대행자로 등장하게 된 배경에는 학교 교육 확대가 있었다. 학교는 근대적 지식의 보급로이자 일제의 지배 이데올로기를 전파하는 기구이기도 하였다. 학교 교육은 전근대적인 신분 질서를 바꾸어 놓았다. 일제는 구장을 매개로 마을을 지배하고 통제하였다. 행정력의 한계로 개인 혹은 개별 가구를 직접 장악하지 못하고 구장을 통해 전시 동원과 같은 사업을 마을 공동으로 혹은 자체적으로 해결하도록 하였다. 결국 마을의 정치적 영역은 기존 유지 중심의 전통적인 구질서와 중견 인물 중심의 식민지적 신질서가 맞물리면서 서로 갈등하면서 공존하는 체제였다. 일제에 의해 발탁 육성된 중견 인물의 등장과 식민지 교육을 통해 성장한 신세대의 형성은 새로운 형태의 정치 질서를 형성하였다(오제연 2014: 132).

일제가 패망한 다음에도 식민조선의 행정체계는 거의 그대로 유지되었다. 대한민국 정부 수립 이후 1949년 7월 '지방자치법'을 제정하여 주민이 직접 이장을 선출하도록 하였다. 이장의 임기는 2년이었다. 이후 1958년 12월 지방자치법을 개정하여 읍면장이 이장을 임명하도록 하였다가, 1960년 11월 개정법률에 따라 당초와 같이 임기 2년의 이장을 주민이 직접 선출하도록 환원하였다. 5·16 쿠데타 직후인 1961년 9월 '지방자치에 관한 임시조치법'을 제정하고 시행함에 따라 이장은 다시 읍면장이 임명하도록 하였다. 마을회관의 명칭 또한 행정체계 개편에 따라 자주 바뀌었다. 일제강점기에는 정회町會로 불렸다가 미군정기에 동회洞會로 이름이 바뀌었다. 이후 1955년 동사무소로 명칭이 바뀌었다. 동사무소는 징세, 사회사무, 호적 등의 업무를 구청으로부터 이관받는 등 어느 정도 자치권을 행사하였다. 1960년 동·리장 선거 규칙을 각 도가 폐지하면서 동사무소는 말단 행정기구가 되었다(윤현석 2016).

해방 이후에도 마을은 '고립성'을 벗어나지 못하였다. 소규모 취락 형태, 영세한 경제구조, 운송과 통신 설치의 결핍 등이 고립성의 원인으로 작동하였다. 마을 주민들은 대부분 단일한 경제활동에 종사했으며, 친밀한 유대감을 바탕으로 강한 통일성을 가지고 있었다. 지역 공동체는 주로 공무원과 경찰을 통해 국가기구와 연결되었다. 정부 정책은 면사무소를 통해서, 경찰의 활동은 파출소를 통해 수행되었다. 한국전쟁과 농지개혁은 마을 단위의 지배 질서를 크게 흔들어 놓았다. 전쟁으로 인한 혼란 상황은 인구 변동, 물적 재산의 파괴, 전통적 가치체계의 전복으로 이어지면서 기존 마을 유지들의 기반을 약화시켰다. 농지개혁은 부의 평준화를 초래하면서 지역사회의 지배 질서를 변동시켰다(이용기 2014: 461). 이런 과정에서 지역사회에 대한 국가의 장악력은 더욱 커졌다. 마을 어른과 유지들을 통한 마을 내 분쟁과 갈등 조정 기능은 상대적으로 약화되었지만, 여전히 유지들은 강력한 영향력을 발휘하였으며 지역 공동체의 전통적인 질서는 온존하였다(오제연 2014: 139).

식민지 수탈기구로 조직된 리里는 해방 이후 국가형성 과정에서 식민 통치기구가 그대로 존속되면서 함께 승계되었다. 법정리로 불렸던 식민 통치기구는 5·16 군사쿠데타 이후 효율적인 통제를 위하여 법정리 안에 행정리를 설치하고 이장을 두어 행정 업무를 수행하도록 하였다. 행정리 안에는 다시 반班이라는 조직을 두고 있다. 반은 행정시책의 원활한 말단 침투 및 효율적으로 행정 업무를 수행하기 위해 만들어진 조직이다. 하나의 행정리 안에는 반조직과 함께 '리개발위원회'가 설치되었다. 리개발위원회는 1958년 실시하였던 '지역사회개발사업'에 그 원형을 두고 있다. 1972년 내무부에서 리개발위원회를 전국적으로 조직하도록 제도화하면서 본격적으로 설치되기 시작하였다. 대개 15인 이내의 위원으로 구성되는 리개발위원회는 형식상으로는 마을 주민의 대의기구이지만, 실제로는 이장의 행정 수행 보조기구와 같은 성격을 지니고 있다(김태일 1989: 77-79).

국가의 하부조직으로서의 행정리는 이장이 책임을 맡고 있다. 이장은 형식상 면장이 임명하지만, 실질적으로는 마을 사람들이 추대하거나 선출한다. 이장은 준공무원 대우를 받으며 매월 일정액의 수당을 받는다. 일반적으로 이장이 농협의 하부조직인 영농회장을 겸하면 농협에서도 매달 회의비를 받는다(임도빈 1996: 98). 이장은 공식조직과 주민 개개인을 연결하는 고리 역할을 한다. 이장은 주민들을 대신하여 면사무소를 자주 오간다. 이장은 행정기관의 정책을 안내하고 홍보한다. 반상회나 각종 모임을 통해 정부 혹은 농협의 시책을 설명해주는 공권력의 대변인 역할을 한다. 상급 기관으로부터 지시받는 각종 조사나 통계 자료를 수집하고 이를 취합하여 보고한다. 인구, 가축, 농작물 작황조사 등과 같은 일상적인 것은 물론이고 기타 여론 조사 등 모든 기초적인 자료가 이장을 통해 최초로 생성된다. 이장이 없으면 면사무소는 물론 기초자치단체를 포함하여 중앙행정기관의 업무가 마비된다고 할 수 있다. 이장은 농협에 예금이나 각종 공과금 업무 등을 대신 수행하기도 한다.

이장은 마을의 의사결정의 구심점이다. 마을별 사업을 할 경우에도 이장이 총회를 통해 의사결정을 유도한다. 영농회장으로서의 이장의 역할은 농협에서 매년 마을 단위로 배분되는 영농자금을 누구에게 줄 것인지를 결정한다. 마을의 제반사는 이장을 비롯하여 마을 유지들의 사전 조정이나 공평한 분배를 통해 조율된다. 이장은 마을 주민들의 가정사는 물론 재정 상태까지 파악하고 있다. 따라서 마을 주민 중에 어떤 문제가 발생하면 이를 해결하는 방식을 가장 잘 알고 있는 사람이다. 이장은 이와 같은 능력과 지위 때문에 각종 선거에서 정부 여당의 중요한 선거 운동원이 되기도 한다.

요컨대 전통적으로 마을공동체는 가부장적 위계질서를 바탕으로 동네 '어른'이 지도자 역할을 하였다. 이들은 유지, 유력가, 지역 명망가 등으로 불리면 마을에서 일정한 권위를 지니고 지배력을 행사하였다. 동네 어른은 대개 주요 성씨 집단의 수장이거나 일정한 정도의 경제력과 학식을 갖춘 사람들이었다. 일제강점기 구장 제도가 도입되면서 구장이 마을을 대표하는 지도자로 자리를 잡기 시작하였다. 대한민국 정부 수립 이후 국가로부터 임명된 이장은 관공서와 마을 주민들의 중개하는 역할을 하였다. 이장은 면사무소에서 받은 지시사항을 주민들에게 전달하고 주민들의 행정적인 업무를 도와주었다. 이장은 지역사회에 다양한 인맥이 있어야 하고 어느 정도 학식과 행정 능력을 갖추어야 했다. 이장으로 선출되면 마을 사람들로부터 위세를 얻는 계기가 되었다.

비진도 내항에서 마을의 행정과 사무를 관장하는 공식조직은 대동회이다. 대동회는 마을에서 가옥을 보유하고 있는 세대주가 참여하는 회의체이다. 구체적으로 대동회는 동제를 수행하는 단위체이며, 이장을 선출하는 공식 기구이기도 하다. 대동회는 주민 공동의 업무를 처리하는 자율적인 조직이면서 동시에 국가 권력에 포섭된 최말단 행정기구와 같은 기능을 한다. 대동회와 더불어 마을에는 청년회와 부녀회가 존재하고 있다. 청년회와 부녀회는 새마을운동 시기에 본격적으로 활동을 전개하였지만, 그 이전부터 존재했었던 조직이었다. 세대주는 대동회에 참석하여 각종 현안에 대해 의결하고 지선어장 이용권을 배분받을 권리가 있으며, 이장과 어촌계장, 새마을지도자 등의 임금을 포함하여 지선어장 사용료 등 각종 부과금 지급 및 필요한 경우 노동력을 제공해야 하는 의무를 지닌다. 이장은 마을의 행정과 재정을 전담하였다. 이장의 기능과 역할은 어촌계 직영화 및 새마을운동의 영향으로 크게 바뀌었다.

3. 어촌계와 어촌계장

1962년 수산업협동조합이 설립되면서 연안어장의 어업권 관리는 제도상 수협이 관장하게 되었다. 수협법은 1962년 1월 법률 제1467호로 제정되었으며, 동년 4월부터 시행되었다. 수협법 제16조 ③항에 '지구별 수산업협동조합은 정관이 정하는 바에 의하여 필요한 곳에 지소를 둘 수 있고, 각령이 정하는 바에 따라 어촌계를 조직할 수 있다'는 조항을 두면서 어촌계가 설립되게 되었다. 수산업협동조합법 제정 당시 어촌계를 설립할 수 있는 권한을 지구별 수협에게 부여하였다. 즉 어촌계는 지구별 수협의 하부조직 또는 협력조직으로 출발하였다. 수협 설립 이전까지는 연안어장 관리는 관습법에 따라 이루어지고 있었다.

1962년 수협이 설립되면서 연안어장의 어업권을 정부의 하부기관인 수협이 규제와 관리를 담당하게 되었다고 할 수 있다. 즉, 연안관리의 책임이 마을이 아니라 정부 소관이며, 지선어장이 전통적인 자율적 관리에서 정부 주도의 타율적인 관리체제로 전환되었음을 의미한다. 1966년 8월 제5차 수협법 개정 당시 '조합원은 1개 또는 수 개의 부락 또는 리, 동을 업무구역으로 하는 어촌계를 조직할 수 있다'라고 개정함으로써, 어촌계는 구성원의 자격으로 지구별 수협의 조합원으로 한정하고는 있었지만, 어촌계 자체는 어느 정도 독립성을 갖게 되었다.

수산업협동조합이 실제로 어장관리 기능을 강화하기 시작한 것은 1970년대부터이다(최정윤 1998: 10-11). 1972년 10월 수산업법 제8차 개정에서 공동어업 이외의 어업(각종 양식어업과 정치어업)에 대해서도 어업협동조합이 면허의 주체가 될 수 있도록 하였다. 1975년 12월 제9차 수산업법 개정에서 어촌계의 어업권 취득을 합법화하였다. 종전의 어업법인 우선 조항을 어촌계 최우선 면허로 개정하는 한편, 법인조직이 아닌 어촌계의 어업권 취득을 법제화하였다. 어촌계의 어업권 취득을 합법화하기 위하여 수산업법은 비법인 어촌계의 어업권 총유를 인정하였다.

1962년 수산업법 제정으로 수산업협동조합이 설립되었음에도 어촌계는 법인조직이 아니라는 이유로 어촌계의 어업면허가 제한되었다. 그동안 어촌계는 어장관리의 주체가 아닌 지구별 수협의 단순한 하부조직으로 머물고 있었다. 1975년 수산업법 개정으로 어업권 향유 주체로서의 어촌계의 법적 취약점이 해소되었다. 1976년 수산업법 시행령을 개정하여 어촌계를 공동어장의 자원 조성사업 및 어장관리 활동을 의무화함으로써 어촌계가 비로소 어장관리 주체로서 활동하게 되었다. 어업권 관리자로서 어촌계의 권한을 부여한 1976년 수산업법 시행령은 어업권 운영에서 일대 전환점이 되었다.

1981년 3월 제10차 수산업법 개정으로 공동어장 내 개인 양식어업권과 정치어업권을 어촌계로 귀속시켰다. 1990년 8월 제13차 수산업법 개정으로 어촌계의 어업권 관리기능을 수산기본법으로 명문화하였다. 수산자원과 공동어장의 관리기능을 정부의 책임과 소관으로 법제화하였다. 어촌계의 어업권 관리는 어촌계원들이 합의로 어장관리규약을 제정하고 스스로 실천해나가는 이른바 자율적인 어업관리 체제로 포장되었지만, 실제로는 중앙정부와 지방정부, 그리고 수협의 관리와 지도 감독을 받도록 하였다. 어촌계의 어장관리 규약에는 어업행사자의 자격, 행사자의 수, 어구 어법의 제한, 조업 장소와 시기의 결정, 어획 가능한 크기 등을 포함하도록 하였다. 어장관리 규칙을 위반한 사람에 대해서는 조업을 제한하거나 행사권을 회수하는 등의 벌칙조항 역시 규정하도록 하였다(최정윤 1998: 12). 요컨대, 어촌계는 수산업협동조합법에 의거하여 설립된 단체이며, 어촌계의 구성원은 지구별 수협의 조합원이라야 한다고 규정하고 있다. 어촌계원의 자격을 수협의 조합원으로 제한함으로써 어촌계가 어민을 통제하기 위한 국가의 하부기관으로 탄생되었음을 짐작할 수 있다.

1970년대 새마을운동 과정에서 어촌계는 어촌 새마을운동의 실천조직으로 작동되었다. 어촌계는 단순한 공동어장의 관리 단체가 아니라 해안방파제 조성, 선착장 건설 등과 같은 어촌 공동시설 사업의 추진체로서 기능하였다. 아울러 공동어장의 경제적 이용과 어민 소득증대를 위한 어장개발 사업을 적극적으로 추진할 수 있는 경영체로서 조직과 역할이 강화되었다(최정윤 1998: 15-16). 새마을운동이 절정에 이르렀던 1976년 4월 제10차 수산업법 개정 및 1977년 12월 제11차 수산업법 개정, 그리고 1977년 4월 대통령령 제8546호로 수협법 시행령이 개정되었다.[2] 이로써 어촌계는 사회적 기능보다는 경제적 기능이 강화되었으며 명실상부한 수협의 말단조직으로 자리를 잡았다(수산업협동조합 중앙회 1980 : 336-346).[3]

어느 어촌과 유사하게 비진도 내항에서도 지선어장은 마을 총유 형태로 운영되었다. 마을 공동어장에서 행사권을 갖기 위해서는 먼저 마을의 주민으로 자리를 잡아야 한다. 마을의 일원이 되는 것을 입호라 하였다. 마을 대동회의 결의를 통해 자격을 얻은 다음 소정의 가입비를 부담해야 완전한 성원으로 받아들여진다. 전통적으로 지선어장의 이용은 입호제도에 의해 지배되었다. 미역과 우뭇가사리 등 해조류의 경제적 가치가 높았던 시기에는 입호제도가 더욱 완고하게 운영되었다. 즉 분가자나 외부에서 이주해 오는 사람에게는 쉽사리 지선어장 행사권을 허용하지 않았다. 신규 참여자를 최대한 억제하려는 공동체적 규제는 한정된 지선어장에 이용자가 증가하면 전체 구성원의 경제적 이익을 저해하기 때문이다.

---

2 1976년부터 어촌계 현황이 매년 발표되면서 전국적인 상황을 쉽게 파악할 수 있게 되었다. 어촌계는 1973년 제1차 정비기, 1978년 제2차 정비기를 맞아 어촌계의 수가 줄고 대신 어촌계의 계원 수는 증가하였다(최정윤 1998: 16).
3 국가가 농협이나 새마을운동 등과 같은 하부조직을 통해 주민을 통제하는 방식과 기제에 대해서는 김태일(1990), 장원석(1989), 한도현(1989) 등의 연구를 참조 바람.

전통적인 지선어장 운영 방식은 기득권자의 이익을 우선하였다. 따라서 지선어장의 공동관리와는 거리가 있었다. 주민들의 접근이 불가능하거나 어획기술이 필요한 어장은 빈매로 처분하였다. 주민들의 가입비와 빈매로 얻은 수익은 마을 공동 행사 및 마을 발전을 위한 기금으로 지출되었다. 어장을 관리하거나 보전하는 용도로는 거의 사용되지 않았다. 제도적으로 어촌계가 마을 공동어장의 관리주체로 등장하면서 지선어장을 마을의 총유 재산으로 이용해왔던 기존 운영 방식과 일부 괴리가 발생하였다.

어촌계는 어촌계원의 어업생산력과 생활 향상을 위한 공동사업 수행, 경제적 사회적, 문화적 지위 향상을 목적으로 조직된 어촌의 풀뿌리 협동조직이다. 어촌계는 지구별 수협의 조합원 10인 이상이 발기인으로 어촌계 정관을 마련하고, 시군구청장의 인가를 받아 설립된다. 어촌계의 정관은 어촌계의 운영에 관한 사항을 규정하고 있는 공식 문서이다. 대개는 수협중앙회에서 배포한 표준정관을 따르거나 지역별 혹은 어촌계별로 특수한 사항을 별도로 첨부한다. 개별 어촌계의 정관 내용이 수협중앙회에서 배포한 정관에서 크게 벗어나지 않는다는 점에서 사실상 어촌계가 수협의 산하 기구로 작동되고 있는 셈이다. 어촌계의 대표는 어촌계장이다. 어촌계장은 계원의 투표로 선출되며, 계원의 가입과 탈퇴, 주요 사업 추진 등은 총회에서 결정된다. 총회는 다수결을 원칙으로 하지만 전원일치 혹은 과반수 찬성 등 사안에 따라 다양하게 전개된다. 어촌계원의 자격 요건은 어업인이면서 해당 지구별 조합원이어야 한다. 어촌계원 가입 희망자는 해당 어촌계의 관할 지역에 거주해야 하며, 어촌계의 가입 조건을 충족시켜야 한다.

어촌계의 사업은 수산업협동조합법시행령 제7조에 규정되어 있다. 어촌계가 할 수 있는 사업은 교육지원사업, 어업권과 양식어업권 취득 및 경영, 공동구매 사업, 공동시설 설치 및 운영, 후생복지 사업 등 다양하다. 그중에서도 지선어장(마을어장)을 관리하고 지선어장의 수산물을 생산 판매하여 소득을 창출하는 것이 가장 기본적인 사업이라고 할 수 있다. 마을어장의 경우 어촌계에서 직접 생산활동을 하거나 행사계약을 통해 수익을 창출한다. 마을어장의 관리 및 운영, 어촌계 시설의 관리 및 운용, 어촌계원 관리 등 어촌계가 관장하는 다양한 사업과 활동을 체계적으로 관리하기 위해서는 어촌계장의 능력이 중요하다. 어촌계원들 간의 의견을 조율하고 갈등을 조정하기 위해서는 어촌계장의 지도력이 필요하다.

일반적으로 어촌계는 계장 1명, 간사 1명, 약간 명의 감사로 구성된다. 어촌계장은 각종 공동어장 관리행사에 대한 책임을 비롯하여 출자금 관리, 가입·탈퇴자 관리, 공동어선 관리, 어촌계 자금의 금전 출납, 대외적인 업무 등을 담당한다. 간사는 어촌계 장부 정리와 재정 업무를 주로 담당한다. 비진 내항의 경우, 1963년 어촌계가 설립되었지만 유명무실한 상태로 존재하다가 1978년 지선어장 직영화로 마을의 공유어장을 관리 운영하는 실체로 부상하였다. 어촌계가 지선어장의 실질적인 운영 주체가 되면서 어장을 효율적으로 관리하게 되었다. 단순히 잡는 어업에서 기르면서 잡는 어업 방식으로 전환하였다. 어촌계의 직영화는 마을의 의례 조직까지 변화시켰다.

최근 마을 어촌계가 직면하고 있는 가장 큰 문제는 마을 어장의 생산성 저하라고 할 수 있다. 마을 어장의 생산성 감소는 어업환경 변화, 어장의 황폐화, 어업 인구의 감소 및 노령화 등의 문제와 겹쳐 있다. 어장의 생산성 감소는 어촌계의 수입 하락으로 이어진다. 이런 상황이 지속되면 어촌계의 운영자금 확보가 어려워져 새로운 사업을 수행할 수 있는 능력이 저하된다. 어촌계가 새로운 사업을 할 수 없게 되면 지역사회에 대한 어촌계의 기여도가 줄어들고 결국에는 어촌계 자체의 유지 존속이 위협받게 된다.

4. 새마을운동과 새마을지도자

1970년대 들면서 기존 정치세력에서 큰 변화가 일어났다. 국가 주도로 새마을운동이 진행되면서 마을의 정치 지형에도 영향을 미쳤다. 마을이 전면적으로 국가의 통제 아래 놓이게 되면서 국가 권력과 마을의 매개자로서의 이장과 새마을지도자의 역할이 중요해졌다. 새마을운동이 본격적으로 마을에 침투하면서 마을의 자율성과 독립성은 약화되었으며, 다양한 조직체들이 생성되면서 기존 권력구조가 개편되었다.

새마을운동은 마을 차원에서 생활환경이 개선되고 주민들의 의식이 개발 지향적으로 바뀌었다는 성과로 이어졌다. 간선도로 완성, 교량 시설, 농경지 관개, 하천 정비, 회관·창고·작업장 구비, 마을기금 확보, 농외 소득사업 개발 및 추진, 호당 소득 등과 같은 기준에 따라 전국의 마을을 기초마을, 자조마을, 자립마을로 등급화하였다. 마을의 등급화는 마을 간 경쟁을 부추겼으며, 주민들은 마을의 발전과 명예를 위해 새마을운동에 적극적으로 참여하였다(민상기 1980: 90-92). 마을을 사업의 기본 단위로 설정하고 전 주민의 공동노력으로 숙원사업을 이루도록 지원하였다. 마을 주민들에게 새마을운동은 단순한 개발사업이 아니라 일종의 도덕적 의무가 되었다(소순열·이성호 2018: 54). 즉, 주민들에게 '우리' 마을이라는 의식과 '발전'이라는 목표를 강조하면서 우수마을 우선지원 원칙을 채택하였다.

전통적으로 마을은 동제를 공동으로 수행하는 구역이면서, 동리 매 혹은 추방이 이루어지는 단위체이기도 하다. 마을 사람들은 공통된 사회문화적 관념과 전통 그리고 관습을 공유하며, '우리'라는 공동체 의식을 형성하고 공유한다. 마을 사람들의 공동체 의식은 고정 불변하는 것이 아니다. 경제체제가 자본주의 경제로 전환되고, 교통과 통신이 발달하고, 주민들의 생활권이 확대되면서 상대적으로 마을 혹은 주민들 간의 의존도가 줄어들고 있다. 마을에서는 남의 이목이나 체면과 같은 비공식적 제재가 주민들의 행위를 규제한다. 한편으로는 다수의 위력이 개인의 일상생활을 규제하는 요인으로 작동되지만, 다른 한편으로는 다수로부터 배제될 수 있다는 사회적 불안감이 주민들의 사회적 참여를 유도하기도 한다.

이와 같은 공동체 의식은 새마을운동 추진과정에서 마을 간 경쟁을 자극하여 주민들의 참여를 끌어내는 주요 동인으로 작동하였다. 국가 주도의 새마을운동은 마을의 발전을 견인하는 동력으로 작동되었다. 박정희 정권은 새마을운동을 추진하면서 정부의 지시가 주민들에게 전달될 수 있는 체계를 구축하였다. 중앙협의회 - 시도협의회 - 시군협의회 - 읍면추진위원회 - 이동개발위원회라는 계통에 따라 협조체제를 조직하였다. 이동개발위원회에는 새마을 청년회, 새마을 부녀회, 새마을 영농회 등의 관제집단이 망라되었다. 새마을운동의 효과적인 집행을 위해 중앙정부에서 마을에 이르기까지 담당 공무원을 배치하였다. 마을을 단위로 새마을운동이 전개되면서 새마을운동을 통솔할 지도자를 별도로 선정하였다(박섭·이행 1997: 53-54).

마을에서는 정부의 일방적인 지시를 그대로 수용했던 것도 아니며 일사분란하게 단결하여 사업을 진행한 것도 아니었다. 새마을운동 현장에는 주민들 간의 갈등과 협동이 상존하였다. 정부와 주민들 사이에서 정부 지시와 주민들의 요구를 조정하고 사업을 원활한 방향으로 이끌었던 지도자가 있었다. 새마을지도자는 마을의 환경개선과 소득증대를 위해 매진했던 혁신자였다. 한마디로 새마을지도자는 마을 주민과 행정기관을 연결하고 발전주의적 신념으로 정부의 정책과 마을 발전을 실천하는 일종의 '기업'이었다. 새마을지도자는 전통적 마을 지도자들과 달리 효율성, 목표달성 등 근대적 합리주의에 노출되었던 사람들이었다(한도현 2010: 269).

새마을지도자로 선발되었던 사람들은 대개 40세 전후였다. 당시 40세 전후의 나이는 노인층과 청년층을 연결할 수 있는 가장 적합한 연령층이었다. 또한 이들은 마을과 정부를 연결할 수 있는 적합한 통로이기도 하였다. 새마을지도자들은 연수원 교육을 거치면서 정예화된 지도자로 발전 성장하였다. 연수원 교육은 단지 새마을운동과 관련된 교육에만 국한된 것이 아니라 시간 관리, 질서정연한 생활 습관 등도 포함되어 있었다. 새마을 교육은 신체에 가해지는 규율을 통해 효율성과 생산성을 높이고자 하였다(박진우 2010).

이와 같은 방식으로 교육을 받았던 새마을지도자는 전통적인 마을 지도자들과 여러 측면에서 차이가 있었다. 첫째, 마을 이장은 주민과 행정을 연결하는 역할을 하면서 일정한 보수를 받는 직책이었지만, 새마을지도자는 사업을 주도하는 리더였지만 무급 봉사자 신분이었다. 둘째, 마을 '어른'이나 이장과 같은 기존의 마을 지도자들은 체계적인 리더십 훈련을 받지 않았으며 마을을 운영하는 전망도 명확하지 않았다. 반면 새마을지도자로 선발된 사람들은 체계적인 리더십 훈련을 받았으며, 조직 운영과 목표 수립 및 달성을 위한 교육을 받았다. 새마을지도자 교육은 중앙의 새마을지도자 연수원을 비롯하여 도 단위, 군 단위에서도 이루어졌다. 셋째, 새마을지도자 교육은 지도자 개인뿐만 아니라 마을에도 재정적 혜택이 주어졌다. 새마을지도자 연수원에

입소하려면, 군 단위에서 우수마을 지도자로 선발되어야 했을 정도로 지도자 개인에게는 영예스러운 경력이었고 마을에서는 새마을 사업자금을 우선 지원받을 수 있는 혜택이 주어졌다.

　1960년대 이후 비진도 내항에서도 신학문을 배웠던 1세대들이 청장년으로 성장하면서 사회적 관계가 바뀌었으며 지배 세력 역시 변동이 있었다. 전통적인 공동체성과 더불어 마을의 정치집단 혹은 세력들의 호응이 새마을운동을 성공적으로 추진할 수 있었던 요인이었다. 새마을운동 이전부터 마을 단위에서 경험했던 근대화 운동 역시 새마을운동의 토대가 되었다. 전통적으로 자율적 혹은 독자적인 영역으로 존재했던 기존의 정치적 영역에 새마을운동이라는 국가권력의 영향력이 뒤섞이면서 새로운 집단이 성장할 수 있는 기회를 부여하였다. 마을에서 새마을지도자로 활약했던 천병순은 대통령 표창장을 받을 정도로 활발한 지도자였다. 그의 새마을지도자 이력은 이후 어촌계장으로서 지선어장 직영화를 추진하는 원동력이 되었다.

　새마을지도자는 주민들에게 마을 발전이라는 전망을 제시하는 역할을 하였다. 단지 지도자 개인의 성공이 아니라 마을의 성공을 주도해야 하는 존재였다. 목표를 제시하고 주민들의 호응을 끌어내기 위해서는 주민들의 참여를 설득하는 능력과 갈등을 관리하는 능력을 동시에 갖추어야 한다. 지도자의 개인적 능력 못지않게 마을 내 친족집단 간의 알력과 경쟁을 포용할 수 있는 인물이어야 했다. 설득과 협조가 항상 순조롭게 이루어지지는 않았다. 박정희 대통령과의 만남 혹은 대통령 표창장과 하사금, 선물 등은 일종의 '훈장'처럼 새마을지도자들의 권위를 높여주는 구실을 하였다. 대통령의 관심을 받았다는 사실은 새마을지도자가 개발사업을 진행하면서 '장애'나 반대를 물리칠 수 있는 일종의 정치적 자산이 되었다.

　새마을운동 과정에서 동원된 자원은 새마을지도자뿐만 아니라 기존 마을 총회와 유지들이 포함되었다. 따라서 새마을지도자는 새롭게 등장한 지도자가 아니라, 기존 사회질서 속에서 국가의 동원 체제에 부응하는 인물이 전면으로 나서게 되었다. 새마을지도자가 마을과 주민들의 이익만을 대변하지는 않았다. 새마을운동의 추동력으로 작용했던 새마을지도자들의 역할은 국가의 최말단 '끄나풀' 조직으로서 국가에 의한 농촌과 농민지배의 주요한 축이었다(김태일 1989). 1988년 전두환 정권의 몰락과 함께 새마을운동중앙본부의 비리가 드러나면서 새마을운동은 침체기에 접어들었다. 새마을운동이 동력을 잃고 사실상 유명무실해지면서, 일선에서 활동했던 새마을지도자의 위상과 역할은 많이 축소되었다. 1990년 현재 마을에서 새마을지도자가 어촌계 간사를 겸임하고 있었다.

  1970년대 시작된 새마을운동은 내항 마을에 많은 변화를 불러왔다. 가장 먼저 마을 환경이 개선되었다. 안길이 포장되고 초가지붕이 함석지붕으로 개량되었다. 도서 지역의 열악한 환경으로 육지에서 전기를 끌어오지 못하자, 마을 자체로 발동기를 설치하여 전기를 생산하였다. 전기는 저녁 6시부터 밤 10까지 공급되었으며, 제사나 특별한 행사가 있을 경우에는 12시까지 연장되었다. 이때 연장 사용료는 제사를 올리는 집이나 행사를 주최한 가정에서 부담하였다. 전기가 가설되면서 마을회관에 앰프가 설치되었다. 앰프가 설치되자 그동안 마을 대소사를 알리고 이장 심부름을 도맡았던 '하소인' 직역이 사라졌다. 지선어장의 직영과 더불어 마을 공유재산이 늘어났다. 지선어장을 관리할 작업선이 도입되었으며, 고추 빻는 기계를 부녀회 기금으로 구입하였다. 마을회관과 노인정 건물이 신축되었다. 또한 청년회와 부녀회가 새롭게 조직되었으며 활발한 활동을 하였다. 마을 부녀회는 회장과 총무를 두고 있지만, 실질적으로는 이장의 업무를 보조하는 역할을 하고 있다.

참고문헌

국립민속박물관, 『경남 어촌민속지』, 2002.
농상공부수산국, 『한국수산지 Ⅰ-1』, 이근우·신명호·심민정(역), 새미, 2010.
동아경제시보사, 『조선은행회사조합요록』, 1937년판/1939년판.
문화공보부 문화재관리국, 『한국민속종합조사보고서, 경상남도 편』, 1972.
사단법인 수우회, 『현대한국수산사』, 1987.
수산업협동조합중앙회, 『한국수산업단체사』, 1980.
이정덕 외, 『창평일기』 2, 지식과 교양, 2012.
조선총독부, 〈支那事變功勞者功績調書〉 조선총독부 32, 1940.
조선총독부관보, 1916.06.01.
조선총독부관보, 1937.07.22.
통영수산업협동조합, 『통영수협백년사』, 2014.
한산면지편찬위원회, 『한산면지(증보판)』, 2012.
_____, 『한산면지』, 1992.

강금석, 『내가 걸어온 길, 가족』, 부산: 도시출판 동천(비매품), 2000.
강남주, 「사량도·비진도의 당제」, 『새어민』 6월호: 42-45, 1985.
강성복, 「서해 도서지역 전통어로지식의 전승양상과 변화: 보령 외연도를 중심으로」, 『민속연구』 31, 2015.
강원식, 「어촌계에 관한 연구: 경영공동체적 관점에서」, 『수산경영론집』 1(1), 1970.
권정호, 「어촌계를 통한 한국어촌지역개발에 관한 연구」, 동아대학교 석사학위논문, 1987.
김가람, 「어장관리체계 변화와 어업공동체의 적응양상: 거제연안 대구호망어업을 중심으로」, 목포대학교 박사학위논문, 2019.
김도균, 「어촌마을의 사회자본과 어촌계: 3개의 어촌마을 비교연구」, 『농촌사회』 20(1), 2010.
김명자, 「새마을 운동에 따른 동제의 변화」, 『민속연구』 19, 2009.

김상현, 『통영 섬 어무이들의 밥벌이 채록기』, 진주시: 경상대학교출판부, 2021.
김선풍, 『남해안 별신굿』, 서울: 박이정, 1997.
김세건, 「반농반어촌 자원이용방식의 변화과정에 관한 연구」, 서울대학교 석사학위논문, 1993.
김수희, 「일제시대 남해안어장에서 제주해녀의 어장이용과 그 갈등 양상」, 『지역과 역사』 21, 2007.
김승·김연수, 「조선 초 조어왜인에 대한 고호도 어장개방에 관한 연구」, 『한국도서연구』 22(4), 2010.
김승·최정윤, 「구한말에 태동한 수산관계조합의 성격과 일제강점기 초 어업조합으로의 전환과정에 관한 연구: 거제한산가조어기조합과 거제한산모곽전조합을 중심으로」, 『한국도서연구』 25(1), 2013.
김열규, 「한국신화와 무속: 애기와 굿과 난장의 신화론」, 『월간조선』 10월호, 1980.
김우성·박영목·이봉우, 「어촌계 활성화 방안」, 『통영수대 논문집』 20, 1985.
김유경, 「1914년 〈경상남도물산공진회〉 연구」, 『일어일문학』 90, 2021.
김재천, 「어촌공동체의 공동재산에 관한 연구」, 목포대학교 석사학위논문, 1993.
김정대, 「경상남도 면 단위 행정구역명 변천사」, 『경상남도연구』 1(1), 1997.
김정하, 「어촌민속 전승에서의 어촌계 역할과 전승 양상: 부산·경남의 어촌과 도시어항을 중심으로」, 『한국민속학』 62, 2018.
김 준, 「마을어장의 위기와 가치의 재인식」, 『도서문화』 38, 2011.
_____, 『한국 어촌사회학』, 서울: 민속원, 2010.
김지순, 「학적부에 나타난 1910년대 통영공립보통학교의 학생생활」, 『청람사학』 21, 2013.
김창민, 「마을 조사와 연구에 대한 비판적 성찰」, 『한국민속학』 47, 2008.
김태일, 「국가의 지배와 농민」, 『지역사회지배구조와 농민』, 서울: 연구사, 1990.
_____, 「한국농촌부락의 지배구조: 국가 '끄나불'조직의 지배」, 『한국농업·농민문제연구Ⅱ』, 한국농어촌사회연구소(편), 서울: 연구사, 1989.
김현주, 「5·16 쿠데타세력의 유사 민간정권 창출」, 경북대 박사학위논문, 2017.
김형근, 「남해안 별신굿과 공연문화: 남해안 별신굿의 구조적 특징과 연행 요소」, 『공연문화연구』 29, 2014.
김형근·이훈상·진상원, 『남해안 별신굿의 재평가Ⅰ』, 통영시청·동아대 석당학술원, 2017.
나종석, 「마을공동체에 대한 철학적 성찰: '마을인문학'의 구체화를 위하여」, 『사회와 철학』 26, 2013.
민경택, 「잠수기어업의 발달과정과 작업방식」, 『도서문화』 57, 2021.
민상기, 「농민의 새마을운동 참여와 마을공동체 의식」, 『농촌경제』 3(1), 1980.
박경용, 「한국 도서어촌경제의 구조적 양상과 발전전략」, 경북대학교 석사학위논문, 1990.
박광순, 「한국어촌공동체의 성립과 존립양태에 관한 조사연구: 어촌계를 중심으로」, 『경제학연구』 19(1), 1978.
_____, 『바다와 어촌의 사회 경제론』, 광주: 전남대학교 출판부, 1998.
_____, 『한국어업경제사연구』 서울: 유풍출판사, 1996.
박구병, 「어업권제도와 연안어장소유·이용형태의 변천에 관한 연구」, 『부산수산대논문집』 30, 1983.

박구병, 『한국수산업사』, 태화출판사, 1966.

_____, 『한국어업사』, 서울: 정음사, 1975.

박금화, 「김 양식 확대에 따른 어촌사회의 변화」, 서울대 석사학위논문, 1987.

박명규, 「역사적 경험의 재해석과 상징화: 동학농민전쟁의 기념물」, 『사회와 역사』 51, 1997.

박섭·이행, 「근현대 한국의 국가와 농민: 새마을운동의 정치사회적 조건」, 『한국정치학회보』 31(3), 1997.

박정석, 「공동체의 규범적 순응과 강제: 해남 땅끝마을의 어촌계와 자치규약을 중심으로」, 『호남문화연구』 43, 2008.

_____, 「어업과 사회변화: 비진도의 사례연구」, 『호남문화연구』 29, 2001a.

_____, 「어촌 마을의 공유재산과 어촌계」, 『농촌사회』 11(2), 2001b.

박진우, 「박정희정권과 새마을지도자연수원의 지도자 양성」, 『한국민운동사연구』 65, 2010.

브란트, 빈센트(김광봉 역), 『한국의 촌락』, 시사문제연구소, 1975.

소순열·이성호, 「1970년대의 새마을운동과 마을사회의 변화: 「일기」를 통해서 본 '참여'와 '동원'의 메카니즘」, 『지역사회연구』 26(1), 2018.

양상현, 「대한제국기 내장원의 해세 관리」, 『울산사학』 8, 1999.

_____, 「한말 해세 관리 기관의 변천」, 『역사문화연구』 25, 2006.

오스트롬, 엘리너, 『공유의 비극을 넘어』, 윤홍근·안도경 옮김, 서울: 랜덤하우스코리아, 2010.

오유석, 「1970년대 농촌새마을운동에 대한 역사적 평가」, 『한국농촌경제연구원자료』, 한국농촌경제연구원, 2003.

오제연, 「해방 이후 1950년대 농촌 '지역정치'의 전개와 양상」, 『인문과학연구』 19, 2014.

유명기, 「문중의 형성과정에 대한 고찰: 전남 나주군 산포면 화지리의 사례」, 『한국문화인류학』 9(1), 1977.

윤동환, 「별신굿의 역사적 전개와 축제성」, 『비교민속학』 42, 2010.

윤해동, 「일제시기 면제 실시와 근대적 관료·행정제도의 도입」, 『한국사학보』 24, 2006.

_____, 「일제의 면제 실시와 촌락재편정책」, 서울대학교 박사학위논문, 2004.

윤현서, 「일제강점기 주민조직의 변이와 존속 과성에 관한 연구: 지방도시 광주와 수도 경성을 중심으로」, 『도시연구』 15, 2016.

윤형숙, 「어촌사회의 구조와 변화: 서산시 부석면 해안촌의 사례」, 『지방사와 지방문화』 4(2), 2001.

이경아, 「채취기술의 변화에 따른 어촌사회의 적응전략」, 영남대학교 석사학위논문, 1997.

이광규, 「한국문화의 종족체계와 공동체체계」, 『두산 김택규박사 회갑기념 문화인류학 논총』, 1989.

이기복, 「1915년 '조선물산공진회'에 반영된 일제의 식민지 수산정책」, 『역사민속학』 23, 2006.

이기욱, 「한국의 도서문화-서남해 도서를 중심으로」, 『도서문화』 11, 1993.

이명학, 「일제시기 행정구역의 개편과 명칭의 변화: 면을 중심으로」, 『한국독립운동사연구』 70, 2020.

이선희, 「기억과 기록으로 본 거제 죽림마을 별신굿의 변화양상」, 『한국의 음식문화와 무형문화유산』, 무형유산학회 2021 춘계 학술대회 발표문, 2021.

이소라, 「치리섬 별신제」, 『문화재』 17, 1984.
이수애, 「도서지역의 촌락구조: 암태도 사례연구」, 『도서문화』 1, 1983.
이완근, 『어촌공동체의 법률관계에 관한 연구』, 전남대 박사학위논문, 1990.
이용기, 「전후 한국 농촌사회의 '재전통화'와 그 이면: 전남 장흥군 용산면 사례를 중심으로」, 『역사와 현실』 93, 2014.
이종길, 『조선후기 어촌사회의 소유관계에 관한 연구』, 서울대학교 박사학위논문, 1997.
이진영, 「거문도의 근대어업 발전」, 최길성 편저, 『일제시대 한 어촌의 문화변용(상)』, 서울: 아세아 문화사, 1992.
이태호, 「정치망어업의 기술체계에 관한 연구」, 안동대학교 석사학위논문, 1998.
이필영, 「별신제의 역사성과 제사 특성」, 『역사민속학』 38, 2012.
이훈상·허모영, 『19세기 이후 20세기 후반 통영 죽도의 문서 기록 전통과 남해안 별신굿 연행Ⅰ』, 부산: 동아대 석당학술원, 2017.
일리노 오스트럼, 『집합행동과 자치제도』, 윤홍근 옮김, 서울: 자유기업센터, 1999.
임도빈, 「읍면단위의 조직현상에 대한 연구: 면사무소와 지역농협의 비교」, 『한국사회와 행정연구』 7, 1996.
장수호, 『어촌계에 관한 연구』, 동아대학교 박사학위논문, 1979.
장원석, 「현행농협의 문제점과 개선방향」, 『한국농업·농민문제 연구Ⅱ』, 서울: 연구사, 1989.
전민영, 「18세기 말~19세기 해촌의 공동납 운영 방식: 거제 구조라리 고문서를 중심으로」, 『고문서연구』 48, 2016.
전재경·이종길, 『어촌사회의 법률관계』, 한국법제연구원, 1997.
정근식, 「집단적 역사 경험과 그 재생의 지평-소안도 항일 기념탑의 사회사」, 『사회와 역사』 47, 1995.
정근식·김준, 「김 양식의 변화와 어촌 공동체: 노화 넙도의 사례」, 『도서문화』 15, 1996.
_____, 「도서지역의 경제적 변동과 마을 체계: 소안도의 사례연구」, 『도서문화』 11, 1993.
_____, 「어촌마을의 집단적 지향과 공동체 운영의 변화」, 『도서문화』 13, 1995.
조숙정, 「바람에 관한 서해 어민의 민속지식」, 『비교문화연구』 21(2), 2015.
주철희, 「고초도 위치 비정에 대한 재검토」, 『한일관계사연구』 41, 2012.
천정환, 「지역성과 문화정치의 구조: 근대화 연대의 문화정책과 지역성의 재편」, 『사이』 4, 2008.
최재석, 「자연부락의 성격과 그 변화」, 『한국문화인류학』 19, 1987.
최재율, 『한일농어촌의 사회학적 이해』, 서울: 유풍출판사, 1996.
최정윤, 「수산업협동조합의 어업권관리기능에 대한 비교 연구: 어촌계의 어장관리활동을 중심으로」, 『수산경영론집』 29(1), 1998.
최준렬, 「농산어촌 소규모 학교 정책 분석」, 『지방교육경영』 13, 2008.
최협·윤수종·정근식·조경만·김명혜·김종숙·유종원·김준, 『공동체론의 전개와 지향』, 서울: 선인, 2001.
칼 폴라니, 『거대한 변환』, 박현수 옮김, 서울: 민음사, 1995.

포플린, 데니스, 「공동체의 개념」, 김경일 역, 『공동체 이론』, 신용하 편, 서울: 문학과 지성사, 1985.
한국농어촌사회연구소·한국가톨릭농민회(편), 『지역사회 지배구조와 농민』, 서울: 연구사, 1990.
한도현, 「1970년대 새마을운동에서 마을 지도자들의 경험세계: 남성 지도자들을 중심으로」, 『사회와 역사』 88, 2010.
_____, 「국가권력의 농민통제와 동원정책-새마을운동을 중심으로」, 『한국농업·농민문제 연구 1』, 서울: 연구사, 1989.
한정훈, 「결핍 실존 인물의 마을제사화 연구」, 『비교민속학』 61, 2016.
홍기욱, 「남해안 어민들의 바람에 대한 인지 양상 연구: 전남 해남, 경남 욕지도, 경남 가덕도의 바람을 중심으로」, 『비교민속학』 71, 2020.

稻井秀左衛門, 『朝鮮潛水器漁業沿革史』, 京城: 朝鮮潛水器漁業水産組合, 1937.
伊藤亞人, 최길성 역, 「계조직에 보이는 '친한 사이'의 분석」, 『한국사회와 종교』, 아세아문화사, 1982.
朝鮮總督府慶尙南道(編), 『第一回慶尙南道物産共進會事務報告』, 1915.

Acheson, James M, "Management of Common-Property Resources", *Economic Anthropology*, S. Platter(ed), Stanford: Stanford Univ. Press, 1989.
_____., "The Lobster Fiefs Revisited : Economic and Ecological Effects of Territoriality in the Maine Lobster Industry", in Bonnie J. McCay & James M. Acheson(eds.), *The Question of the Commons,* The University of Arizona Press, 1987.
Bailey, F. G., *Stratagems and Spoils,* Schocken Books, 1969.
Berkes, F., D. Feeny, B. J, McCay and J. M. Acheson, "The Benefits of the Commons", *Nature* 340, 1989.
Brandt, Vincent, *A Korean Village: Between Farm and Sea*, Cambridge: Harvard University Press, 1971.
Coleman, James S., "Social Capital in the Creation of Human Capital", *American Jr. of Sociology* 94(Supplement), 1988.
Durrenberger, E. Paul & Palsson, Gisli, "The Grass Roots the State", in McCay, Bonnie J. & James M. Acheson(eds.), *The Question of the Commons,* The University of Arizona Press, 1987.
Feeny, David, Fikret Berkes, Bonnie J. McCay and James M. Acheson, "The Tragedy of the Commons: Twenty-Two Years Later", *Human Ecology.* 18(1), 1990.
Ginkel, Rob Van, "The Abundant Sea and Her Fates: Texelian Oystermen and the Marine Commons, 1700 to 1932", *Comparative Studies in Society and History* 38(2), 1996.
Granovetter, Mark, "Economic Action and Social Structure: The Problem of Embeddedness", *American Journal of Sociology* 91, 1985.

Han, Sangbok, *Korean Fishermen*, Seoul: Seoul National University Press, 1977.

Hardin, Garret, "The Tragedy of the Commons", *Science* 162, 1968.

McCay, Bonnie J. & James M. Acheson, "Human Ecology of the Commons", *The Question of the Commons*, McCay, Bonnie J. & James M. Acheson(eds), Tucson: The University of Arizona Press, 1987.

Ostrom, Elinor, "Institutional Arrangements for Resolving the Commons Dilemma", *The Question of the Commons*, McCay, Bonnie J. & James M. Acheson(eds.), Tucson : The University of Arizona Press, 1987.

_____, "Institutional Arrangement and the Commons Dilemma", *Rethinking Institutional Analysis and Development*, Vincent Ostrom, David Feeny, and Hartmut Picht(eds.), San Francisco: The International Center for Economic Growth, 1988.

Petzelka, Peggy & Michale M. Bell, "Rationality and Solidarity: The Social Organization of Common Property Resources in the Imdrhas Valley of Morocco", *Human Organization* 59(3), 2000.

Shima, Mutsuhiko, "Kinship and Economic Organization in a Korean Village", Ph, D. Dissertation, University of Toronto, 1979.

개벽(제26호), 1922.08.01. "南海遊記"
경남도민일보, 2018.02.13. "통영 한산도 용초도 '용호도'라 불러주세요"
경남매일신문, 1967.02.03. "범선저인망 몰락위기"
경남신문, 2013.12.30. "통영 비진도 내항사업 '순풍'"
농민신문, 2009.08.14. "땡볕 쬐며 온종일 호미질해도 배곯던 그때"
동아일보, 1928.05.05. "해녀 입어료 문제로 경남도당국에 진정"
_____, 1929.12.11. "동민이 결속 경관을 감금"
_____, 1929.12.20. "경관 3인 감금한 통영사건 송국"
마산일보, 1966.03.20. "천연기념물 제63호 비진도·국도의 팔손이나무"
마산일보, 1966.05.04. "통영군에 밀감재배 붐"
_____, 1966.11.06. "비진도 내항촌 방파제보수시급"
매일경제, 1971.05.05. "도매물가"
매일신보, 1936.09.09. "풍수참화수자일증"
_____, 1937.11.24. "통영군어업조합장 한산면장 박씨 당선"
부산일보, 1934.10.11. "어업조합원의 일본조경기-한산조합의 기념행사"
_____, 1936.06.13. "신임한산면장 박종하씨"
_____, 1936.09.01. "처첨한 한산도, 방파제는 크게 파손: 어선 60척이 파괴되다."

부산일보, 1937.01.22. "복구공사에 한창인 비진도 방파제"
_____, 1938.03.13. "어촌의 낭보, 천해를 이용하여 굴의 양식에 성공"
_____, 1940.02.10. "한산면장의 용퇴(통영)"
시대일보, 1925.07.31. "박청년의 독지"
조선일보, 1925.07.09. "비진도에도 문명의 씨"
해럴드경제, 2013.01.11. "10원하던 라면 이제 2000원 코앞…반세기 서민물가의 바로미터"

찾아보기

가

가왕도　31, 36
갈바람　64, 65
개발위원회　54, 56, 208, 209, 244
거리지신巨里之神　69, 75, 104, 107, 110~112, 114, 116, 203, 240, 241
거릿제　106
거제한산가조어기모곽전조합巨濟閑山加助漁基毛藿田組合　159
거제한산가조어기조합巨濟閑山加助漁基組合　159
거제한산모곽전조합巨濟閑山毛藿田組合　159, 199
걸판밥　75
경리원經理院　33, 37, 40
경상남도물산공진회　189, 190
고데구리　202
곡부 공씨　34, 85
곤리도　168
공덕원　190, 218, 222
공봉영　52, 55, 125, 128, 140, 212, 226
공석장　55, 133, 135~138, 143, 192, 222, 224
굴비섬　36
권현망　150, 170, 193~195, 198, 202, 203, 226
금어기　66, 67, 157
기계선　138, 195~198

기산제祈山祭　104, 109, 112
김태용　54, 55, 108, 120, 125, 144, 169, 174, 212, 225~227
까치여鵲島　32, 33, 168, 171, 177
꼬막잡이　51, 200, 201, 203, 230
끄나풀 조직　243

나

나잠어업　48, 55, 62, 233
낙조전落藻田　182, 208~210
내항　21, 25, 27, 28, 31, 34, 45, 48~51, 55, 59, 64, 66, 68, 69, 81~84, 104~106, 108, 109, 110, 113, 118, 125, 130, 133, 136, 137, 140~142, 146, 148, 150~152, 160, 162, 164, 165, 167~171, 174, 177, 179, 181, 187, 203, 207, 208, 216, 218, 222, 224, 228, 230, 248, 251, 253, 256
노리여　167, 168, 171
늦갈바람　64, 65

다

당산제　106, 115, 116, 119~121, 123~126, 128

대덕도　31, 36
대동회　17, 54, 104, 165, 204, 223~225, 227, 228, 231, 248, 249
대매물도　36, 40
대보름　68, 69, 73
더위팔기　70
덕석몰이　21, 217, 218
동광강습회　133~135
동광학술강습소　135, 137, 138
동광학원東光學院　135, 138, 219
동제　17, 21, 26, 69, 99, 103, 104, 106~112, 115~117, 121, 129, 153, 155, 203, 222, 228, 241, 249, 254
동지　68, 69, 75
된갈바람　64, 65
된바람　64, 65
된샛바람　64, 65
들망　35, 191, 192, 193, 195, 196, 200, 202, 203

마

마마시　78
맛바람　64, 65
맞작대기　77
맷돌혼　99
멍게양식　67, 211, 214
메구패　69, 70, 228
면리제　244, 245
모곽세毛藿稅　37, 38, 40
모구리　196
모주리　189
무선전화국　31, 32, 45
문중계　83, 84, 86, 94
물때　58, 60~63, 65, 66

미역양식　67, 178, 204~206, 208~211, 231, 232
밀감나무　50, 51, 93, 220
밀양 박씨　34, 82, 90, 93

바

바깥비진　27
바자댁이　118
박경삼　119
박덕순　118, 119, 123, 125, 128
박문첨　92, 93, 133, 148, 190, 218~222
박종군　91, 224, 225, 228
박종우　50, 93, 94, 119, 125, 126, 144, 170, 219~221, 226, 238, 241
박종하　93, 133~135, 138, 148~150, 160, 192, 196, 197, 218~222, 241
반지계　97
반채권　163, 164, 172, 199
밧섬　27, 109, 167, 171
배서낭　76, 77
뱃고사　68, 69, 76, 153, 155
범선저인망　220
별신굿　115, 116, 118~121, 124, 129, 130
별신제　21, 26, 99, 103, 104, 115~129, 153, 203, 222, 230, 241
봉암　28, 35~37, 160, 205
봉암동임　37, 38
부녀회　243, 244, 249, 254, 257
부리제석　73
부릿동이　73, 74
분기초망焚寄抄網　35, 191
비곽比藿　163
비-진 섬　34
비진간이학교　135~138, 140

비진국민학교　91, 100, 110, 120, 125, 135, 138~
　　　143, 146, 167, 176, 229, 230
비진도非珍島　33
비진도非眞島　33
비진도非進島　33
비진도比珍島　33, 34
비진도飛珍島　34
비진동임　37, 38, 40, 93
빈매濱賣　163, 164, 167, 175, 182, 199, 252

사

사리　60~63, 65
산제山祭　104, 107, 109, 128
산지山祭 터　77, 223
삼대선　35
상여계　95, 97, 98, 234
새마을지도자　54, 55, 140, 176, 180, 231, 232,
　　　237, 244, 249, 253, 255~257
샛바람　64, 65
서맛바람　64, 65
선왕船王　76
섣달그믐　68, 69, 75, 76, 107, 108, 112
소덕도　31, 36
소매물도　31, 36
소사　105, 148, 225
소지도　31, 36, 167~173, 177, 178
송공비　150, 221, 240, 241
수산업협동조합　166, 249, 250
수산전문학교　197, 198
시제　69, 84~89, 91, 92, 97
시종인　107~109, 112
씨때　61
씨릿대　164

아

안비진　27
안선창　148, 153, 154, 197
안섬　27, 83, 137, 167, 171
안택굿　77, 78, 99
애기집　107~110, 117
약정서　170, 171
양원제　229
어막魚幕　192, 195, 196
어머니회　56, 243
어촌계장　54~56, 105, 139, 166, 171, 172, 174~
　　　176, 179, 180, 205, 208, 209, 232, 244,
　　　249, 252, 253, 256
연승수하식延繩水下式　204
영아압사 사건　93, 220
영양 천씨　33, 34, 94
오줌싼 구역　183
오징어잡이　200, 201, 203, 230
외빈外殯 데　78
외항　27, 28, 29, 31, 34, 48, 55, 83, 109, 125,
　　　136, 137, 139~142, 147, 148, 164, 165,
　　　167~171, 177, 181, 204, 216, 222, 226,
　　　230
용신제　69, 74
용왕제　69, 153
용초　28, 31, 35~37, 85, 93, 96, 107, 108, 128~
　　　130, 137, 141, 218
용초동임　37, 38, 40
위령탑　112, 114, 115, 203, 240, 241
위친상부계爲親喪負契　95, 98, 234~236, 239
유사　84, 85, 106
유월 유두　73
육산치　35, 192
이대선　35

이와치 192, 193
이월 할망네 70, 71, 73
이장 28, 54~56, 83, 93, 99, 100, 105, 125, 139, 140, 148, 171, 172, 174, 180, 206, 208, 209, 215, 217, 221~226, 229~233, 237~239, 243, 244, 246~249, 253, 255, 257
이중장二重葬 78
입호제도立戶制度 16, 21, 46, 80, 81, 163, 166, 180, 181, 183, 203, 251

자

잠수기어업 197
잠수배 199
잡초전雜草田 172
장사도 31, 36
재건국민운동 227, 228
저구리 34, 158, 159, 199
전형위원제 224, 225
제고데 댁 99
제실 84, 86~89, 91, 92, 94, 97, 99, 222
조금 60~62
조선잠수기어업주식회사 196, 197
종속자 107, 115, 119, 120, 123, 124, 128
죽도 28, 31, 34~37, 84, 130, 199, 219
죽도동임 37
쥐 소금 70
지선분쟁 158, 166, 168~171, 183, 216, 230
지선어장 26, 36, 46, 51, 56, 82, 149, 156, 162~167, 170~172, 174~182, 187, 188, 196, 204, 205, 211, 216, 226, 233, 237, 239, 249, 251~253, 256, 257
진두 28, 218, 219, 221

자-카

창동 137, 138, 221
챗배 35, 191~193, 195, 196, 200, 202, 203
천병순 52, 54, 55, 120, 125, 140, 175, 176, 200, 210, 212, 227, 232, 233, 236, 256
천세빈 134, 195, 222, 226
청원서 33, 37~40, 42
추계 추씨 33, 34, 82, 85
추원 35, 36, 160, 195
추원동임 37, 38, 40
충복섬 32
치맛자리혼 99
친목계 95, 96
칠월 백중 74, 75
큰굿 115, 116

타-파

통구맹이 35, 36, 52, 107
팔손이나무 153~155
피막避幕 117

하

하소인 102, 105~107, 109, 111, 257
하포 28, 137, 138, 217
한산도 28, 30, 31, 34, 35, 37, 40, 64, 140, 158, 159, 189, 219, 226, 230
한산면사무소 218
한산보통학교 137
한산어업조합 160
한산어업협동조합 161~163, 168
한산중학교 94, 142, 220

할망네 대 71~73
해녀 45, 48, 49, 55, 56, 62, 63, 97, 102, 125,
　　　158, 174~176, 178, 179, 183, 199
해녀배 164, 199
해안초소 31, 32, 51
해초전 166, 172
호두 28, 35~37, 96, 130
호두동임 37, 38

**섬마을,
공동체와 공유재산**
비진도 내항 마을 민족지

초판1쇄 발행   2022년 4월 11일

지은이 박정석
펴낸이 홍종화

편집·디자인 오경희·조정화·오성현·신나래
　　　　　　박선주·이효진·정성희
관리 박정대·임재필

펴낸곳 민속원
창업 홍기원
출판등록 제1990-000045호
주소 서울 마포구 토정로 25길 41(대흥동 337-25)
전화 02) 804-3320, 805-3320, 806-3320(代)
팩스 02) 802-3346
이메일 minsok1@chollian.net, minsokwon@naver.com
홈페이지 www.minsokwon.com

ISBN   978-89-285-1725-1   94380
SET   978-89-285-0359-9

ⓒ 박정석, 2022
ⓒ 민속원, 2022, Printed in Seoul, Korea

이 책은 저작권법에 따라 보호를 받는 저작물이므로 무단전재와 복제를 금합니다.
이 책 내용의 전부 또는 일부를 이용하려면 반드시 저작권자와 출판사의 서면동의를 받아야 합니다.